THINK LIKE A FUTURIST : Know What changes, What Doesn't, and What's next
Copyright ⓒ 2012 by Cecily Sommers
All rights reserved

Korean translation copyright ⓒ 2017 by Golden Affair Books
Korean translation rights arranged with John Wiley & Sons International Rights,Inc.
through EYA (Eric Yang Agency)

이 책의 한국어판 저작권은 EYA (에릭양 에이전시)를 통해
John Wiley & Sons International Rights,Inc. 사와의 독점계약으로
'골든어페어(Golden Affair Books)'가 소유합니다.
저작권법에 의하여 한국 내에서 보호를 받는 저작물이므로
무단 전재와 복제를 금합니다.

미래학자처럼 생각하라

Think Like a Futurist

변하는 것과
변하지 않는 것,
그리고
다가올 미래

세실리 사머스 지음 | 이영구·김용문 옮김

골든어페어

차례

◆ 들어가는 글 … 11

1부 나를 둘러싼 네 가지 변화의 힘 인식하기 … 23

◆ **1장** 트렌드보다 느리지만 지속적인 변화를 주는 사회구성 원리 : **변화의 힘 네 가지** 25
◆ **2장** 살아남기 위해 필요하지만 가장 천천히 변하는 힘 : **자원** 33
◆ **3장** 내가 살고 있는 세계를 빠르게 확장시켜주는 도구와 지식 : **기술** 44
◆ **4장** 사회를 이루는 가장 기본 요소이며 생산성을 결정짓는 힘 : **인구** 58
◆ **5장** 집단이 지켜야 할 법과 시장의 규칙이며 가장 수동적인 힘 : **거버넌스** 76

2부 발견의 공간에서 내가 습득해야 할 것들 … 97

◆ **6장** 영원한 현재에 안주하지 말고 지속적으로 연습하라! : **미래 예측력 높이기** 105
◆ **7장** 나를 독특하게 만드는 관점과 철학, 스타일 찾기 : **정의하기** 115
◆ **8장** 좌뇌와 우뇌를 넘나들며 통찰력을 높여라! : **발견하기** 128
◆ **9장** 구체적이고 실행 가능한 비전 만들기 : **걸러내기** 140
◆ **10장** 내가 누구인지 파헤쳐 보기 : **나는 누구인가?** 154
◆ **11장** 목표를 달성하는 순간 그려보기 : **나는 어디로 가고 있는가?** 208

3부 5퍼센트 규칙 실행하기와 시행착오 과정 … 249

- **12장** 시간과 인력, 돈의 5퍼센트만 미래를 위해 투자하라 : **5퍼센트 규칙** 251
- **13장** 반복적인 개선을 통해 가치 있는 아이디어를 찾아내기 : **시행착오 과정** 255
- **결론** 299

4부 미래학자처럼 생각하는 비법 … 307

- 미래학적 통찰을 위한 태도와 행동 살펴보기 : **미래학자의 사고방식** 309
- "그렇지만…."이라는 주저함의 장벽 : **변화에 대한 저항 극복하기** 317

- **Notes** … 334
- **감사의 글** … 340

흥미로운 삶은
삶에 관심을 가지기 시작하면서부터 펼쳐진다는
사실을 가르쳐준 내 가족에게

나무 심기에 가장 좋은 때는 20년 전이었다.
―중국 속담

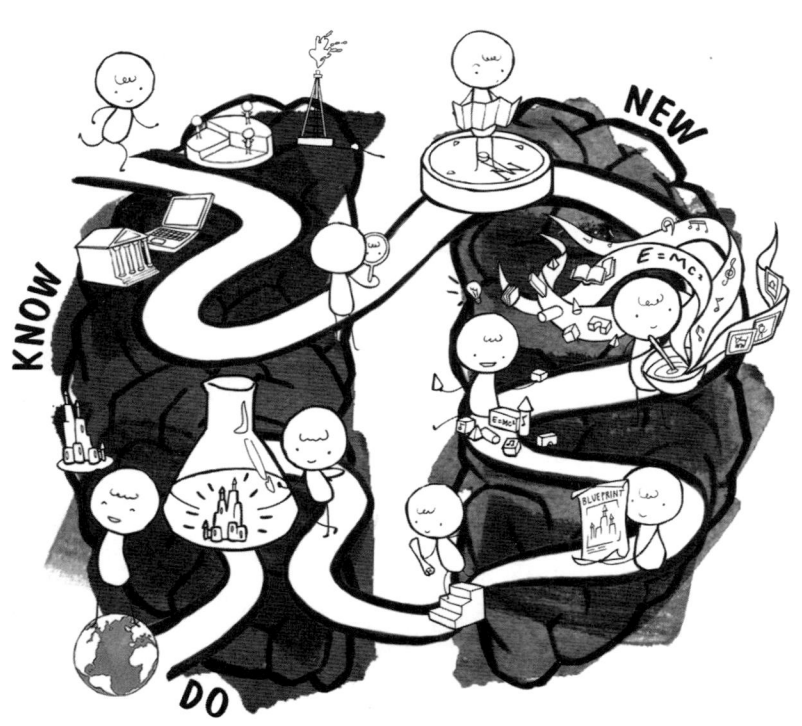

들어가는 글

　다음 장면을 상상해보라. 당신은 고된 일과를 마치고 호텔 객실로 돌아온다. 객실은 해저에 위치한 스위트룸이다. 벽면은 유리로 되어 있고 컴퓨터 화면으로 사용할 수 있다. 당신은 몹시 허기진 채 일단 침대에 엎어진다. 하지만 굳이 룸서비스로 음식을 주문하지 않아도 된다. 대신 휴대폰 화면을 몇 번 터치한 다음 샤워실로 직행한다.
　샤워를 끝낼 즈음 침대 옆 탁자 위에 마련된 3D프린터인 팹허브FAB Hub에서 음식이 인쇄되어 나오면서 맛있는 냄새가 서서히 퍼져나간다. 오늘의 메뉴는 살짝 덜 익힌 고베규 스테이크, 그리고 레드 와인 식초와 마늘을 넣고 가볍게 튀긴 브로콜리 라베다.
　저녁을 먹은 후 새로 도착한 메시지를 확인한다. 마다가스카르에 있는 친구가 거대한 바퀴벌레 사진을 보냈는데, 이 사진이 무척 마음에 든다. 마침 혼자 적적하던 차에 바퀴벌레가 애완동물로 적격이라

들어가는 글　11

고 생각해 팹허브를 이용해 바퀴벌레 로봇을 인쇄한다. 인쇄한 로봇은 여섯 개의 금속 다리가 찰각거리고 철사로 만든 안테나 한 쌍까지 달려 온전히 구색을 갖춘 바퀴벌레 같다. 그렇지만 엄밀히 말해서 새로운 애완동물이 당신의 친구를 기겁하게 만들었던 바퀴벌레와 똑같지는 않다. 순식간에 새로운 애완동물에게 녹색 융단으로 만든 모호크 헤어스타일을 추가한 데다, 원할 때마다 노래를 불러줄 수 있는 기능까지 추가했기 때문이다.

이제 당신이 오늘 밤 마지막으로 바라는 것은 팹허브에서 갓 나온 따끈따끈한 애플파이뿐이다. 공기 중으로 퍼지는 시나몬 향기가 느껴지는가?

자, 우리 코앞에 다가온 미래가 보이는가?

만일 이런 미래가 상상이 되지 않는다면, 달콤한 파이나 바퀴벌레를 싫어해서 그런 것도 아니고 그 옛날 유치원 선생님이 당신을 상상력이 부족한 아이라고 모질게 단정해버려서도 아닐 것이다. 사실 앞서 그려 본 미래는 예상보다 훨씬 빠르게 현실화될 것이다(〈스타 트렉Star Trek〉에 나오는 복제 기계와 흡사한 팹허브는 이미 의료용 인체 조직을 만드는 데 이용되고 있다). 하지만 우리는 애초에 이런 미래를 믿기는커녕 상상하려고도 하지 않는다. 그 이유는 무엇일까? 최신 뇌 영상 연구에 따르면, 우리는 미래를 그려볼 때 사용하는 신경망을 기억을 회상하는 작업에도 그대로 사용한다고 한다. 다시 말해 우리는 대부분 이미 아는 것만을 상상할 수 있을 뿐이다.

미래를 예측하는 능력이 뇌의 주된 기능이자 지능의 토대라는 사실을 고려한다면, 새로운 사건을 예측할 때 위와 같은 생물학적 효율성은 도리어 심각한 방해물이 될 수도 있다. 왜냐하면 우리의 신경망은 오직 한 가지, 곧 확실성만을 추구하기 때문이다. 확실성은 우리가 미래에 대해 충분히 준비되어 있으며, 미래를 통제할 수 있다는 자신감을 느끼게 해준다. 그렇기 때문에 확실성이야말로 이러한 생물학적 구조의 주된 이득이라고 할 수 있다. 요컨대 확실성을 통해 우리는 안정감을 얻을 수 있다. 그러나 막상 우리 앞에 닥쳐오는 미래는 이와 같은 생물학적 구조에 전혀 아랑곳하지 않은 채 흘러간다.

제어할 수 없는 힘(미래)이 요지부동인 객체(우리의 뇌)와 부닥치면 어떤 일이 벌어질까? 쉽게 예상하겠지만 크나큰 위기가 닥칠 것이다. 일례로 기업들이 경제를 예측하는 데 실패할 경우 그 여파는 처참할 수 있다. 1990년대에 큰 인기를 누리던 통신 회사 AOL을 기억하는가? AOL과 타임워너Time Warner가 합병할 당시 사람들은 언론을 선도할 세계적 기업이 탄생할 것이라고 예견했다. 하지만 두 기업은 각자의 조직 문화에 고착된 나머지 합병 당시의 전망에 부응하지 못한 채 투자자들에게 2천억 달러의 손실을 입히고 말았다. GM은 또 어떠한가? GM은 전기자동차와 하이브리드 자동차 시장을 선점했지만 곧 해당 시장에서 철수했다. 그 대신 정부가 현행 에너지 규제 제도를 그대로 유지하도록 로비하는 전략을 택했다. 두 기업의 사례를 통해 우리는 미래라는 제어할 수 없는 힘이 이미 고착된 기업의 비전과 충돌하면 중대한 위기가 닥친다는 교훈을 얻을 수 있다.

만일 우리의 뇌가 다른 방식으로 구조화되어 있었다면, 미래를 단순히 과거로부터 죽 이어져 오는 연속체라고 생각하지 않을 수도 있었을 것이다. 그러나 우리가 스스로에게 닥칠 미래를 내다보지 못하는 이유가 우리의 생물학적 성향 때문이라는 사실을 이해한다 하더라도 별다른 위안이 되지는 않는다. 디트로이트에서 여전히 구직활동을 하는 수천 명의 자동차 업계 종사자들에게 물어 보라. 그들의 경영진은 기름 먹는 하마인 SUV가 계속 잘 팔릴 것이라며 '백미러'만 보고 조직을 이끌었다고 대답할 것이다. 이와 같은 사례에서 알 수 있듯이 인간의 생물학적 속성을 이해하는 것은 중요하지만, 그렇다고 해서 이런 구조를 운명으로 받아들이라는 뜻은 아니다. 그와 반대로 생물학적 성향을 제대로 알면 타고난 신경학적 한계를 극복할 수 있다. 다시 말해 이미 고착된 현 상태를 떨쳐버릴 수 있는 기회로 활용할 수 있는 것이다.

내가 영원한 현재Permanent Present라고 명명한 상태, 즉 조직이나 사람들이 현재 상황을 그대로 미래까지 투영하여 생각하는 자연스러운 편향에 빠졌을 때 우리 미래학자는 이들이 이 상황에서 잘 헤어날 수 있도록 돕는 역할을 한다.

나는 여러 해에 걸쳐 다양한 기업과 함께 일하면서 이러한 편향을 뒤엎는 작업을 수행해 왔다. 그동안 나는 아메리칸 익스프레스American Express, 베스트 바이Best Buy, 제너럴 밀스General Mills, 크라프트Kraft, 모토로라Motorola, 네슬레 퓨리나Nestle Purina, 타깃Target, 야후!Yahoo!와 같이 일했다. 그 외에도 내가 함께 작업한 기업은 세기가 바뀌어도 지속적으로 성공할 수 있는 전략적 통찰력을 얻으려 했던 수십억 달러 규모의 대기업부터 다음 세대에 사업을 물려주길 열렬히 바라는 가족기업까지 망라한다. 그런데 내게 도움을 의뢰한 조직의 크기나 업종, 문제점, 특징을 떠나 나는 한 가지 공통된 도전에 직면하곤 했다. 바로 고객들이 영원한 현재를 떨쳐버리도록 만들기 위해서는 엄청나게 강력한 압박push이 필요하다는 것이다. 이런 이유로 내가 지난 몇 년 간 미니애폴리스를 근거지로 하여 이끌어 온 비영리 싱크탱크에 '푸시 인스티튜트PUSH Institute'라는 이름을 붙였다.

푸시 인스티튜트는 기업과 정부, 대학, 환경단체, 예술, 교육, 음악 등 다양한 분야의 전 세계 혁신가들을 불러 모아 고객인 기업을 대상으로 혁신적으로 생각하는 방법을 가르치기 위해 매년 미니애폴리스에서 '푸시 콘퍼런스PUSH Conference'를 개최했다.

토머스 에디슨이 '천재는 1퍼센트의 영감과 99퍼센트의 땀으로 이뤄진다'고 말한 지 한 세기가 지나도록, 여전히 많은 사람들이 '창의성은 타고난다'고 믿는다는 사실이 놀랍다.(솔직히 화가 난다.)

나는 열 살 무렵 발레바ballet barre를 붙잡고 연습하면서 땀의 중요성을 깨닫게 되었다. 거의 20년 간 발레리나로 활동하면서 대부분의 시간을 스튜디오에서 보냈다. 아침에 일어나 발레 수업을 듣고, 오후에는 안무를 완성할 때까지 동작을 개발하고 연습했다. 안무가 마무리되면 다시 발레바로 돌아가 기본기를 연습했다. 공연을 망쳤을 때나 다쳤을 때도 공연을 되돌아보며 반복 연습에 매달렸다. 배우고 창안해내고 공연하기, 배우고 창안해내고 공연하기를 계속 반복했다. 나에게 일상은 이렇게 똑같이 되풀이되었다. 창의력은 땀에서 나오는 구조적 결과물이었던 것이다.

어느 날 해부학 수업을 듣게 되었고 인체 조직에 매료되었다. 그 후 20대 후반 무렵 발레를 그만두고 척추 지압사로서 제2의 인생을 시작했다. 두 번째 직업에서도 혁신적인 사고를 하기 위해 발레를 하면서 이용했던 접근 방식을 그대로 적용했다. 수년에 걸쳐 서양과 중국 그리고 동종의 전통의학을 경험하면서 그 어느 체계도 단독으로 온전할 수 없기 때문에 정확한 진단을 내놓기 위해서는 각 시스템에서 필요한 부분을 도입해야 한다는 사실을 깨달았다. 일리노이 대학과 인디애나 대학에서 10여 년 동안 해부학을 가르치면서 내가 얻은 핵심적 교훈을 학생들에게 전수하려 노력했다. 바로 관념에서 한 발 물러나 실체가 어떻게 서로 조화를 이루는지 살펴보면 통찰력을 얻을 수 있다는 것이었다.

발레리나에서 척추 지압사로 그리고 미래학자로 정의한 나의 직업 변천사는 바로 이러한 핵심 교훈을 얻는 과정이었다. 그 길을 걸어오며 쌓은 많은 경험과 지식은 전략에 대한 나의 생각에 영향을 미쳤고 더불어 다음 네 가지 진실을 알려주었다. 창작 과정은 첫째, 누구나 배울 수 있다. 둘째, 그룹의 크기에 상관없이 확산 가능하다. 셋째, 분명하고 반복적인 구조를 지녔다. 넷째, 마법 같은 것이나 타고난 DNA 때문이 아니라 결국 엄청난 노력의 과정이다.

세계적인 첼리스트 요요마는 2011년 〈엔터테인먼트 위클리〉 연말 스페셜 기고문에서 20세기 가장 위대한 혁신가 중 한 명으로 손꼽히는 애플 창업자인 스티브 잡스에게 바치는 헌사를 적었다. 그가 평소 스티브 잡스와 나눈 이야기라고 밝힌 "혁신적인 인재를 양성하기 위해서는 상상력 훈련을 장려해야 한다."[1]는 말과 같이, 창작 과정의 핵심은 '어떻게'이며 '해 볼만 한 일'이라는 점이다.

사실, 애플 그리고 이베이, 냅스터, 구글과 같은 스타트업들의 성공과 1990년 대 기술 붐 이후에 크든 작든 많은 기업이 창의성과 혁신, 협력이라는 '소프트'한 뭔가에 열광했다. 그래서 대부분의 회사는 열린 사무공간에 모든 직원을 밀어 넣고, 탁구를 치게 하거나 대담해져라고 독려했다. 또 톡톡 튀는 직원을 찾아 "혁신 아니면 죽음"이나 "빨리 실패하며 앞으로 나아가라"라는 오늘의 구호를 외치게 했다. 하지만 이런 운동은 구체적인 지침이나 전략이 받쳐주지 않는다면 무의미할 뿐이다.

통찰력 없는 활동만큼이나 끔찍한 일은 없다.

― 요판 볼프강 폰 괴테

고객들은 제자리에서 맴돌고 있다는 느낌이 들 때면 나에게 자문을 받으러 오는 듯 하다. 이들은 나에게 이런 식으로 묻곤 한다. "맞아요, 알겠어요! 직장에서 창의력은 중요해요. 협업도 의미가 있고 혁신은 성장과 차별화를 이끌어 주죠. 이제, 어떻게 하면 되는지 단계별로 상세히 알려주세요. 다음 분기에 예상 이익을 달성하려면 어떻게 해야 하죠? 시간과 인력, 돈을 낭비하지 않고 자유롭게 아이디어를 나눌 수 있는 방법은 무엇이죠? 요지는, 조직에서 이런 것들을 실행하기 위해 우리가 무얼 알아야 하고 어떻게 해야 하는지 정확히 알려 달라는 말입니다."

《미래학자처럼 생각하라》에서 목표로 하는 바는 비즈니스에서 필요한 창의력과 혁신의 역할에 대해 논하는 일과 일상 업무에 접목하는 일 간의 격차를 줄이는 것이다. 우리가 경험하고 있는 새로운 경제 즉, 전문가들이 창조경제, 지식경제, 경험경제, 후기산업경제, 사회자본경제, 정보경제, 상향경제bottom-up economy 등과 같이 뭐라 부르든 간에 이와 관련된 업무들은 모두 해당된다.

미래학자처럼 생각하려면 다가오는 트렌드를 일부 고려해야 하지만, 트렌드를 초월해서 생각해야 한다. 그러려면 직면한 모든 문제를 더 넓은 시야로 바라봐야 한다. 즉, 나무보다 숲을 먼저 보는 능력을 길러서 '이건 어떻게 작동하는 건가?'라는 질문을 던져 보아야 한다. 말하자면, '실제적으로 접근하기 전에 철학적으로 접근해야 한다.' 다시말해 직면한 문제를 바라보는 프레임을 설정하기 위해 상황에서 한 걸음 물러나, "나는 누구인가? 나는 어디로 가고 있는가?"라는 질문에 답해야 한다. 환경과 인류 그리고 조직 시스템의 변화에 관해 시스템 관점에서 직면한 문제의 전후 사정을 이해해야 하며, 실제 요구에 초점을 맞춘 최고의 질문을 던지고, 새로운 생각과 경험에 자신을 노출해야 하고, 비전을 수립해야 하고, 마지막으로 행동계획을 수립해야 한다.

《미래학자처럼 생각하라》에서는 입증하기 어렵고 다루기 어려운 능력인 미래예측력과 혁신적 사고력을 필요한 곳에 접목하는 방법을 인식하기, 습득하기, 실행하기의 세 단계로 나누어 소개한다.

나를 둘러싼 네 가지 변화의 힘 인식하기

미래학자처럼 생각하기의 첫 번째 단계는 우리가 사는 세상을 검토하는 일이다. 1부에서 우리는 항상 존재하고 있고 언제나 세상을 구성하는 네 가지 변화의 힘에서 비롯된 사회, 경제, 환경적 위기에 대해 배울 것이다. 네 가지 변화의 힘은 자원, 기술, 인구와 거버넌스를 말한다. 직면한 문제에 대해 더 큰 시각으로 바라보기 위해서 우선 네 가지 변화의 힘에 익숙해지는 방법에 대해서 알려줄 것이다. 변화를 이끄는 네 가지 힘이 어떻게 상호작용하는지 이해하면 다가올 미래의 위험을 피할 수 있을 뿐만 아니라 기회를 발견할 수 있게 될 것이다.

발견의 공간에서 내가 습득해야 할 것들

사람의 두뇌는 주관적인 경험을 관장하는 역할을 한다. 미래학자처럼 생각하는 법을 습득하려면, 우리가 '생각하기'라고 부르는 일 즉, 올바른 결정을 내리고자 세상을 이해하는 의식 작용을 하기 위해 두뇌가 어떻게 설계되었는지를 먼저 이해해야 한다. 좌뇌와 우뇌 사이의 교류 과정을 보면 우리가 흔히 말하는 선견지명, 즉, 미래예측력이 어떻게 생기는지 알 수 있다. 미래학자가 되기 위해서는 여기서부터 시작해야 한다.

미래학자처럼 생각하도록 하기 위해 필자는 '발견의 공간Zone of Discovery'이라 부르는 문제해결방법론을 사용한다. 이 방법론은 최신 뇌과학에 기반을 두고 있으며 학습과 창의성, 전략과 혁신, 크고 작은 질문, 장단기 기회와 관련이 있다.

2부에서는 혁신을 창출하는 좌뇌-우뇌-좌뇌 활동의 신경학적 패턴을 따르는 발견의 공간ZoD 실전 사례와 활동을 일부 소개한다. 일련의 단계로 외부나 전문가에게서 받아들인 정보를 혼합하게 하여 현재와 빠르게 다가오는 미래를 연결해주는 기회를 볼 수 있는 새로운 생각과 시각을 자극한다. 좀 더 나 다울 수 있고 내가 가려는 목표 지점에 더 가까이 갈 수 있도록 돕는 이러한 기회를 잡음으로써 해결책을 찾아내고 실행 태세를 갖출 수 있게 된다.

5퍼센트 규칙 실행하기

기업들 대다수는 단기 사고에 미래 사고를 더하면 생산성 저하가 일어난다고 생각하며 이들을 통합하는 법을 모른다.(기업들 대다수가 생산성의 희생 없이 단기 사고와 미래 사고를 통합하는 법을 알지 못한다.) 게다가 시간적 여유도 없을 거라고 생각한다. 단언컨대 나는 단기 사고와 미래 사고를 통합할 수 있다고 생각한다. 3부에서는 5퍼센트 규칙에 대해서 다룬다. 5퍼센트 규칙이란 표준적 조직시스템에서 단지 5퍼센트 시간과 자원을 투입하여 미래 사고를 장착하는 방법이다. 여기서 5퍼센트라는 수치는 비즈니스 환경에서 미래학자의 생각법이 자리 잡도록 하는 데 필요한 시간과 인력, 돈의 대략적인 투입량을 의미한다. 핵심은 단기 프로젝트와 장기 프로젝트를 한 방향으로 일치시키는 방법에 대해 배우는 것이다. 이를 통해 일을 더욱 똑똑하고 효율적으로 처리하고 우리의 삶을 더욱 수월하게 할 수 있다.

―――

미래학자의 역할에 대해 다시 설명하면, 일을 더욱 똑똑하고 효율적으로 처리하기 위해 다가올 미래를 내다보고 기업의 목표를 맞출 수 있도록 도와주는 훈련 과정과 체계를 제공하는 것이다. 변화를 이해하는 사람만이 변화를 이끌 수 있기 때문이다.

경제 전문가들이 뭐라 얘기하든 우리는 그 변화를 직접 겪을 것이다. 모든 경제적 사건에는 변화 감지에 대한 훈련이 내포되어 있다. 최근에 시스템사고와 디자인씽킹이 인기가 높은데, 이러한 방법들의 배경에 깔려 있는 사고방식에 대해 살펴볼 것이다. 최신 방법을 뭐라 부르든 일정하게 유지되는 변화의 법칙과 작동원리를 깨닫는 것이 핵심이다. 이 책에서 달성하고자 하는 목표는 독자가 마법의 수정 구슬을 들여다보는 것보다 훨씬 효과적인 방법으로 자신의 미래를 내다볼 수 있도록 분명하면서도 실용적인 방법을 제시하는 것이다. 이 책을 다 읽으면 여러분은 장기적인 적응력과 이익이라는 목표를 달성하기 위한 '미래학자처럼 생각하는 법'을 배울 수 있을 것이다.

1부

나를 둘러싼
네 가지 변화의 힘
인식하기

미래는 이미 우리 앞에 있다. 단지 공평하게 퍼져있지 않을 뿐.
— 미국 과학소설SF 작가 윌리엄 깁슨

1장

트렌드보다 느리지만
지속적인 변화를 주는 사회구성 원리

변화의 힘 네 가지

　이 책은 트렌드보다 사고에 초점을 둔다는 점을 잊지 마라. 1장에서 다양한 트렌드를 습득할 수 있다는 점은 분명하지만 앞으로 설명할 네 가지 힘의 모델에서 알 수 있듯이, 사고와 사고 과정은 트렌드가 변하더라도 그 자체로 의미가 있다.

　미래학자의 관심사는 현재의 트렌드에만 머무르지 않는다. 미래에 좀 더 긴 그림자를 드리우며 뿌리 깊게 박혀 있는 구조적 힘을 걱정한다. 미래학자로서 나는 되도록 바뀌지 않을 중요한 요소들을 찾아 네 가지 힘의 모델을 생각해냈다. 수소·질소·탄소·황이 모든 생명체를 구성하는 네 가지 구성요소이듯이, 자원·기술·인구·거버넌스는 모든 변화를 구성하는 네 가지 구성요소다. 이 네 가지 힘은 트렌드보다는 느리게 변화를 주지만 더 영속적인 영향을 끼친다.

　앞으로 살펴보겠지만, 변화를 구성하는 네 가지 힘 사이의 관계

를 이해함으로써 네 가지 힘이 가져올 변화를 꽤 예측 가능한 방식으로 이해할 수 있다. 하지만 거기서 발생하는 결과는 예측할 수 없다.

    네 가지 힘이 사회를 어떻게 형성하는지에 대해 이해하기 위해서는 우선, 5만 년 전 네안데르탈인이 형성한 인간 사회의 형태를 살펴보면 유용하다. 사냥을 준비하거나 사냥에서 잡아 온 짐승을 모닥불에 굽기 위해 창을 들고 모닥불 주위에 모여든 네안데르탈인의 모습을 상상해보자. 여기서 네 가지 힘을 쉽게 확인할 수 있다. 자원은 자연이 제공하는 식량과 물질이며, 기술은 들고 있는 창이다. 인구는 모닥불 주위에 모여 있는 사람의 수를 말한다. 그리고 네안데르탈인이 단체를 지탱해주는 주거지를 형성하기 위해 스스로 관리해왔다는 사실에서 거버넌스가 존재함도 알 수 있다.

시간이 지나면서 인간은 자신의 이익을 위해 네 가지 힘을 활용할 수 있게 되었다. 처음에는 생존을 위한 전투에서 사용하는 정도였지만, 현재는 편리함과 안락함을 위해 이 네 가지 힘을 사용한다. 모든 발달 단계에서 네 가지 힘이 왜 변하지 않는 요소인지, 그리고 이례적인 큰 재앙을 제외하고 네 가지 요소가 어떻게 진화해왔는지에 대해 네안데르탈인의 예를 시작으로 살펴보자.

자원 네안데르탈인은 사냥하고 먹을거리를 채집하며, 불과 도구, 기본적인 주거지를 만들기 위해 주변에서 돌과 나무와 같은 자재를 모으는 데 많은 시간을 보냈다. 그들의 삶은 아주 가까운 곳에 얼마나 많은 자원을 이용할 수 있는지에 따라서 달라졌다. 당장 손에 아무것도 없다거나 자원이 더 풍부한 곳이 있다면, 그들은 사냥과 먹을거리 채집을 위해 새로운 쉼터를 찾아 즉시 떠나곤 했다.

기술 네안데르탈인은 도구를 이용한 덕분에 자연에서 제공하는 자원을 최대한 활용할 수 있었고 2차 자원으로 변환할 수 있었다. 예를 들어 불을 이용해 사냥해 온 동물을 소화하기 쉬운 음식으로 요리할 수 있었고, 딱딱한 광석을 녹여 주조할 수 있었으며, 흙을 냄비로 만들 수도 있었다. 이런 식으로 식량의 저장능력과 주거지를 개선할 수 있게 해주는 등 2차 자원마다 새로운 능력을 부여했다. 하나의 기술은 또 다른 신기술을 낳았던 것이다.

인구 40명밖에 되지 않았던 초기 사회에서는 연령과 성별, 유전적 다양성의 올바른 조합 여부가 문제였을 것이다. 인구는 자원과 기술 다음으로 중요한 카테고리다. 단체 안에 누가 있는지는 하나의 집단으로서 얼마나 성공할 수 있을지를 결정하는 중요한 요인이다. 여기서, 핵심은 생산성이다. 생산성이 더 많은 아이를 낳을 수 있는 능력이든 더 많은 노동력을 제공할 수 있는 능력이든, 집단의 건강과 자산을 향상시킬 수 있는 능력은 집단 안에 사람이 어떻게 혼합되어 있는지에 따라 달라진다.

거버넌스 단체의 자산은 자원과 기술, 사람이며, 이 자산은 법과 시장의 규칙에 따라 분배되고 관리된다. 40명밖에 되지 않는 무리에서 누가 사냥을 하고 누가 아이를 돌볼지 혹은 고기를 어떻게 분배할지 결정하는 것이든 공산국가인 중국에서 자원과 정보를 강제로 분배하거나 심지어 13억 명의 자손까지도 통제하는 것이든, 모든 사회는 변화하는 형세에 맞추기 위해 법과 시장의 규칙을 이용한다. 그렇다면 무엇이 형세의 변화를 이끄는가? 이는 물론 자원과 기술, 인구의 변화에서 비롯된다.

의복이 천 쪼가리에서 우주복으로 바뀌고 주거지도 동굴에서 자동화된 최첨단 집으로 바뀌었지만, 선사 시대부터 지금까지 바뀌지 않은 것들도 많다. 현시대를 살아가는 우리의 삶에는 안락함과 편리함, 그리고 복잡함이 더해졌지만 네 가지 힘은 변함없이 삶의 기반을 이룬다.

시간이 지나도 변하지 않는 이 네 가지 힘 사이에서도 계층구조가 존재한다. 자원의 가용성은 생존과 가장 밀접하게 연관되어 있으므로 힘의 시스템에서 가장 중요한 기반이 된다. 네 가지 힘 중에서도 자원이 가장 천천히 변하는데, 때로 빙하의 움직임만큼 느리다. 자원의 변화는 진화나 광물 형성, 기후 변화, 지각 변동과 같이 점진적인 과정을 거친다. 또 인간 활동에서도 영향을 받는다. 여기에도 예외는 있는데, 점진적인 변화로 힘이 누적된 후 갑작스럽게 분출하는 경우 또는 해일, 지진, 허리케인과 같은 기상 현상이 해당된다. 이러한 사건들로 인해 생긴 엄청난 손실을 보면 네 가지 힘 중 자원을 1순위로 손꼽는 이유를 알 수 있다. 자원은 네 가지 힘 중 어느 힘이 우세한지 언제든 상기시킬 수 있다. 지진이나 해일이 일어나면 우리는 바로 자원의 힘을 깨닫는다.

힘의 계층구조에서 기술은 두 번째다. 자원을 뽑아내어 새로운 제품과 새로운 능력으로 변환하기 위해 사용하는 도구와 지식은 우리의 세계를 확장해준다. 기술은 육체의 한계를 넘어서는 능력을 부여함으로써 물건을 만들고 먼 거리를 이동하며 새로운 현실을 발견할 수 있게 해주었다. 때때로 기술은 현미경이나 망원경의 확대경처럼 아주 간단한 방법으로 의학과 과학에 엄청난 영향을 주어 신앙과 도덕성의 변화를 초래하기도 하고, 이상세계를 꿈꿀 수 있는 완전히 새로운 길을 열어주기도 한다.

인간의 지식은 진보하며 기술 혁신은 이전에 존재했던 것을 기반으로 한다. 따라서 기술의 변화는 점점 가속된다. 기술 혁신을 이해할 수 있는 우리의 능력만이 한계가 된다. 예를 들어 줄기세포 연구와 조직 공학이 처음으로 등장했을 때 사람들의 반응은 비슷했다. "우와! 놀라운데! 그런데 잠깐! 이것은 실험실에서 조직을 배양할 수 있다는 의미야? 그것이 도덕적으로 가능한 일이야? 법적인 문제는 없을까?" 이러한 새로운 능력이 우리 사회에 어떤 의미로 작용하는지 이해하기 위해 노력하는 동안 유전공학과 재생의학 연구 진행은 늦어졌다.

인구는 네 가지 힘 중 세 번째 요인이다. 여기서 사람은 생산자에 속한다. 사람은 육체적 노동과 지적 노동으로 뭔가를 생산할 수 있으며 더 많은 사람을 생산할 수도 있다. 인구 구성도 중요하다. 아이들과 노인들을 부양하기 위해 생산가능인구가 충분히 필요하며, 아이를 낳기 위해 남녀 비율의 균형이 잡혀야 한다. 마찬가지로 사람들은 서로에게 결속되어 있으므로 협력 관계를 가치 있게 생각하고 단체를 위해 책임감을 느끼는 것이 중요하다. 혼자서 일할 때보다 함께 협력해서 일할 때 생산성이 향상된다는 것은 사회집단의 가장 중요한 기반이다. 하지만 성공적으로 함께 일하는 사회 집단이 되기 위해서는 단체가 하는 일, 생산 방법, 자산의 공유와 분배 방법을 명시하고 관리할 수 있는 명확한 규칙이 있어야 한다. 이것이 네 가지 힘 중에서 마지막 요소인 거버넌스의 역할이다.

거버넌스에 필요한 첫 번째 도구는 법이다. 법은 허용되는 행동과 허용되지 않는 행동을 구별하고 규칙을 제정할 수 있는 사람을 선정하며 규칙을 어긴 사람에게 벌을 가할 수 있다. 거버넌스에 필요한 두 번째 도구는 시장의 규칙이다. 시장은 생산된 제품의 품질과 수량에 따라 개인이나 집단에 보상을 한다.

거버넌스를 유지하는 구조는 군주제, 독재, 민주주의, 신정정치 등 집단의 통치 체제다. 마찬가지로 자본주의, 사회주의, 공산주의를 포함해서 생산성과 보상 제도를 관리하는 다양한 경제 체제가 있다. 이것을 무엇이라고 부르고 어떻게 작동하든 모든 통치 체제와 경제 체제에는 집단이 따라야 하는 규칙이 있다.

네 가지 힘 중에서 거버넌스가 가장 수동적이다. 집단이 준수해야 할 법과 시장의 규칙은 자원, 기술, 인구의 변화에 따라 달라지기 때문이다. 네 가지 힘을 더 잘 숙지하기 위해 각 힘의 영역에서 미래 사고의 모범이 될 만한 과거와 현재의 많은 사상가에 대해 알아보자.

- **자원** 더그 캐머런Doug Cameron - 수석 연구원, 발명가, 바이오 연료 기술 벤처 투자가

- **기술** 이크발 콰디어Iqbal Quadir - 그라민폰과 이멀전스바이오에너지Emergence Bioenergy의 설립자이며 MIT의 발전 및 기업가정신 촉진 레가툼센터Legatum Center for Development and Entrepreneurship의 설립자이자 이사, 레가툼센터에서는 빈곤국 경제 발전을 위해 상향식 기업가정신과 혁신을 장려하고 있다.

- **인구** 토머스 맬서스Thomas Malthus - 인구가 기하급수적으로 증가해 지구의 수용 용량을 초과할 수 있다고 경고한 18세기 정치 경

제학자

오귀스트 콩트Auguste Comte - "인구 변동은 운명이다"라는 말을 남긴 프랑스 철학자

데이비드 E. 블룸David E. Bloom - 하버드대의 경제학자, 그의 "인구 배당 효과" 개념은 2011년 〈타임지〉의 "세상을 바꿀 10대 아이디어"에 선정되었다.

- **거버넌스** 클라이드 프레스토비츠Clyde Prestowitz - 경제전략연구소 ESI 연구소장, 전前 무역 협상가이자 미국 행정부 자문역, 글로벌 기업과 노동조합, 여러 정부의 세계화와 경쟁력 분야 고문

또한 현 시대의 사회, 경제, 환경 문제가 세계를 구성하는 네 가지 힘에서 어떻게 비롯되었는지에 대해 그들의 말을 통해 알아볼 것이다. 그들이 변화를 이끌기 위해 어떻게 협력했는지를 알아 가는 과정에서 위기를 피하는 방법뿐만 아니라 미래에 나타날 새로운 기회와 아이디어를 발견할 수 있을 것이다. 부상하는 아이디어, 신기술, 시장의 징후를 알아 놓으면 2부에서 배울 우뇌의 혁신 과정에서 귀중한 자료가 될 것이다.

2장

살아남기 위해 필요하지만
가장 천천히 변하는 힘

자원

일을 마치고 저녁 식사를 하러 가는 당신에게는 두 가지 선택권이 있다. 시원하게 에어컨을 켠 차를 타고 피자집으로 가서 10인치 크기의 아루굴라 파이와 아티초크 파이를 먹는 것과 사냥꾼이 갓 잡아온 사냥감을 들고 돌아오기를 기다리는 것 사이에서 당신이라면 어느 것을 선택할 것인가?

당첨금이 수백만 달러에 이르는 서바이벌 프로그램 참가자가 아니라면, 차를 타고 피자집으로 향할 것이다. 그걸 어떻게 아느냐고 물어본다면 '인간은 늘 수월한 길을 선택해왔기 때문'이라고 대답할 것이다. 인류 역사를 돌이켜보면 인간은 삶을 더 안락하고 편리하게 만들기 위해 각종 도구와 자재를 개발해 훌륭한 업적을 남겨왔다는 것을 알 수 있다. 인간은 '더 나은' 삶을 원했고 이것은 혁신으로 이어졌다.

오래전부터 인간은 더 나은 삶을 갈망했다. 이러한 갈망은 석기 시대에서 벗어나 자신만의 길을 개척하는 동기가 되었고 그로 인해 삶은 점점 더 화려하고 고급스러워졌다. 농업 시대와 산업 시대를 거쳐 디지털 시대에 이르기까지 산업 혁명처럼 '혁명'이라고 불릴 정도로 생활 수준이 향상되었다. 이러한 혁명의 특징은 목적에 맞게 더욱 농축된 형태로 자연 에너지를 활용할 수 있는 능력을 도약의 발판으로 삼았다는 점이다.

나무에서 석유, 가스, 석탄으로 바뀌면서 에너지 농축도가 급격히 높아졌고 그 결과, 새로운 자원을 이용할 수 있게 되었다. 예를 들어, 나무를 연료로 사용하여 차를 타고 길 아래에 있는 피자집으로 갈 수 없지만, 석유를 연료로 사용하여 달까지 날아갈 수 있다. 에너지 사다리를 오르기 위해서는 신기술 발명과 과학적 발견이 필요하다. 농업과 건축 자재 등 다양한 분야에 도구와 지식을 활용하면서 현대 문명을 일으킨 혁신의 바람이 일어났다. 인류의 진보는 간단한 공식 하나에서 비롯되었다. 그 공식은 '인류 진보 = 과학과 기술의 발전 + 새로운 에너지원 + 상상력'이다. 이 공식을 통해 돌판을 사용하던 인류가 태블릿PC를 사용하고 있으며, 30세까지 겨우 생존하던 사람들이 40세부터 결혼하며, 바다를 건너는 방법을 고민하던 시절을 지나 우주를 건너는 방법을 알아내는 수준에 이르렀다.

더 나은 삶에 대한 인간의 욕구로 인해 많은 에너지가 소비되고 있다. 에너지 수요가 증가한다는 것은 풍부한 에너지 자원을 찾고 활용할 수 있는 새로운 방법을 계속해서 개발해야 한다는 의미다. 인간은 더 나은 삶을 살기 위해 노력해왔다. 그 결과, 댐과 풍차를 건설하는 방법을 알아냈으며, 석유를 확보하기 위해 해저를 뚫는 시추선을 만들었고, 원자에서 엄청난 양의 에너지를 방출시킬 수 있을 뿐만 아니라 유전적으로 변형된 미세조류로부터 석유를 대체할 수 있는 제품을 만들어냈다. 이러한 혁신들은 눈부신 발전을 가져왔고 인류는 수만 년 동안 '더 나은 삶'을 위한 자신들의 방법을 조금씩 다듬어왔다.

―――――

철학적 차원에서 에너지는 생명체다. 에너지는 자연에 생기를 불어넣는 힘이며 모든 교류의 기초가 된다. 숨을 들이쉬고 내쉬는 호흡부터, 밀물과 썰물, 삶과 죽음을 반복하는 것까지 에너지에 포함된다.

하지만 화학적 차원에서 이러한 교류는 한 유기체의 폐기물이 또 다른 유기체의 먹이로 바뀌는 자연 순환 과정에 불과하다. '흙에서 만들어진 것은 흙으로 돌아간다'는 이론의 기본 요소는 모든 생명체의 중추가 되는 탄소다. 기술이라는 차원에서 죽음과 부활 사이의 변화는 탄소 순환과정에서 에너지를 흡수하고 방출하는 반응, 달리 말해 탄소 원자 사이의 결합과 분해 과정이다.

모든 에너지 기술은 자연이 생산한 에너지를 추출하고 인간 활동에 재분배하면서 탄소 순환과정을 촉진한다. 탄소 순환과정을 안전하고 안정적으로 이행하는 방법은 에너지 기술 혁신에 기반이 된다. 알다시피 새로운 에너지 기술은 다른 모든 분야에 적용할 수 있는 눈부신 발전을 가져온다. 에너지 과학자가 생각해내는 것이 미래 혁신의 기반이 된다는 의미다.

우리는 7학년(중학교 1학년) 과학 시간 이후 생명주기에 관해 생각할 시간이 없었기에 그 과정에 관하여 보충 설명을 하려 한다.

학습 참고자료 정보 사이트인 클리프스노츠CliffsNotes에 따르면 탄소 순환과정은 다음과 같이 설명할 수 있다. 식물은 이산화탄소 형태로 탄소를 흡수하고 물과 결합시켜 탄수화물을 만들어 낸다. 이 탄수화물은 동물의 먹이가 된다. 동물은 산소를 이용해 탄수화물의 탄소 결합을 분해하여 에너지를 얻는다. 폐기물로 이산화탄소와 물이 남고 식물은 그것을 흡수한다. 이 과정은 순환된다.

탄소 순환과정의 더 큰 그림은 지표면 아래에서도 계속된다. 기후나 지형에 큰 변화가 일어날 때처럼 식물과 동물 사이의 탄소 원자 균형을 조정할 필요가 있을 때, 순환 과정에서 탄소가 과잉 배출되고 이러한 과잉의 탄소는 땅에 흡수된다. 산과 바다의 압력으로 인해서 탄소는 수백만 년에 걸쳐 더 조밀해지고 점점 더 압축된다. 식물에서 나온 탄소는 석탄으로 전환되고 미생물에서 나온 탄소는 석유가 되며 식물과 동물에서 나온 탄소는 천연가스가 된다. 유정과 광산에서 추출한 에너지원은 공룡 시대의 지구 표면을 순환한 탄소 원자가 포함되어 있기 때문에 화석 연료라 불린다. 탄소 원자 사이의 결합은 여전히 '유지되고 있으며' 결합이 깨질 때 에너지가 방출된다. 이러한 화석 연료는 매우 농축된 탄소 자원이기 때문에 (불을 이용해서) 결합을 깨면 많은 에너지가 나온다.

하지만 여기에도 문제가 있다. 생태 순환 용량을 초과하는 탄소가 방출되면 과잉 탄소가 대기 중에 머문다. 10톤의 석탄이 탈 때 2톤의 탄소가 대기 중으로 방출된다. 이것은 생체가 이산화탄소를 흡수(중화)할 수 있는 양을 넘어선다. 탄소 순환의 균형이 깨지면 자연의 균형도 깨진다. 자연의 균형이 깨지면 온도가 올라가고 땅이 피폐해지며 물이 오염되어 결국 멸종에 이르게 된다. 이것은 사람이 화석 연료를 태우기 시작한 이후 대기 중에 엄청난 탄소를 배출한 결과 현재 우리가 직면한 상황이다.

탄소 순환의 균형을 맞추어야 한다는 것은 그냥 듣기 좋으라고 하는 말이 아니다. 지구에 사는 인구는 50년마다 수십억씩 증가하고 있고 앞으로 더 많은 사람이 에너지에 집중하는 세계경제에 참여할 것이기 때문에 탄소 순환 균형은 경제 측면에서도 필요하다.(이 부분에 대해서는 인구 통계에서 더 심도 있게 다룰 것이다.) 이러한 압박은 화석 연료를 태우면서 효율성을 증진하는 에너지 기술과 탄소 흡수 방법뿐만 아니라 화석 연료 이외의 자원에서 추출한 '대체' 에너지의 혁신을 가속화한다. 전 세계 많은 사람들이 대기에 노출된 과잉 탄소를 줄이거나 최소화하면서 증가하는 에너지 수요를 맞출 방법을 알아내기 위해 노력하고 있다. 여기서 오래전에 땅속 깊은 곳에서 순환했던 탄소에서 에너지를 얻는 방법이 아니라 지구 표면의 탄소 순환 과정에서 에너지(탄소 결합)를 얻는 방법을 찾는 것이 핵심이다.

태양과 풍력, 바이오 연료 같은 대체 에너지원 또는 친환경 에너지원은 수요에 맞게 에너지원을 적절하게 생산, 저장, 분배하는 것이

관건이다. 물론 이것을 해결하기 위해서 대용량 배터리처럼 저장 용량의 눈부신 발전이 필요하다. 많은 에너지를 오랫동안 저장할 수 있는 배터리 기술은 전자 산업의 눈부신 발전을 가져다줄 것이며 더불어 '전력 사정이 어려운' 지역에 사는 사람들에게도 전기를 공급해 줄 것이다.

이것은 에너지 기술 발전이 혁신을 일으키는 방법을 보여주는 예다. 에너지 산업을 위해 실험실에서 발명한 새로운 능력은 다른 산업에도 적용되어 결국 모든 산업에 걸쳐 꼭 필요한 혁신을 일으킨다. 더불어, 이러한 모든 노력은 사회적으로 그리고 경제적으로 살아가는 방식에 변화를 가져다줄 것이다. 이러한 방식으로 일어난 에너지원과 기술의 변화는 더 큰 변화를 낳는다. 이 변화는 미래에 우리가 어떻게 살아갈지 엿볼 수 있는 단서가 된다.

―――――

더그 캐머런은 냄새 나는 작은 유기체 폐기물을 혼합하여 플라스틱 병, 탈취제, 화장품, 매트리스 등 일상생활에 사용하는 다양한 물체로 전환하는 방법을 처음으로 알아냈기 때문에 그를 화학 산업의 선구자라 부른다. 30년 동안 '청정 기술'을 개발해온 캐머런은 화학 엔지니어이자 사업가로서 증가하는 에너지 수요를 맞추면서, 탄소 순환의 균형을 다시 맞추는 방법을 알아내는 일을 인생의 목표로 삼았다. 그가 초반에 이바지한 것 중 하나는 대장균과 효모 같은 미생물에서 화학물질을 생산하는 방법을 발견한 일이다. 이전에는 석유에서 화학물질을 추출해 활용했다.

캐머런은 위스콘신대학교 메디슨 캠퍼스에서 교수이자 연구 과학자로서 일을 시작했고 그곳에서 바이오 연료를 발견하는 엄청난 업적을 남겼다. 현재 바이오 연료는 듀폰에서 상업적으로 생산하고 있다. 이후 캐머런은 미국에 가장 큰 민간 기업이자 세계적인 농·산업 기업인 카길의 수석 과학자이자 이사가 되었다. 이사로서 카길에 생명공학 연구 부서를 설립했으며 그 단체를 직접 진두지휘했다. 캐머런은 카길을 떠나 '청정 기술'을 전문으로 하는 벤처투자 자문회사인 코슬라 벤처스에 합류하기 위해 실리콘밸리로 갔다. 그 이후 청정 기술과 농업 부분의 기회와 도전에 초점을 둔 투자자문회사인 알베르티를 설립했다. 현재 그는 '탄소 가치사슬 상에서 초기 단계 기술'이 시장에 도입되도록 하는 벤처 그룹인 퍼스트그린파트너즈의 공동이사다. 캐머런이 과학 실험실이든 관계 업계든 대체 에너지에 무슨 일이 일어나고 있는지에 대해서 꿰뚫고 있다는 것은 두말할 필요도 없다.

앞서 언급했듯이, 캐머런은 식물에서 석유 대체 물질을 추출하는 방법을 알아냈다. 그는 대장균과 같은 유기체를 유전적으로 변형해 식물의 전분을 합성 석유로 전환하는 효소를 만들어냈다. 화학 공학에서 이는 엄청난 일이다. 매트리스, 세정제, 음식, 전기 제품, 식기류, 가구, 차, 페인트, 화장품, 약품, 전자 제품, 아스팔트, 고무, 플라스틱 등 우리 주변에 있는 거의 모든 제품이 석유화학에서 나온다. 일상에 사용되는 거의 모든 제품이 석유화학 제품이라고 해도 과언이 아닐 정도다. 이런 석유화학 제품을 화석 연료에서보다는 일부 탄소 순환과정에 있는 식물로부터 만들 수 있다면 탄소를 배출하지 않고 에너지 수요를 맞추는 우리의 목표를 달성할 수 있을 것이다.

캐머런은 10여 년에 걸쳐서 분자 내 원자 배열을 바꿔놓은 일은 분명 지구 미래에 좋은 일이다. 하지만 듀폰은 캐머런의 연구 성과에도 불구하고 재빠르게 미래 수익성에 대해 고민했다. 그래서 캐머런의 제조법을 상품화하는 데 10여 년이 걸렸을 뿐만 아니라 업계 다른 회사들이 관심을 가지는 데 또 다시 10년이 걸렸다. 대체로 다른 화학 회사들은 생화학 제품을 만들 의향이 없었기에 듀폰이 생화학 분야에 집중하는 것은 큰 위험을 무릅쓰는 일이었다. 하지만 캐머런의 말과 같이 "대부분의 화학 회사들은 바이오 정제 시설을 소유하고 있으며", 코카콜라는 2020년까지 식물로만 만든 병을 사용하겠노라고 공개적으로 선언하는 상황이 되었다. 캐머런의 발명품이 일상제품으로 나오는 데는 거의 30년이 걸린 셈이다.

1980년대 초, 매사추세츠공과대학교 박사 과정을 밟고 있었을 때 그는 문득 궁금해졌다. "식물에서 석유 대체 물질을 생산할 수 있지 않을까?"라는 질문은 당시에는 말도 안 되는 것이었다. 이 모든 것이 한 미래학자의 급진적으로 우스꽝스럽기까지 한 생각에서 시작되었다.

그의 아이디어는 불가능한 것이 아니라는 점이 결국 밝혀졌다. 게다가 경제적 가치도 있었다. 사실 캐머런이 대체 연료에 궁금해 하고 있을 당시, 그 어느 때보다 국가적으로 석유 의존도에 대한 관심이 높아지고 있던 때였다. 높은 석유 의존도 탓에 두 번의 타격을 입으면서 사람들의 집단 불안 증세도 증가했다. 첫 번째 석유파동은 OPEC(석유수출국기구)이 이스라엘군에 아랍 지역에서 철수하도록 강요하기 위해 석유 금수(禁輸) 조치를 내렸던 1973년에 일어났다. 두 번째는 미국과 동맹 관계였던 샤(이란 왕)의 독재 정권을 무너뜨리려는 이란혁명이 있었던 1979년에 일어났다. 샤와 동맹 관계에 있던 미국에 대한 보복으로 이란은 석유 공급량을 대폭 줄였고 미국은 바로 큰 타격을 입었다. 석유 공급 부족으로 주유소에는 자동차가 몇 블록에 걸쳐 줄지어 섰고 모든 소비재 가격은 폭등했다.

캐머런이 듀크대 화학과를 졸업할 당시는 이처럼 긴장감이 감도는 상황이었다. 정치적으로든 문화적으로든 기존의 생각을 뒤엎어야만 했다. 지미 카터 대통령도 이 문제에 대해 모든 사람이 자신이 할 수 있는 한 최선을 다해 절약하기를 권장하는 연설을 했다. 즉 좀 더 천천히 운전하기, 난방 온도 낮추기, 스웨터 껴입기, 다 쓴 물건 재활용하기, 카풀 이용하기를 권했다. 정부가 규정한 새로운 연료 효율 기준에 맞춰 자동차 회사들은 전기 자동차 개발에 몰두했고 연료를 절약하기 위해 카터 행정부는 최고 속도를 시속 55마일(약 88킬로미터)로 제한했다. 제한 속도 준수를 위해 이란 혁명을 이끈 종교적·정치적 지도자인 루홀라 호메이니가 운전자를 내리 쏘아보고 있는 사진과 함께 "제한 속도 시속 55마일Drive 55"이라는 글귀를 대형 광고판에 게시했다. 이 위협적인 말투와 사진은 우리 경제가 석유 공급 국가에 얼마나 많이 의존하는지, 즉 탄소를 보유한 자가 얼마나 엄청난 권력을 쥐고 있는지를 보여주기 위한 것이었다.

> 5년 안에 무공해 자동차를 생산할 목표로 민간 연구소와 정부 모두를 한곳에 집결시킬 수 있는 프로그램을 시작할 것이다.
> ─ 리처드 닉슨, 〈환경 품질에 관한 특별 교서〉(1970년 2월 10일)

> 올해 국가 목표: 1980년부터 10년 안에 미국은 난방 시설과 교통 시설을 사용하는 데 필요한 에너지를 다른 나라에 의존하지 않을 것이다.
> ─ 리처드 닉슨, 〈양원 합동 회의 전에 연설한 연두 교서〉(1974년 1월 30일)

한편에서는 환경 운동이 일어났다. 사람들은 자연으로 돌아가 '땅을 일구며 살기 위해' 이동했고, 급진주의자와 히피족으로 불리던 일부 사람들은 토양과 풍력기술을 시험 삼아 이용해 보기 시작했다. 닉슨 대통령이 설립한 연방 에너지국과 카터 대통령이 설립한 미국 에너지국은 물론이고 정부도 환경 운동에 힘을 실어 주었다. 정부는 대체 연료를 연구 개발하는 대학교와 창업 기업에 정부 보조금을 지원했고 이에 힘입어 일부 신기술이 등장했다.

하지만 석유 공급 국가와의 관계가 회복되고 석유 가격이 다시 하락하자 모든 것이 원점으로 되돌아갔다. 변화를 위한 충격 요법으로 작용하던 모든 분야에 걸친 노력은 사그라들고 에너지 기준은 완화되었다. 이러한 기준 완화는 이해가 안 될 정도로 근시안적인 관점을 지니고 있었기에 연구 자금이 고갈되고 대체 자원에 대한 열정도 사라졌다. 거의 모든 사람들이 이 문제에 대해 더 이상 관심을 두지 않았다.

하지만 캐머런은 달랐다. 대학을 갓 졸업했을 당시 그는 미래학자의 눈으로 석유 대체 물질이 필요한 상황이 다시 올 것이라고 확신했다. 영화 〈졸업The Graduate〉의 명대사를 인용하여 말하자면, 미래는 한 단어로 요약할 수 있다. 바로 '에너지'다.

———

캐머런은 다음번에는 변화를 요구하는 상황이 쉽게 잦아들지 않을 것이라 믿었다. 대체 에너지에 대한 필요성은 국가 차원에서뿐만 아니라 전 세계 차원에서도 새롭게 받아들여졌다. 시민들이 대체 에너지를 필요로 했고 기업들도 원했다. 각각의 네 가지 힘 관점에서도 대체 에너지가 필요했다. 1970년대와 달리, 기술 발전이 이루어졌고 세계적인 인구 폭발 또한 대체 에너지의 필요성을 불가피하게 만들었다. "에너지 문제를 진전시킬 새로운 방법이 있을까?"라고 캐머런이 던진 질문은 모든 정부의 최대 현안이 되었다. 캐머런의 말처럼 "우리는 변화의 정점에 있다."

3장

내가 살고 있는 세계를
빠르게 확장시켜주는 도구와 지식

기술

사람들은 보통 전자 장치를 말할 때 기술이라는 단어를 사용한다. 하지만 이것의 의미는 '소리가 울리고 불빛이 깜박이는 장치'라는 단순한 의미보다 훨씬 더 큰 의미를 포괄한다. 순수한 의미에서, 기술(독일어로 Technik)은 원료를 제품과 서비스로 변화시키는 새로운 도구와 방법을 개발하는 데 사용되는 기량과 솜씨, 문제 해결 노하우로 정의할 수 있다. 기술은 과학, 예술, 공학, 기계, 소프트웨어, 기술적 기량 등 다양한 분야를 아우른다. 기술은 발명의 수단이다. 우리는 자연이 허용하는 것보다 훨씬 더 많은 것을 보고 듣고 행하기 위해서 기술을 사용한다. 예를 들어, 기술을 사용해 식량을 생산하거나 일 년 내내 보관할 수 있고 하늘을 날 수도 있으며 원자를 조합하고 수명 연장뿐만 아니라 심장 조직 배양도 할 수 있다.

기술적 진보와 이를 촉진하는 학습은 더해지는 속성이 있다. 모든 선구적인 혁신은 그 전에 이룩한 발견을 발판으로 삼는다. 고대 바빌로니아인이 사용한 삼각법은 아르키메데스가 파이(ϖ, 아르키메데스 상수)에 관한 수학식을 만드는 매개체가 되었다. 이 파이 공식은 망원경을 만드는 데 사용되었고 갈릴레오가 '우주의 중심은 지구가 아니라 태양'이라고 주장하는 데 중요한 역할을 했다. 또 뉴턴이 빛의 속도를 측정할 수 있는 근거가 되었으며 이를 바탕으로 아인슈타인이 원자를 구성하는 입자를 연구했다. 이는 결국 과학 연구의 새로운 분야인 양자 물리학의 부상으로 이어졌다.

우리가 인지하든 못하든 계승된 과학 지식은 우리가 사용하는 모든 전자 제품에 담겨있다. 양자 물리학은 자동차와 텔레비전에서 컴퓨터와 휴대폰에 이르기까지 일상생활에서 사용하는 모든 전자 장치에 동력을 제공해주는 트랜지스터(일명 반도체)에 응용되고 있다. 또 양자 물리학 덕분에 GPS 내비게이션을 이용할 수 있고 레이저 수술을 받을 수 있으며 CD, DVD, 블루레이 플레이어에서 좋아하는 음악을 듣고 영화를 볼 수 있다. 게다가 태양 전지와 연료 전지와 같은 우리의 미래가 달린 에너지 기술의 기반이 된다.

우리는 문명을 형성하고 기반시설을 구축하며 전쟁에서 이기기 위해 사용한다. 또 의식주를 해결하거나 먼 곳으로 이동하는 데도 기술을 이용한다. 이 뿐만 아니라 소통하고 가치를 매기는 데 기술을 이용하며, 혁신과 놀이·요리·청소·사랑하는 사람 돌보기에도 이용한다. 산업에서는 제품 제조와 생산성 향상, 주변 환경 제어를 위해서 기술을 이용하며, 그 밖에 교육, 의식 절차, 과학과 예술 분야에서도 기술을 사용한다.

그럼 이크발 콰디어의 이야기를 통해 기술이 사회와 문화에 얼마나 지대한 영향을 주었는지에 대해 알아보자.

1971년 이크발 콰디어가 13살 되던 해, 콰디어 가족은 방글라데시 제소스(당시에는 동파키스탄이었지만 1971년 말 독립하여 현재는 방글라데시라 부름)에서 조부모가 살고 있던 작은 시골 마을로 이사했다. 콰디어가 살던 도시에는 해방을 위한 분쟁의 위험이 도사리고 있었기 때문에 콰디어 가족은 도시의 폭력에서 벗어나 더 안전하고 교육에 집중할 수 있는 평화로운 시골 마을로 간 것이다. 콰디어 가족은 그곳에서 겨우 1년밖에 살지 않았지만 방글라데시 사람들 대부분이 매일 극복해야 하는 문제들에 눈을 뜨게 되었다. 방글라데시에서는 대부분의 사람들이 이런 작은 마을에 살았는데, 자본도 부족했고 기반시설도 제대로 갖추어져 있지 않았다. 여기서 사람들은 심부름 정도 하는 것 외에 특별히 할 일도 많지 않았다.

어느 날 콰디어의 어머니는 그에게 아픈 동생을 위해 약을 사오라고 심부름을 시켰다. 마을에는 약국이 없었고 다른 마을을 가기 위해서는 10킬로미터 정도 걸어가야 했다. 콰디어는 하루가 꼬박 지나서야 약국에 도착할 수 있었다. 하지만 약국은 문이 닫혀 있었다. 약사가 볼 일이 있어 그 날 온종일 약국을 비워둔 상태였다. 콰디어는 공부도 하지 못하고 하루를 날려버렸고 약사는 판매 손실을 보았다. 또 어린 동생은 심하게 아파서 하마터면 목숨을 잃을 뻔했다. 이 경험은 콰디어의 삶을 바꾸어 놓았고 방글라데시의 미래도 바꾸어 놓았다.

콰디어가 월스트리트에서 투자 은행가로 일할 때 오래 전 약국으로 헛걸음했던 기억을 떠올리게 하는 일이 있었다. 그 특별한 날에 컴퓨터 네트워크가 고장 났고 내부 전산망도 없었던 탓에 일을 할 수가 없었다.(그때는 인터넷이 없었다.) 이 두 경험은 동떨어져 있었지만, 공통적으로 통신기술이 사람들의 과업과 자원을 조율하여 생산성 향상에 지대한 영향을 미친다는 점을 깨닫는 계기가 되었다.

콰디어는 사람들이 더 쉽게 더 많은 물건을 만들 수 있으면 더 많은 부를 얻을 수 있을 것이라 생각했다. 즉 통신기술이 올라가면 생산성이 높아질 것이고 생산성이 올라가면 경제 성장을 이룩할 수 있다는 말이다. 이렇게 통신기술을 개선하면 방글라데시와 같은 빈곤국의 현실을 바꿀 수 있을 것이라는 생각에 이르렀다.

―――――

바로 그 순간 흩어져 있는 퍼즐 조각이 맞춰지며 '연결성은 곧 생산성이다'라는 큰 그림이 완성되는 통찰을 얻었다. 이 마법과 같은 순간에 아이디어가 샘솟았지만 목적 또한 뚜렷하게 보였다. 콰디어는 방글라데시 사람들과 월스트리트에 있는 그의 동료들 간의 가장 큰 차이점이 바로 '기술'에서 비롯된다는 점을 깨달았다. 이후 그는 방글라데시에 전화기를 도입하는 일에 헌신했다.

이 간단한 기술 하나가, 즉 전화기가 경제에 미칠 영향은 명백했다. 그의 어린 시절에 전화기가 있었다면 약국에 가기 전에 미리 연락할 수 있었을 것이다. 전화기를 이용해 최신 시장 정보를 정기적으로 얻어 수요와 가격의 변화를 알 수 있다. 또 물건을 받아 오거나 배달하는 시간을 조정하여 좀 더 효율적으로 계획을 세우고 운영할 수 있다. 이처럼 콰디어는 모든 비즈니스에서 쉽고 빠른 정보 획득이 굉장히 중요하다는 점을 깨달았다.

콰디어는 방글라데시 사람들이 각자 자신의 상황을 개선해야 하며 이를 실현할 수 있는 유일한 방법은 각자의 손에 생산 도구를 쥐어 주는 것이라 생각했다. 나머지는 사람들의 창의성과 직업윤리, 기업가적 태도가 해결해줄 것으로 여겼다.

콰디어의 마지막 관점이 상당히 중요하다. 빈곤국의 경제 개발은 보통 자선단체의 지원금, 대출, 정부 보조금 혹은 거대 비영리 국제 기관(세계은행이나 국제통화기금)의 도움으로 이루어지는 경우가 많다. 하지만 빈곤국에 대한 원조가 증가해도 국민의 삶의 질은 개선되지 않았다.

역사적으로 기술 혁신은 생산량 증가로 이어졌다. 그물을 만들어 한 번에 많은 물고기를 잡을 수 있게 되었고 쟁기를 개발해 손으로 경작할 때보다 더 많은 수확을 거둘 수 있게 되었다. 수차를 이용하는 방앗간을 세워 대량으로 곡식을 빻을 수 있게 되었으며 자전거를 개발해 누구나 편리하게 이동할 수 있게 되었다. 또 재봉 기계를 개발해 제조업이 부흥을 이루었고 증기 엔진을 이용하여 편리하게 사람과 물자를 이동시킬 수 있었다.

이렇게 기술 혁신은 생산성 향상을 이끌고 있다. 인류 역사를 돌이켜보면 인간은 기술을 활용하여 생산력을 올렸고 그에 따른 번영을 누렸다. 농업 기술과 산업 기술이 그러했듯이, 기술은 종종 사회를 재정비한다. 기술 그 자체는 분배할 수 있는 성격을 가지고 있기 때문에, 칼리프(과거 이슬람 국가의 지배자)나 전제 군주, 황제가 주로 보유하던 기술이 진보를 이루면서 차츰 대중에게 공평하게 퍼져나갔다.[1] 이러한 원리는 콰디어의 비전과 맞아 떨어졌다. 사람들의 삶을 바꾸는 힘, 궁극적으로 국가를 바꾸는 힘은 휴대폰처럼 아주 작은 뭔가에서 비롯될 수 있다.

콰디어는 방글라데시에 전화기를 도입하겠다는 생각을 한 이후부터 한시도 그 생각에서 벗어날 수 없었다. 그는 바로 은행가를 그만두고, 빈민에 이른바 '분산된 연결성'을 제공해주는 방법을 알아내기 위해 몰두했다. 하지만 계획을 실현하기 위해서는 해결해야 하는 실제적인 장벽이 앞을 가로막고 있었다. 그가 생각한 비즈니스 모델에는 다음의 세 가지 해결해야 할 핵심 문제가 있었다.

- **기반시설** 전화 기지국과 전화교환센터를 설립한 후 투자 이익을

거둘 수 있을까?
- **비즈니스 모델** 하루 벌어 하루 먹고 사는 사람들이 전화기를 살 여유가 있을까? 전화기를 통해 어떻게 수익을 올릴 수 있을까?
- **벤처 자금** 전화기를 살 여유가 없는 사람들에게, 그것도 기반 시설이 없는 지역에서 서비스를 판매하는 사업에 기꺼이 투자할 사람이 있을까? 아마도 어려운 설득 작업이 될 것이다.

1993년 콰디어가 연구를 시작할 당시, 방글라데시에서 전화기를 가지고 있는 사람은 500명당 1명에 불과했고 농촌 지역에는 한 사람도 없었다. 전화기를 설치하기 위해서는 정부에서 승인을 받아야 했는데 거의 5년에서 10년을 기다려야 했고 연결 비용 500달러를 내야 했다. 사용할 수 있는 서비스는 아날로그뿐이었고 전화기는 자주 고장이 날 뿐만 아니라 전화기 공급업체는 딸랑 한 곳뿐이었다.

또한 그가 계획을 세우는 데만 거의 4년이 걸렸다. 그간 다른 회사와의 제휴관계가 생각대로 맺어지지 않았고 정부의 허가신청서 처리도 뜻대로 되지 않았으며 기반시설도 개선되어야 했다. 무엇보다도 전화기를 배포하는 방법뿐만 아니라 하루 1달러 밖에 벌지 못하는 사람들이 구매할 수 있도록 가격을 낮춰야 한다는 점이 난제였다.

―――――

방글라데시에서는 빈민들이 자원을 이용할 수 있도록 지원하는 혁신적인 조직이 하나 있다. 바로 그라민은행이다.(방글라데시어인 그라민은 '시골' 또는 '민초'라는 뜻이다.) 1976년 무하마드 유누스가 설립한 그라민은행은 빈민에게 소액을 대출해주는 금융 시스템으로 방글라데시 빈민들의 삶을 개선시키는 데 엄청난 기여를 했다. 마하마드 유누스가 제시한 이 모델은 크게 성공을 거두었다.[2] 당시 빈민들은 고리대업자에게 번 돈을 빼앗기는 상황이었기 때문에 담보물 없이 돈을 갚겠다는 약속만으로 소액을 대출해주는 모델은 혁신적이었다. 사람들을 무담보 소액 대출을 받아 소를 사서 밭을 일구었고 우유도 내다 팔았다. 이것이 소득 증가로 이어졌고 사람들은 대출을 상환할 수 있었다.

콰디어는 이 모델을 본 후 '소에 적용한 모델을 휴대폰에도 적용할 수 있지 않을까?'라는 의문이 생겼고, 이내 곡식이나 가축을 기르기 위해 사용했던 방법을 휴대폰을 구매하는 데도 사용할 수 있을 것이라고 생각했다. 약국까지 걸어갔던 그의 경험에서 볼 수 있듯이, 전화기는 경제에 즉각적인 영향을 끼친다. 휴대폰 한 대만 있어도 불필요한 이동을 줄일 수 있고 그 시간을 생산적인 일을 하는 데 쓸 수 있기 때문에 경제에 미치는 영향은 엄청날 것이다. 예를 들어, 휴대폰이 있다면 농부들은 멀리 떨어져 있는 시장의 실시간 가격 정보를 얻을 수 있어 수익을 높일 수 있다. 목장에서도 수의사를 부르거나 약을 주문할 수 있을 것이다. 한 연구결과에 따르면, (전화 기지국과 개폐 장치를 포함해서) 전화기 한 대의 총비용은 대략 2,000달러지만, 각 전화기는 50,000달러 가치의 생산성 증가를 가져온다고 한다. 생산성 향상이 전화기에 투자하는 초기 비용을 훨씬 능가하기 때문에 무담보 소액대출 모델을 전화기에 적용하는 것은 합리적이라고 판단했다.

그라민은행은 이 프로그램을 실행하는 데 중요한 파트너가 되었다. 그라민은행과 관계를 맺은 후 투자자를 유치할 수 있게 되었고 방글라데시 정부의 승인도 얻을 수 있었다. 그라민은행이 전국에 많은 지사가 있었기 때문에 유통망 또한 확보할 수 있었다.

해결해야 하는 남은 퍼즐 조각은 하드웨어 문제였다. 이 또한 노르웨이에서 가장 큰 통신회사인 텔레노와 제휴를 맺으면서 해결되었다. '가족들도 제대로 부양할 수 없는 처지에 있는 빈민들이 휴대폰을 살 돈이 있을까?'라며 대부분의 통신회사는 빈민에게 투자하는 것을 손해라고 생각했기 때문에 콰디어의 제안에 주저했지만, 텔레노는 방글라데시에 전화 수요가 명백했기 때문에 큰 시장에 진입하는 것에 가치를 두었다. 그라민은행과 텔레어, 콰디어는 전화기를 통해 모두에게(방글라데시 사람들, 은행, 통신 회사, 심지어 사람들의 수입이 증가하면서 정부에게까지) 수입을 제공할 수 있는 방법을 찾아낸 것이다.

콰디어는 많은 사람이 기술을 이용할 수 있도록 하면 개인의 삶을 향상시킬 수 있을 뿐만 아니라 나라 전체에도 크나 큰 영향을 미칠 수 있다는 사실을 깨달았다. 기술은 1인당 소득을 증가시키고 지

역 경제를 살릴 뿐만 아니라 자유와 민주적 절차를 정립하는 데도 도움을 준다. 게다가 방글라데시 시골 마을의 생산성 향상이 이루어지면 이들을 둘러싼 경제 생태계도 성장한다. 다시 말해, 휴대폰을 유통하고 서비스하는 기업이 생겨나고 기지국을 관리하는 직업이 생겨나면서 각 가정은 수입이 늘어나 상품과 서비스에 대한 수요가 늘어나게 된다.

그라민폰은 방글라데시 독립기념일인 1997년 3월 26일에 설립되었다. 오늘날 그라민폰은 방글라데시 전국에 걸쳐 휴대폰 서비스를 제공하고 있으며, 방글라데시에서 가장 큰 통신회사로 가입자만 3,700만(2012년 3월 기준)에 달한다. 1억 명 이상의 사람들이 서로 연락할 수 있게 된 것이다. 콰디어가 앞서 예상했듯이 그라민폰에 대한 투자는 여러 측면에서 방글라데시를 바꾸어 놓았다.

- 그라민폰은 네트워크를 구축하기 위해 지금까지 10억 달러 넘게 투자했고, 그 결과 이전에는 없었던 기술 인프라가 형성되었다.
- 그라민폰은 방글라데시에서 가장 큰 납세자 중 하나이다.
- 현재 1,600개의 고객서비스 지점이 있으며 82개의 그라민폰 센터가 있다.
- 그라민폰은 5,000명이 넘는 직원(정규직과 임시직)을 고용하고 있다.
- 150,000명의 사람이 그라민폰의 중개인, 소매업자, 스크래치 카드 아울렛, 공급업체, 판매업체, 도매업자 등으로 일하면서 생계

를 유지하고 있다.
- 그라민폰은 농촌 사람들을 위해서 대금 결제와 모바일 뱅킹 사업을 확장했는데 꽤 영향력이 크다. 또한 건강 상담서비스와 인터넷 사업도 도입했다. 그라민폰은 2020년까지 인터넷 가입자가 2,000만 명을 넘을 것이라 예상한다. 이는 또 다른 경제 성장을 불러올 것이 확실하다.

　　콰디어의 비전은 개인의 환경을 개선하는 일을 넘어 건강한 경제 생태계 조성을 통해 국가 경제를 끌어올리는 것에도 중점을 두었다. 휴대폰은 그런 변화를 위한 매개체였다. 이것은 그라민폰의 최초 가입자였던 모노와라 타루크덜의 이야기에서 잘 드러난다. 파키스탄 최대 언론 매체인 〈돈Dawn〉에 게재된 2010년 기사에 따르면 "타루크덜은 1997년 방글라데시에서 휴대폰 서비스가 시작되었을 때 초기 가입자 중 한 명"이었다.

　　네 아이의 엄마인 타루크덜은 자신이 꿈꿔온 허브차 회사를 설립하기 위해 상당한 금액을 투자하는 위험을 감수했다.(당신은 식료품점 선반에서 툴시Tulsi라는 차를 본 적이 있을 것이다.) 그녀의 휴대폰이 사업의 허브hub 역할을 했다. 사무실이나 상품 진열대 없이 휴대폰 하나로 허브차를 시장에 내놓고 고객의 주문을 받았으며 유통 과정까지 관찰할 수 있었다. 2010년 그녀의 회사는 1,500명의 농부를 고용한 거대기업으로 성장했고 호주, 쿠웨이트, 네팔처럼 먼 곳까지 그녀의 차를 배송하는 성과를 일궈냈다. 이 모든 것이 구닥다리 노키아 휴대폰으로 메시지를 주고받음으로써 일궈낸 성장이다. 그녀의 얘기를 들어보자. "친환경 무역 박람회에 가서, 저의 휴대폰 번호가 적힌 포스트를 게시판에 붙였거든요. 그 덕분에 지금은 해외에서 오는 모든 주문을 받아요."

―――――

콰디어가 벤처회사를 설립했을 때 사람들은 그가 미쳤다고 생각했다. 처음에 사람들은 하나같이 그에게 "휴대폰은 도시의 고소득층을 위한 것"이라고 말했다. 그라민폰이 성공을 거두자 사람들은 "휴대폰 사업은 낮은 데 달린 과일"이라고 폄하했다. 두 가지 모두 파괴적 혁신을 두고 보이는 특유의 반응이다. 처음에 새로운 생각은 현재의 가정을 무너뜨려야 하기 때문에 '미쳤다'고 생각하며, 좋게 표현해도 '너무 위험하다'고 여긴다. 하지만 혁신이 일어났을 때 뻔한 것처럼 보인다. 당연한 것처럼 보인다는 말이다.

콰디어가 휴대폰을 발명한 것도 아니고 사회를 변혁시킬 수 있는 상향식 경제 모델을 제안한 것도 아니다. 그가 공헌한 부분은 미래를 내다볼 수 있는 예지력과 불굴의 정신으로 많은 사람들이 활용할 수 있고 수익성이 보장되는 지속 가능한 비즈니스 모델을 내놓았다는 것뿐이다. 또 휴대폰이 지닌 다음의 특징 덕분에 많은 사람들이 활용할 수 있었던 것이다.

- 음성 통신은 읽거나 쓰지 못하는 사람들에게 필요한 응용 프로그램이다. 기본적으로 휴대폰은 누구나 이용할 수 있는 평등한 플랫폼이다. 또 컴퓨터 혁명이 전화기를 통해 퍼져 나갔듯이, 휴대폰은 현대 기술의 이상적인 통로가 되었다.
- 휴대폰은 경제에 즉각적인 영향을 미친다.
- 컴퓨터 칩의 처리 능력은 18개월마다 2배씩 증가(무어의 법칙)하고 칩의 크기는 점점 더 작아지므로 전자기기의 가격은 계속해서 내려갈 것이다. 휴대폰의 수요가 증가하면 필연적으로 가격은 내려갈 것이다.

콰디어에게는 미래를 형성하는 기술 동향을 꿰뚫어보는 능력이 있었다. 그는 소액대출 등 빠르게 기술을 도입되는 상황을 보고 방글라데시 사람들에게 "연결성은 곧 생산성"이라는 원리를 적용할 기회가 왔음을 알아차렸다.

하지만 그라민폰의 성공은 방글라데시에만 국한된 것이 아니다. 이후에 아시아와 아프리카에 널리 적용되었다. 이 모델을 통해 방글라데시 농촌과 같이 전기가 없는 많은 저개발 지역에 휴대폰과 광대역 통신기술이 보급되었다. 이러한 기술 보급은 몇 안 되는 사람들에게만 이득을 주는 하향식 지원보다는 개인적인 생산성 향상과 사업기회 제공으로 보통 사람들에게 더 많은 혜택을 준다는 점이 밝혀졌다.

콰디어는 개인의 경제 육성을 '다른 마차들을 끌 수 있는 실제 말'이라 불렀다. 여기서 마차는 교육, 일자리, 인프라 개발, 사회 변화와 정치 개혁을 의미한다. 실제로 우리는 전 세계에 걸쳐 휴대폰과 소셜미디어가 구호활동과 개혁, 정부와 기업의 투명성 제고의 수단이 되었다는 점을 목격했다.

회의론에도 불구하고 자신의 비전을 실현시킬 수 있다는 신념은 쾨디어의 모델을 성공시키는 주된 요인이었다. 그는 이 사업을 경제적 기회로 제시하면서 4년 동안 견뎌냈다. 쾨디어에 따르면 가장 큰 장벽은 빈민에 대해 뿌리 깊게 박혀있는 편견이었다. 빈곤국에는 자원이 없다. 빈민은 지출 여력이 없다. 빈민은 브랜드에 관심이 없다. 신용도 좋지 않고 위험하다는 편견들이다. 그중 가장 심한 편견은 실제로 빈민의 생산성을 높이기 위한 돈이 있을 때 정부는 기술 발전을 위해(지원과 하향식 관리를 통해) 보조금을 지급할 필요가 있다는 생각이다.

4장

사회를 이루는 가장 기본 요소이며
생산성을 결정짓는 힘

인구

산업혁명이 한창이던 19세기 초반, 프랑스의 실증주의 철학자이자 사회학 창시자인 오귀스트 콩트는 "인구 변동은 운명이다."라고 말했다. 19세기는 경제활동 중심이 봉건제도하의 농촌과 농업에서 자본주의하의 도시와 공업으로 이동하면서 사회 전반에 걸쳐 (특히 유럽과 미국에서) 극적인 변화가 일어난 시기다. 또한 산업혁명으로 영주와 지주의 힘이 약화되었고 농노제와 노예제도의 폐지로 이어졌다.

권력구조 개편 과정에서 사회는 극도로 불안해졌고 급기야 미국, 프랑스, 러시아, 그리스, 스페인에서 정치 혁명이 일어났다. 점점 더 많은 사람이 국민 주권과 이양할 수 없는 권리(생명·자유·행복 추구권), 민족주의를 제창하며 사회로 나왔다.

증기기관을 이용한 기차와 선박을 비롯해 새로운 도로, 철도, 운

하와 같은 인프라가 갖춰지면서 새로운 시장이 생겨났고 아프리카, 아시아, 유럽과 미국 사이에 복잡한 경제적, 정치적 관계가 형성되었다. 또한, 기계 생산이 증가하면서 산업 영역이 점차 확장되었고 전신과 전화기가 개통되었다.

한편 19세기는 전례 없는 이주가 일어난 시기다. 사람들은 일자리를 찾아 마을에서 도시로, 한 국가에서 다른 국가로 이동하면서 각종 민족과 문화가 뒤섞였다.

기술 진보는 산업화로 이끌었고 산업화의 주원료인 석유에 집중하게 되었다. 제품 생산성과 서비스 효율성이 개선되면서 생활 수준도 함께 향상되었다. 경제학자 피터 린더트와 제프리 윌리엄슨에 따르면, 1819년부터 1851년까지 32년 사이에 생활 수준이 두 배가량 올라가면서 인구가 급격히 증가했다.[1]

인류가 생겨난 지 약 300만 년 동안 지구상의 인구는 겨우 1,000만 명 정도였다. 하지만 농업의 발전으로 더 많은 사람을 부양할 수 있게 되었고 수억 개의 집단이 생겨났다. 19세기 산업혁명이 일어나면서 인구 증가에 가속도가 붙었다. 1700년대 중반 7억6천 명이던 인구가 1800년대에는 10억 명까지 증가했고 1927년에는 두 배가량 증가해 20억 명이 되었다.

이러한 수치는 '미래에 폭발적인 인구 증가가 일어날 것'이라고 말한 콩트의 주장을 뒷받침해준다. 인구 변화의 세 가지 원인인 출산율, 사망률, 이주 비율이 변하면 인구 규모와 구조가 빠르게 재구성된다. 사람이 많을수록 생산량은 늘어나지만, 그 생산량보다 훨씬 많은 서비스와 자원이 필요하다.

사회집단의 구성이 바뀐다고 하여 그 집단의 운명이 결정되는 것은 아니지만, 미래 인구 변동이 미치는 힘에 관해 이야기했던 콩트의 생각은 옳았다. 앞서 설명한 바와 같이 원자재, 즉 자원은 변화의 주된 힘이고 기술은 원자재를 변형하여 삶을 더 편리하게 하고 수명을 연장해 주며, 더 건강한 삶을 제공해주는 발명의 수단이다. 또 전체 사회집단의 요구와 능력에 상응하는 가용 자원과 기술에 해당하는가도 영향을 미친다. 인구 규모 자체가 노동 생산성과 출산율에 영향을 주지만, 중요한 것은 연령, 성비, 교육, 기술, 언어, 문화의 분포다.

이러한 방법으로 인구통계학은 미래에 대해 꽤 많은 것을 알려준다. 예를 들어, 베이비 붐이 일어났다는 것은 20년 후에 많은 노동력이 생겨나리라는 것을 의미한다. 일자리가 있고 그 공석을 채울만한 교육받은 젊은 세대가 있는 한, 그 모든 활동은 생산성 향상과 경제 발전에 이바지할 것이다. 각 세대가 일할 수 있는 평균 기간은 40년이다. 이 기간 동안 다음 세대가 경제 성장을 일궈낼 수 있도록 산업과 교육에 투자해야 한다. 이러한 투자를 통해 한 세대가 노동력에서 제외될 때 경제 엔진을 돌릴 수 있는 인프라를 확보할 수 있다.

안정된 사회를 위한 기본 요건인 교육, 산업, 의료, 교통 등에 대한 사회적 투자는 장기적인 사고와 계획에 좌우된다. 이러한 계획과 투자는 다음 장에서 다룰 변화의 네 번째 힘인 '거버넌스' 영역에 해당된다.

산업혁명 이후 폭발적인 인구 증가가 있었던 이유는 현대 기술이 사람들의 성적 욕구를 부추겨서가 아니다. 사실 여성 한 명당 평균 출산율이 꾸준히 감소해왔다. 폭발적인 인구 증가의 주된 원인으로 사망률 감소를 들 수 있다. 안전한 주거지와 난방 시설이 생기고 더 많은 식량이 생산되고 위생 상태도 개선된 덕분에 유아기에서 아동으로 넘어가는 초기 단계 생존율이 높아지면서 예전보다 훨씬 더 수명이 길어졌다. 20세기는 가장 극적인 인구 증가가 발생한 시기다. 2000년 미국의 평균 수명은 49세에서 77세로 증가했는데, 수명이 한 세기 동안 40퍼센트까지 증가했음을 의미한다.[2] 이러한 추세로 100세 인구도 매년 7퍼센트씩 증가해왔다. 이는 100세 인구가 10년마다 두 배씩 증가한다는 뜻이다. 다시 말해, 2009년 약 45만 5,000명이던 100세 인구가 2050년에는 410만 명으로 증가할 것이다.

연도	1800	1930	1960	1975	1984	2000	2012	2050
인구	10억	20억	30억	40억	50억	60억	70억	90억

세계 인구 1800-2050년
출처: 본 수치는 유엔의 2004년 인구 전망과 미국 인구조사국의 역사적 추정을 기반으로 함
http://www.unfpa.org

인구가 1980년대부터 놀라운 속도로 증가하면서, 인구 증가가 사회에 지대한 영향을 미칠 수 있다는 콩트의 생각에 사람들이 동의하기 시작했다. 인구 증가가 지구의 '수용 능력'을 넘어서 결국 종말적 환경 붕괴로 이어질 것인가, 아니면 인간의 재간과 기술 진보가 궁극의 재생 가능한 자원이 될 것인가에 관해 의견이 분분했던 농학자, 경제학자, 군사전문가들도 콩트의 생각에 동의하는 추세다.

영국의 정치·경제학자인 토머스 맬서스(1766~1834)는 그의 저서《인구론(1798)》에서 인구 증가가 식량 생산 증가를 앞지를 것이라고 주장했다. "환경은 항상 제한된 자원을 제공하므로 우리는 자원문제를 해결하기 위해 대비해야 한다."라고 주장한 맬서스는 지구를 살리는 방법으로 인구 억제와 세심한 환경 관리를 꼽았다.

맬서스의 사상은 현대 사회 이론에 지대한 영향을 끼쳤음은 물론이고 찰스 다윈의 진화론과 존 메이너드 케인즈의 현대 거시경제학에 발판이 되었다. 실제로 '친환경' 경제 성장과 지속가능성이라는 개념이 폭넓게 받아들여진 것도 맬서스의 영향이 컸다.

> 인류의 존속은 그 어떤 것보다 인구에 좌우될 수밖에 없기 때문에 인류는 어떤 형태로든 조기 사망premature death을 겪어야 한다. 인간이 저지르는 악행은 인구 감소를 거행하는 적극적인 대리인이 된다. 인류는 거대한 파괴의 선구자며, 종종 끔찍한 일을 스스로 행한다. 전쟁, 계절병, 전염병 등으로 수천, 수만 명이 사라진다. 만약 이러한 재앙에도 인구 감소가 불충분하다면, 피할

수 없는 거대한 기근이 닥쳐 세계 인구가 식량 수준에 맞게 조절될 것이다.

— 토마스 맬서스 《인구론》, 경제와 자유 도서관(Library of Economics and Liberty) http://www.econlib.org/library/Malthus/malPop.html

하지만 프랑스 철학자 장자크 루소(1712 – 1778)는 이런 자원 부족 문제에 다른 시각을 지녔다. 장자크 루소가 《사회계약론》에서 밝힌 민주주의 정부와 사회로의 권력 이양, 서구 정치전통의 초석에 관한 논거에 따르면, 인구 증가에 관해 더 낙관적으로 전망한다. 그는 인간에게 타고난 윤리적 기준과 문제해결능력이 있다고 믿었으며, 자유가 있는 한 스스로 혁신하여 자원 딜레마에서 벗어나는 길을 찾을 것이라고 주장했다. 인구조사연구소의 스티븐 마셔 소장은 다음과 같이 설명했다. "인구 증가는 경제 발전을 이끄는 중요한 요소입니다. 모든 사람은 입 하나에 손 두 개가 있습니다. 그리고 창의적인 생각도 할 수 있지요. 인류는 인구 증가로 발생되는 문제를 해결할 수 있을 거라 생각합니다. 사실, 우리는 수 세기 동안 잘 해왔으니까요."[3]

캐머런이 살아있는 식물과 유기체에서 석유 대체 물질을 고안했듯이, 인간은 식량, 물, 산림, 광물 등과 같은 자원의 부족에 직면하였고 이를 극복하기 위해 효율성을 향상시키거나 적합한 대체 물질을 찾기 위해 기술을 고안해왔다.

위의 두 주장을 각각 뒷받침해주는 다양한 논리와 증거가 있다. 지구 온난화는 이제 현실이 되었고, 석유는 한정되어 있다. 환경 파괴는 아마존에서 북극까지, 바다에서 대기에 이르기까지 모든 서식지에서 일어나고 있다.

그렇지만 인류 역사를 뒤돌아봤을 때 인간의 삶은 점점 더 윤택해졌다. 생존은 더 쉬워졌고 수명은 연장되었으며 생활은 더 편리해졌다. 맬서스의 무서운 예측과 달리 인구가 증가하면서 식량은 부족해진 게 아니라 오히려 더 풍부해졌다. 생활 수준은 향상되었고 원자재 비용은 내려갔다.[4]

물질 면에서도 인간의 삶은 향상되었고 살아남는 일도 과거보다 덜 잔인한 문제가 되었다. 진화심리학자 스티븐 핑커는 '삶이 편리해지면서 정신도 비슷한 영향을 받는다'고 주장했다. 기술 혁명 덕분에 사회 집단 규모가 커졌고 종류도 다양해졌다. 또 사회 집단은 더욱 상호의존적 관계가 되었다. 스티븐 핑커는 인구가 증가하면서 노예제도, 폭정, 인간의 희생과 고문이 전반적으로 감소했다는 점을 예로 들어 범죄보다 협력을 통해서 더 많은 것을 얻을 수 있다고 주장한다.[5] 실제로 문명이 복잡해지면서 시민의 의무와 도덕적 책임(그리고 법률)이 생겨나면서 사람들은 더 품위 있는 모습을 갖췄고 인권에 관한 이해도도 높아졌다.

───────

《미래학자처럼 생각하라》의 목적은 하나의 관점을 지지하는 것이 아니다. 여러 관점을 두고 논쟁이 벌어질 수밖에 없고 증명하기가 결코 간단하지 않은 문제에 익숙해지는 것이다. 우리가 미래를 내다보고 일어날 법한 시나리오를 상상할 때 여러 관점에서 생각해보는 일이 중요하다. 일부 주장은 직관에 어긋나거나 평소에 진실이라고 믿었던 내용과 반대일 수도 있다. 이러한 상황에서도 마음을 활짝 열고 다양한 해석을 받아들인다면 아무리 복잡해 보이는 문제라도 현실에 맞는 해결책을 찾을 수 있다.

인구 증가 문제는 경제·환경·치안 문제와 얽혀있다. 보건과 교육, 에너지와 농업, 산업과 이민 문제도 서로 연결되어 있으며, 가족계획이 개인 문제인지 아니면 공동의 문제인지에 대한 논쟁도 일고 있다. 이러한 주제들은 서로 관련이 되어 있으므로 한 쪽에 변화가 일어나면 다른 쪽에서도 반응하게 된다. 여기서 가장 좋은 해법은 연결 고리의 반응을 살펴보는 것이다.

한 사람이 모든 분야의 전문가가 될 필요는 없다.(물론 그런 사람의 조언을 받고 싶기는 하다.) 문제에 대해 되도록 넓은 시야를 지니면 된다. 비행기 창문으로 도시의 배치를 볼 때처럼 높은 고도에서 아래를 내려다볼 때 비로소 모든 전경이 시야에 들어오기 시작한다. 사막과 호수가 어디에 있는지 도시의 상업지구가 농촌 지역 근처에 있는지 아니면 산업 시설 근처에 있는지 어느 도로가 가장 막히는지 등을 한눈에 볼 수 있다. 이렇듯 모든 곳이 없어서는 안 될 역할을 하는 하나의 살아있는 시스템으로 작동하는 모습을 보고 싶을 것이다.

미래를 고찰할 때 이러한 전체 전경에 네 가지 힘의 변화와 활동을 포함시켜야 한다. 폭넓은 관점에서 미래를 내다보기 위해 한 걸음 물러서서 바라보아야 하며 이론에 집착하지 않아야 한다. 예를 들어 폭발적인 인구 증가 문제를 헤쳐 나가기 위해서는 맬서스가 주장한 환경 붕괴에 대한 두려움과, 환경 문제는 어떻게든 잘 해결될 것이라는 태평함 모두를 버려야 한다. 그 대신 인구통계학적인 변화의 세 가지 원인인 출생, 사망, 이민을 직접 검토하여 좋은 질문을 할 수 있어야 한다.

―――――

전 세계 인구는 70억 명에 도달할 지경이지만, 출산율은 1960년대 이후부터 꾸준히 감소하고 있다. 이러한 현상은 특히 유럽, 미국, 캐나다, 일본, 중국, 호주 등 선진국에서 쉽게 볼 수 있다. 선진국의 출산율은 인구대체율 이하로 떨어질 만큼 매우 낮아졌다. 이는 각 세대가 이전 세대보다 더 작아졌다는 의미다.

하지만 실제로 인구가 감소한 국가는 일본, 독일, 리투아니아, 우크라이나 등 일부 국가뿐이다. 기대 수명과 이민 비율의 증가로 총인구수가 대부분 그대로 유지되었고 일부는 증가했다.

반면 개발도상국에는 청소년이 급증했다. 의료 서비스 향상으로 선진국에서 고령 인구가 증가했듯이 개발도상국에는 청소년층이 급증한 것이다. 과거부터 유아 사망률과 소아 발병률이 매우 높았던 일부 나라에서도 보건 의료의 발전으로 변화가 일기 시작했다.

그 결과는 대규모 베이비붐으로 이어졌다. 사하라 사막 이남 아프리카, 남아시아, 태평양 연안 섬나라에서는 인구의 30퍼센트 이상이 30세 이하며, 놀랍게도 중동에서는 25세 미만이 전체 인구의 60퍼센트나 된다.[6] 세계에서 실업률이 가장 높은 이 지역에서 25세 미만 인구 비중이 2015년까지 75퍼센트까지 증가할 것이라는 전망도 있었다.[7]

인구통계학적 측면에서 세계는 시소를 타듯 불안정한 상황에 놓여 있다. 예를 들어, 많은 부와 기회가 있는 한쪽에서는 출산율이 감소하고 경제적 기회가 심각하게 제한된 다른 쪽에서는 청소년 수가 급증하고 있다. 취업연령에 도달한 이들에게 일자리를 제대로 연결시켜 주어야 하지만 현재 일할 사람들이 엉뚱한 곳에 배치되어 있는 듯 보인다. 다음 목록은 선진국 대 개발도상국의 인구 변화율을 나타낸 것이다.[8]

1975	1 : 3
2009	1 : 4.7
2050	1 : 7.5

경제·인구통계학적 역설은 우리가 앞으로 몇 년간 직면하게 될 난제들 중 하나다. 선진국은 더 많은 사람이 더 오래 살고 더 나은 삶을 누릴 수 있게 되었지만, 그만큼 출산율은 줄어들었다. 여기서 문제는 구세대가 생산가능연령인구에서 '벗어날 나이가 되었을 때' 더 많

은 사회적 도움이 필요하지만 그들을 부양할 생산가능연령인구는 점점 줄어든다는 점이다. 노령인구 증가로 사회 제도에서 제공할 수 있는 연금과 의료 서비스의 한계를 넘어설 것이라는 경고의 목소리가 늘고 있다. 이것은 맬서스가 주장했던 내용이다.

경제학자들은 생산가능연령인구 대비 비생산가능연령인구의 비율을 '부양비'라 부른다. 부양비는 한 사회의 경제·사회적 장기 건전성을 나타내는 지표로 사용되어 왔다. 안전한 제도, 튼튼한 제조업과 무역 등 성숙한 경제 시스템을 모두 갖췄더라도 일하는 사람보다 일하지 않는 사람이 더 많아지면 부양비는 높아진다.

총 부양비(Gross Dependency Ratio)

$$GDR = \frac{\text{유년층 인구 (0~15세)} + \text{노년층 인구 (66세 이상)}}{\text{생산가능연령인구 (16~65세)}} \times 100$$

노년 부양비(Old Dependency Ratio)

$$ODR = \frac{\text{노년층 인구 (66세 이상)}}{\text{생산가능연령인구 (16~65세)}} \times 100$$

부양비가 높다는 것은 생산가능연령인구보다 정부 서비스에 의존하는 인구가 더 많다는 의미다. 사회에 노령인구나 그 외 비생산가능연령인구가 많아지면 부양비가 올라간다. 부양비 상승은 경제 성장에 걸림돌이 되는 구조적 제약인데, 한 사회가 여러 세대에 걸쳐 사회적 서비스를 얼마나 잘 제공할 수 있는지 이 부양비를 보면 알 수 있다.

―――

환경·사회·경제적 스트레스를 억제하는 방법에서 가장 중요한 방법으로 이민을 꼽을 수 있다. 세계화, (국가 간 또는 지역 간) 빈부격차, (강제 이민으로 인한) 갈등과 (일본, 한국, 미국, 서유럽과 아시아에서 나타나는) 노령화 등 이민을 가속화하는 요인이 많다. 전 세계적으로 인구가 증가하고 이민이 늘어나면서 아래 질문을 포함하여 우리가 고민해봐야 하는 새로운 질문이 생겨났다.

- 선진국에서는 베이비붐 세대가 퇴직하고 개발도상국에서는 청소년이 급증하여 일자리가 절실하게 될 10~15년 뒤의 세계는 어떤 모습일까?
- 거주 지역과 민족적 배경, 문화가 다르고 보유한 기술도 다른 상황에서 노동력과 일자리의 불균형을 어떻게 해소할 수 있는가?
- 사람들을 섞어 놓으면 어떤 일이 일어날 것인가?
- 그 지역에 살던 사람들이 이민자를 두려워한다면 이를 극복하기 위해서 어떻게 해야 하는가?

하버드대 경제학 및 인구통계학 교수인 데이비드 E. 블룸은 이 질문에 대한 해답을 찾기 위한 연구를 시작했으며, 서유럽 부양비와 사하라 사막 이남 아프리카 부양비를 합치면 노년층과 유년층 인구 분포가 균형을 이룬다는 사실을 발견했다. 그는 "국제적으로 더 많은 이민이 일어난다면, 인구 불균형 문제는 해결될 것"이라고 말했다.[9]

> 대부분의 산업국가에서 인구 변화가 일어나면서 이민자가 국가 경제의 한 축을 담당하게 되었다.
> ― 콘살로 판훌, 《골디락스 세계화: 국경을 넘은 노동 흐름의 "올바른" 규정》
> (미국 매사추세츠 주 케임브리지: 하버드대 케네디 스쿨, 2010)

하지만 이 문제는 그렇게 간단하지 않다. 물론 부양비가 경제 성장과 관련 있는 유일한 요소는 아니지만 경제 성장을 위한 전제 조건인 것은 확실하다. 교육 수준이 높든 나라 정책이 잘 정비되어 있든 산업이 잘 굴러가고 있든, 부양비는 이러한 모든 잠재력을 압도한다.

아주 간단히 설명하자면, 가용 노동력의 증가는 경제 성장에 필수 요소고 이민은 가용 노동력을 증가시키는 지름길이다. 인류는 이민을 통해 노동력 문제를 해결해왔다. 높은 부양비로 사회가 붕괴하는 일을 막기 위해 이민은 불가결한 일이다.

부양비 증가와 식량 불안을 동반한 인구 증가 문제가 동시에 나타나면 향후 30년간 모든 국가가 관심을 가져야 할 복잡한 일이 된다. 사전 해결책이 절실히 필요하며 종합적 계획과 세심한 조치도 필요할 것이다.

높은 부양비를 해결하려면 연령분포를 고르게 하는 데 도움이 되는 다음의 다섯 가지 사항을 고려해야 한다.

- 인구 억제(법적 강제성이 있는 중국의 한 자녀 정책 또는 장려금을 제공하는 인도의 신혼부부 패키지를 예로 들 수 있다. 신혼부부 패키지란 결혼한 후 2년까지 첫 자녀 계획을 미룬 신혼부부에게 현금 보상을 하는 제도다.)
- 수명 연장에 따른 은퇴 연령 증가 즉, 노령 인구를 '생산할 수 있는 연령'에 포함하는 개념이다.
- 기술자의 이민 장려
- 미취업자에게 기술 교육 프로그램 제공
- 연금 부담을 국가 재정에서 민간 투자기업으로 전환

올바른 전략을 찾아내면 폭넓은 관점을 지닐 수 있을 것이고 무언가 실행할 수 있는 용기가 생길 것이다. 일자리를 확충하고 일 할 인력을 보강하려면 모든 영역에서 엄청난 노력이 필요하다. 모든 국가가 일자리를 만들고 그 일자리를 채울 수 있도록 각국의 전략과 국제 전략을 일치시켜야 한다. 은퇴와 주택에 대한 대비, 나이에 따른 교육 등 개인과 기업도 책무를 다해야 한다.

인구통계학적 수수께끼를 푸는 일은 재미도 없고 인기도 없는 분야다. 이미 제조와 서비스 분야는 선진국에서 더 싼 노동력이 있는 국가로 일자리가 이동하면서 많은 생산가능연령인구가 일자리를 잃게 되었다. 이민자들이 '일자리를 찾아' 왔을 때 이전부터 그곳에 살던 사람들은 모든 면에서 당연히 두려움을 느낀다. 한편으로는 일자리를 잃거나 사회적 서비스 손실이 있을 수 있고 다른 한편으로는 밀려드는 사람들에 대한 두려움이 있을 수 있다.

———

사람은 먹어야 산다.

미래를 전망하는 데 이러한 가장 기본적인 섭리보다 결정적인 요인은 없다. 식량을 확보하기 위해 비옥한 토지와 물, 에너지에 쉽게 접근할 수 있어야 한다. 자연적으로든 인위적으로든 이러한 기본 요소에 접근하기가 어려워지면 인간은 자원이 풍족한 곳을 찾아 이동할 것이다.

사람들은 식량과 자원이 풍부한 곳에서 '자기 것'에 대한 권리를 확보하기 위해 죽음을 무릅쓰고 싸운다. 사실상, 거버넌스 체계와 외교관계, 조약은 어찌 보면 자원에 대한 거주민들의 영유권 주장으로 볼 수 있다. "내 땅에서 나가요! 나도 당신 땅에서 나갈 테니! 내 것의 일부를 원한다면 거래는 할 수 있죠!"라고 대화하는 것과 같은 방식의 법적인 문제다. 여기서 계약을 위반하면 보복으로 이어질 수 있다. 비난하거나 세금을 부과할 수 있으며 제재를 가할 수도 있고 심지어 최악의 상황에는 전면전까지 치를 수도 있다.

다음 장에서 다룰 '거버넌스'에서 장기 식량 문제를 해결하기 위해 어떤 정책을 펼쳐왔는지 좀 더 자세히 살펴볼 것이다. 여기서는 지구에서 먹여 살려야 할 사람의 수가 늘어난다는 것은 토지와 물, 에너지의 위치 및 가용성이 빠르게 변하여 이민 증가로 이어질 수 있다는 점을 간단히 살펴볼 것이다.[10]

이주는 꽤 자연스러운 현상이다. 이전에 그들(Them)이었던 사람들이 우리(Us)가 되고 싶어 하지만, 외부 세력에서 자신의 부족을 보호하려는 뿌리 깊게 박혀있는 본능에 의해 이런 바람은 짓밟힌다. 이 또한 당연한 일이다. 하지만 자신의 부족(자신의 국가, 현대 집단)을 보호하고 부양하기 위해서 이주민을 배척하는 일만이 최선은 아니다. 부양비 상승에서 보여 주듯이 일부 국가에서는 인구 비율을 자원에 맞춰 조속히 조절할 필요가 있으며, 이민이 (부분적이더라도) 자연적 해결책이 될 수 있다.

자연적 이민과 자신의 부족을 보호하려는 타고난 본능 사이에서 발생할 수 있는 갈등은 조심스럽게 다루어야 한다. 역사를 돌이켜 보면 이것은 편견과 끔찍한 갈등을 일으키는 매우 민감한 조합이다. 식량, 물, 일자리, 기술자들, 그리고 자유에 대한 불안이 증가하면 자원에 대한 경쟁이 심화되고 자연스레 이민에 대한 압박도 증가한다.

우리는 정체성이라는 본능적이고 정서적인 애착(우리라는 생각)과 경제적 안정에 대한 이성적 판단 행위(이기심)가 맞서는 상황을 어떻게 헤쳐 나가야 하는가? 이 문제는 아주아주 신중하게 다루어야 한다.

우리는 미래에 관한 합리적이고 분석적인 고찰을 전혀 할 수 없게 하는 '우리·그들'이라는 강렬한 본성을 멀리해야 한다. 이민과 같은 감정적인 문제를 해결하기 위해서는 자신의 가정과 정신모델에 의문을 품어야 한다. 이 이슈는 도덕적 문제가 아니라 필요한 경제 정책으로 다루어야 한다. 500명의 경제학자가 2006년 부시 대통령에게 제출한 공개서한에서 "이민은 지금까지 고안된 방법 중 최고의 빈곤 퇴치 프로그램"[11]이라고 주장했듯이, 교육과 인력 개발 문제를 적절히 해결할 수 있다면 민감한 일부 문화적 문제 또한 해결될 것이다.

이민이 일어나면 손쉽게 활용할 수 있는 젊은 일꾼이 늘어날 뿐만 아니라 기존 문화에 예술, 아이디어, 음식, 가치관을 더함으로써 나라를 더 건실하게 할 수 있다. 이처럼 사회와 경제 구조에 이민자가 흡수될 수 있도록 도와준 국가는 엄청난 혜택을 받게 된다.

우리는 이것을 받아들일 준비를 해야 한다. 미국 여론조사 전문기관인 퓨리서치센터에서 실시한 조사에 따르면, 2005년부터 2050년 사이에 미국 인구 증가의 82퍼센트 이상이 이민자 유입으로 인한 것으로 전망했다.[12] 다시 말해 미래에는 이주민들이 그들이 아닌 우리가 될 것이다.

누군가는 돈이 세상을 움직인다고 말한다. 다른 누군가는 사랑이, 또 다른 누군가는 똑똑하거나 권력을 지닌 사람이 세상을 움직인다고 말한다. 확실한 것은 세상이 잘 돌아가기 위해서는 사람이 필요하다는 점이다. 사람이 세상을 움직이고, 사람이 세상을 바꿀 수 있다.

5장

집단이 지켜야 할 법과 시장의 규칙이며
가장 수동적인 힘

거버넌스

　거버넌스(governance는 관리 체계, 통치방식 등의 뜻을 지니지만, 공공 경영의 의미도 내포하며 정책을 함께 결정하고 법제화하는 과정을 의미한다 – 옮긴이)가 네 가지 힘 중에서 마지막에 속하는 첫 번째 이유는 자원·기술·인구의 변화를 관리하기 위해 인간이 사용하는 도구이기 때문이다. 거버넌스의 역할은 자원·기술·인구에 변화의 물결이 일기 시작할 때 사회의 장기적 안정을 도모하는 방향으로 미리 분별력 있게 조치를 취하는 일이다.

　자원·기술·인구는 소유하거나 거래할 수 있으며 그 자체로 가치가 있거나 가치를 창출할 수 있는 자산이다. 사회 집단은 상호 협력함으로써 개인이 혼자서 할 수 있는 것보다 더 나은 결과를 창출한다. 또 성공적인 협력은 목표를 위해 함께 협력할 수 있는 규칙과 공동의 비전이 있을 때 비로소 이루어진다.

이러한 단체 행동에는 명확한 규칙, 역할, 책무가 있어야 하고 리더 선발과 승계 절차도 마련되어야 한다. 사람들은 규칙을 제정하고 집행하는 권한이 있는 단체를 통치기관government이라고 부른다. 통치기관은 사회 집단을 위해 규칙의 절차를 만들고 관리함은 물론 규칙을 제정하고 집행하는 곳이다.

  사회에는 부족의 원로, 군주, 자치 공동체, 독재자, 의회, 신정국가, 민주국가와 같은 다양한 형태의 통치기관이 존재한다. 통치기관은 국가 차원뿐만 아니라 기업이나 대학교 이사회, 사친회Parent-Teacher Association나 동네 어린이 야구 리그 프로그램과 같이 지역적 차원에서도 형성된다. 리더 선발과 승계 절차가 있고 정책 결정 기구가 있는 어떤 조직이든 통치기관이라 말할 수 있다.

  하지만 이번 장은 통치기관이 아니라 거버넌스에 좀 더 초점을 맞추고자 한다. 우리는 보편적으로 네 가지 힘 중 하나로서 통치기관보다 거버넌스에 더 많은 관심을 두고 있다. 따라서 나는 거버넌스에 관해 다음과 같은 폭넓은 정의로 이야기의 포문을 열고자 한다. 거버넌스란 계획을 세우고 목표를 달성하며 변화를 관리하기 위해 인간이 사용하는 장치다.

  거버넌스에는 법규와 시장의 규칙이라는 두 가지 도구가 있다. 집단의 노동력과 원자재, 시간을 투자하여 더 나은 삶을 보장하기 위해 이들 규칙 두 가지가 동시에 사용된다. 법규는 사람과 자산을 보호하는 공식적인 장치다. 이러한 보호 장치는 결혼, 사업 운영, 토지 권리 획득, 근로자 고용, 자동차 운전 등 우리가 하는 모든 활동에 대한 명확한 선과 절차를 마련해 준다.

 법규는 자산을 효율적으로 분배하는 데 필요하지만, 시장의 규칙은 이러한 자산의 가치를 판단하는 데 유용하다. 시장의 규칙은 전부 교환에 관한 것이다. 만약 목장을 운영하는 당신이 소 옆구리 살을 가져와 의사에게 준다면, 그 의사와 상담할 기회가 생기는가? 다시 말해 당신은 소를 키워 팔기 위해 시간, 땅, 돈을 투자했지만, 의사는 의료 교육을 받기 위해 시간과 돈을 투자했다. 의사는 환자를 치료하느라 바빠서 가축을 기를 시간이 없지만 먹여 살려야 할 식솔 여섯이 있다. 반대로 당신은 소로 빼곡한 목장이 있지만 딸이 아픈 이유를 알 길이 없다. 이 두 사람 사이에서 공정한 거래가 이루어지기 위해서는 각자에게 가치가 있는 뭔가를 가지고 와야 한다.

 시장의 거버넌스는 생산, 무역, 기술, 투자와 부채 등 자산을 평가하는 기준을 만들고 거래를 공식화하는 데 도움을 준다. 이러한 각각의 교환은 얼마나 필요한지 얼마나 가치가 있는지 이를 생산하는 데 얼마나 많은 시간과 원자재가 있어야 하는지 얼마나 희소성이 높은지에 따라 달라진다. 맥도날드 더블치즈버거에 사용되는 소고기와 제이스비어드 베스트셰프 우승자인 허버트 켈러가 만든 햄버거에 사용되는 소고기의 가치를 비교해보자. 허버트 켈러가 만든 플뢰르버거 5000에는 일본산 고베 소고기가 사용된다. 이 햄버거에는 거위 간과 검은 송이버섯이 들어 있어 5,000달러를 내야 한다. 이것이 공급과 수요, 양과 질, 매력도와 유용성이라는 시장의 규칙이다.

 바로 이런 일반적인 예를 통해 법규와 시장의 규칙이 사회에서 어떠한 역할을 하는지 알 수 있다. 거버넌스는 국회의원이나 정책 전문가와 같이 엘리트들이 만들어 집행하는 '먼 나라' 이야기가 아니다. 거버넌스가 세계를 체계화하기 위해 제정되고 집행되는 규칙이라고 생각하면 우리 삶에 얼마나 널리 퍼져 있는지 알 수 있다.

거버넌스의 가장 흔한 예로 '가정의 규칙'을 들 수 있다. 우리는 가정의 규칙에 따라 자라고 부모가 되어 스스로 그 규칙을 정한다. 또 다른 예로 운전자에게는 안전 운전을 위해 숙지해야 하는 '도로의 규칙'이 있고 작가에게는 글을 잘 쓰는 데 필요한 '문법과 기호'가 있다. 가정의 규칙에는 매일 아침 이부자리를 정돈하는 일과 주단위로 용돈을 주는 일을 들 수 있다. 운전자는 안전운전 기록이 쌓일수록 보험료가 저렴해진다는 점을 알고 있으며 작가 지망생은 쉼표와 세미콜론의 사용법 이해가 직업상 얼마나 중요한지를 안다.

규칙이라는 말에는 이미 누군가가 당신이 달성하려는 목적에 대해서 많이 생각해 보았고 그 목적을 달성하기 위해 무엇을 해야 하는지 또는 무엇을 하지 말아야 하는지를 결정했다는 뜻이 담겨있다. 아이들이야 이부자리를 개고 펴는 것에 관심이 없다고 하지만, 부모 입장에서 보면 매일 아침 이부자리를 정돈하는 단순한 일로 집안을 정리하는 습관을 길러주고 책임감 있는 성인으로 자랄 수 있도록 한다는 더 큰 뜻이 있으므로 이러한 규칙을 따르도록 아이들을 교육한다.

우리는 이해할 수 있는 목표에 대해서만 규칙을 만들 수 있으므로 거버넌스를 제정하려면 미래에 대한 더 명확한 시각이 필요하다. 이 말은 우리가 언제, 왜 변화에 압도당하고 결정을 내릴 수 없게 되는지를 알아야 한다는 뜻이다. 사람들은 변화에 적극적인 행동을 취하기보다는 탁자에 앉아 논쟁을 벌이는 데 더 많은 시간을 쏟는다. 변화가 실제로 일어날 것인지 변화의 원인과 의미가 무엇인지에 대해 격렬한 논쟁을 벌인다. 줄기세포 연구, 이민, 기후변화와 지적재산권 분쟁처럼 공적 영역에서 논쟁이 일어난다면, 이는 문화적 혹은 정치적 '문제'로 떠오른다. 이러한 논쟁에서는 변화를 관리하여 사회에 흡수시키는 방법을 다루어야 하므로 마찰이 일어날 수밖에 없으며 때로는 극단으로 치달을 수도 있다.

다시 말해 거버넌스는 변화를 수용하는 도구이기 때문에 걸림돌이 되기도 한다는 뜻이다. 우리의 가치관과 신념이 새로운 자원·기술·인구와 조화를 이루고 나서야 비로소 이를 우리 삶에 접목시킬 수 있다. 네 가지 힘 모델을 활용하여 변화의 원인과 방향을 이해하게 되면 미래를 대비하여 사회를 어떻게 조직해야 하는지에 큰 도움이 될 것이다.

거버넌스가 네 가지 힘 중 마지막이어야 하는 두 번째 이유는 모든 미래학자가 심사숙고하여 적용하길 바라는 원대한 목표이기 때문이다. 거버넌스는 우리가 더 나은 가정, 더 나은 사회, 더 나은 비즈니스와 더불어 더 나은 삶을 살 수 있는 구조를 마련해주고 더 원대한 목표에 맞는 미래를 창조하는 힘을 준다. 요컨대 거버넌스는 변화를 받아들이고 통합하고 이끌어 가기 위해 우리가 이용하는 도구다.

———

경제 정책을 논의하는 과정에서 한 번도 가슴이 뛰어 본 적이 없는가? 만약 그렇다면 당신은 살아있다고 말할 수 없다.

또한 경제 정책을 논의한 적이 한 번도 없다면 당신은 세계화가 경제에 미치는 영향에 관해 설명한, 경제전략연구소ESI 설립자이자 연구소장인 클라이드 프레스토비츠에 대해 들어본 적이 없을 것이다. 클라이드는 사회의 어떤 계층에 속해 있든 모든 이가 미래 계획을 세우는 데 어려움을 겪는다는 것을 증명한 학자다. 2006년과 2007년 푸시 콘퍼런스에서 나를 포함해 참석자들은 운 좋게 클라이드의 이야기를 들을 수 있었다. 거기서 우리는 튼실한 경제를 바탕으로 지속 가능한 사회를 만드는 데 필요한 거버넌스의 역할에 대해서 조금이나마 배울 수 있었다.

클라이드는 현명한 장기 전략을 저해하는 가장 흔한 장애물로 이데올로기를 꼽았다. 우리는 권력을 지닌 지도자들이 냉철함을 잃지 않고 현실적인 판단력을 발휘할 수 있을 거라 기대하지만, 그들도 똑같이 확실함을 선호하는 뇌의 지배를 받는 인간이다. 사실 국가와 기업의 미래나 경제와 같은 중대한 문제를 고려할 때 사람들은 의지 하나로 미래가 형성될 수 있는 것처럼 행동하며 자신의 신념에 더 집착하는 경향을 보인다.

클라이드는 현실적이고 이성적인 판단을 저해하는 장애물로 일종의 '주의'를 꼽았다. '주의'는 문화적 DNA에 있는 뭔가가 미래를 확정한다는 믿음을 말한다. 예컨대 공산주의, 자유주의, 사회주의, 상대주의, 신보수주의, 민족주의, 원리주의와 미국의 예외주의 등을 들 수 있다.

미국의 예외주의는 기회의 땅이라는 비전 아래에 의도적으로 건립한 정부로서 보편적인 발전과정에서 벗어나는 예외적인 국가로 여기면서 비롯되었다. 달리 설명하자면, 미국은 누구의 아이디어든 시장에 내놓을 수 있고 그 아이디어의 소유권과 수익을 보장하는 기업가의 땅이다. 사람들의 이런 열망이 경제 엔진의 한가운데에 혁신을 불러일으켰던 것이다.

또한 이런 혁신으로 미국에는 패기만만하게 "그래, 할 수 있어!"라는 정신이 문화로 자리 잡았다. 미국인들은 힘든 고난을 헤쳐 나갈 준비가 되어 있었으며 문제를 기회로 전환할 수 있는 자신감이 있었다. 할 수 있다는 태도와 아이디어를 실행하여 이익을 얻을 수 있는 자유를 표방하는 미국은 예외주의로 상당한 경쟁 우위를 가질 수 있었고 어떤 나라도 경쟁할 수 없는 독창력을 확보하게 되었다.

세계경제가 다소 흔들리는 상황에서도 미국인들은 다음과 같이 생각한다. "미국은 어떻게든 잘 될 거야", "미국은 혁신을 위해 태어났기 때문에 항상 세계 최고일 거야."

하지만 클라이드는 이러한 긍정적인 사고가 중요한 경제지표를 볼 수 없도록 만드는 가로막이 될 것이라고 경고의 목소리를 높였다. 클라이드는 이 관점을 설명하기 위해 중국과 미국을 예로 들었다. 중국이 미국에 수출하는 컴퓨터 부품은 460억 달러에 달하지만, 미국이 중국에 수출하는 1위 품목인 고철과 폐지는 76억 달러에 지나지 않는다.

사실 미국 기업에서 최첨단 기술 혁신이 많이 일어났어도 제조는 보통 미국에서 하지 않았다. 즉 미국에서 개발한 아이패드, 노트북, 프린터 등 다양한 전자기기들이 다른 국가에서 제조되고, 이렇게 만들어진 제품들이 컨테이너에 담겨 다시 미국 소비자에게 배달되는 구조다. 물론 애플, 인텔, 아마존과 같은 미국 기업이 세계에서 가장 잘나가는 기업이라는 점은 의심할 여지가 없지만 이러한 무역 통계를 보면 미국의 이런 경제 구조가 지속 가능한가라는 의문이 생긴다.

기업가정신과 혁신, 창의성이 더 나은 경제를 형성하는 문화적 특성이라고 믿는 것은 잘못된 생각이다. 클라이드는 기업가정신과 혁신, 창의성이 적절한 보상 정책으로 촉진될 수 있으며, 신이 내린 선물이라고 가정하면 해가 될 뿐이라고 주장한다.

"미국인들은 기술 우위를 태어날 때부터 가지는 권리로 여기기 때문에 시장의 힘과 관련해서는 할 수 있는 일이 없으며 정책 결정과 관련지어야 한다고 생각합니다." 이러한 클라이드의 관점에서 슬로건을 만들자면 한 구절로 간단하게 정리할 수 있다. "정책 결정이 핵심이야, 바보야!" 이 슬로건의 핵심은 변화를 관찰하고 계획을 세우며 미래를 구축해나가는 데 거버넌스가 핵심적인 역할을 한다는 것을 의미한다.

2007년 푸시 콘퍼런스에서 연설을 마치자마자 이스라엘 정부는 자국의 경제 수도인 텔아비브에서 개최되는 회의에 클라이드를 초청했다. 그 당시 이스라엘은 부양비와 불완전 고용이 동반 상승하는 심각한 문제에 직면했었는데, 이 문제를 해결하고 경제 성장을 이끌 수 있는 대책 수립이 필요했다. 이에 워싱턴 D.C의 초당적인 공공정책 연구기관인 경제전략연구소ESI를 이끌고 있던 클라이드와 동료들에게 도움을 요청했다. 프로젝트명은 '이스라엘 2020: 경제 개발을 위한 전략적 비전'이었다.

―――――

뉴저지 주보다 더 작은 국가인 이스라엘은 세계경제 규모에서 24위를 차지하는데, 주로 에너지 넘치는 첨단기술 산업 분야 덕분이다. 이스라엘의 첨단기술 산업은 캘리포니아 실리콘밸리에 이어 세계에서 두 번째로 큰 규모이며, 미국의 실리콘밸리처럼 '실리콘 와디'[1]라고 알려진 이곳은 자국에서 생긴 스타트업과 벤처캐피털이 모여 있는 첨단기술 클러스터이자 연구단지다. 대부분의 글로벌 기술 기업(마이크로소프트, 구글, 인텔, 필립스, 시스코, 오라클, IBM 등)이 R&D 연구소를 설립한 실리콘 와디는 혁신의 중심축이다.

실리콘 와디에서 가장 눈에 띄는 특징 중 하나는 그곳에서 일하는, 고등 교육 이상을 받은 유능한 과학자와 기술자의 밀도다. 사실 이스라엘은 세계에서 기술자가 가장 많은 나라다. 그게 바로 인구통계학적 자산이다!

혁신과 투자, 성장을 논하면 이스라엘이 대표적이지만 첨단 기술 분야에서 일하는 사람은 극소수에 불과하다. 이스라엘 타웁 사회정책 연구센터Taub Center for Social Policy Studies 댄 벤 데이비드 소장은 '이스라엘에서는 상당한 노동인구가 노동에 참여하지 않는다'[2]고 한탄했다. 노동인구 중 56퍼센트만이 고용 상태에 있다. 더 무서운 것은 현재 그 수가 점점 줄어들고 있다는 사실이다.

4장에서 논의한 바와 같이 이러한 수치는 높은 부양비를 의미한다. 부양비가 높다는 뜻은 생산에 이바지하는 사람보다 부양해야 하는 사람의 수가 더 많다는 말이다. 이 문제를 해결하기 위해선 많은 이스라엘의 노동인구가 실업자인 이유에 대한 좀 더 깊은 이해가 필요하다.

간단히 답하자면, 이스라엘 사람들은 더 많은 돈을 받는 기술직을 얻기 위해 교육을 받지 않는다. 그 속을 자세히 들여다보면 문제가 매우 복잡하게 얽혀있는데, 지속될 수 없을 만큼 높은 부양비에 빠지지 않기 위해 이스라엘이 극복해야 하는 어려운 사회 이슈를 안고 있음을 알 수 있다. 이스라엘의 실업자 대부분은 '하레디'로도 알려진 초정통파 유대인과 아랍계 이스라엘인에 몰려있다.

1948년 유대인이 팔레스타인 지역에 이스라엘을 건국할 당시, 초정통파 유대인에게 병역을 면제해 주는 특혜를 주었고 남성들은 종교 연구에 자신의 삶을 헌신할 수 있었다. 초정통파는 종교학자 양산 교육은 했지만 현대 경제에 참여시키기 위한 교육은 거의 하지 않았다. 마흔 살이 되어서도 공부에 매진했지만 수학이나 과학과 같은 실용적인 과목은 초등학교 수준을 넘어서지 않는다.

이스라엘 정부가 초정통파 커뮤니티를 처음 지원해주었을 때처럼 이 커뮤니티가 작게 유지되었다면 경제에 미치는 영향은 무시할 정도로 작았을 것이다. 하지만 앞으로 10년 안에 이 커뮤니티의 규모가 이스라엘 인구의 20퍼센트를 차지할 만큼 확장될 것으로 예상된다. 초정통파 남성의 65퍼센트와 대부분의 여성이 고용에 참여하지 않고 있으므로 앞으로 국가에 지워지는 재정적 부담은 재앙에 가까울 것이다.

아랍계 이스라엘인은 초정통파 커뮤니티와 비슷한 실업률과 출산율을 보인다. 또한 이스라엘 인구의 20퍼센트가 이미 아랍계 이스라엘인에 속한다는 사실은 이스라엘 노동시장에 결코 좋은 징조가 아니다. 현재 학령기 아동의 50퍼센트가 아랍계 이스라엘과 초정통파 유대인에 속한다. 다음 세대의 50퍼센트가 이 커뮤니티에 속한다는 말은 실업자가 다음 세대의 50퍼센트를 차지한다는 뜻이다. 당연히 부양을 받는 사람들인 어린이와 노인에 이 수치를 더해보면 장차 높은 부양비에 시달리게 될 것이라는 사실을 알 수 있다.

이런 두 커뮤니티의 고용 문제는 성장을 가로막는 문화적·구조적 장벽이므로 이스라엘은 장기 경제 전략을 수립하여 이 문제를 해결해야 한다. 또 다른 문제는 모든 학교와 커뮤니티에 적용하는 표준화된 교육체계가 부족하다는 점이다. 커뮤니티 안에서도 고립된 지역과 산업 활동이 활발한 산업지구를 연결해주는 교통수단도 열악하고 운영되는 기업의 수도 매우 적다. 게다가 여성에게 제공되는 문화적 지원이 부족하며 취업 준비가 어려워 여성 근로자가 노동시장에 진입할 수 없는 문제도 떠안고 있다. 당연하겠지만 이스라엘의 경제 성장을 방해하는 가장 큰 요인은 이웃나라와의 고질적인 분쟁이다. 특히,

팔레스타인과의 마찰이 문제다. 이스라엘은 국가 안보를 지키기 위해 많은 돈을 허비하고 귀중한 인적 자원을 군대에 보내야 하며 소중한 무역 기회와 무역 경로도 잃고 있다.

이스라엘의 경제 안정성을 위협하는 다른 요인의 진원지는 이스라엘의 자긍심이던 첨단 기술 산업이다. 실리콘 와디에서 일어나는 혁신은 대부분 다음과 같은 길을 걷는다. 자금을 지원받은 스타트업이 성장하면 자국에 뿌리내리지 않고 외국 기업에 비싼 값에 팔린다. 이로 인해 이스라엘은 좋은 지적 자산을 모두 잃게 된다. 더 심각한 문제는 본국에서 사업을 성장시킬 기회를 박탈당하는 것이다. 이러한 현상은 고용 창출 및 내수 시장 발전에 도움이 되지 않는다. 스타트업 단계를 뛰어 넘는 자국 기업을 양성해야만 박사 이상의 학위가 필요하지 않은 일자리의 수가 증가하게 될 것이다. 살아남아 성장한 기업만이 직업의 길을 열어주고 부수적인 서비스 수요를 가져올 뿐만 아니라 건설, 임대업, 관광산업, 일반 사무업, 보육업, 세탁소, 레스토랑 등 다른 산업에 큰 활력을 불어넣어 줄 수 있다.

―――――

자국과 비슷한 규모의 나라들이 어떻게 시련을 성공적으로 극복했는지 알고 싶었던 이스라엘 정부는 다른 국가를 벤치마킹하여 정책 권고사항을 제시해 달라고 클라이드에게 요청했다. 클라이드는 싱가포르, 대만, 아일랜드, 스웨덴, 핀란드와 에스토니아 등을 연구 대상으로 선택했다.

　모든 국가를 조사한 것은 아니지만, 선택한 국가는 신생 국가, 다민족 국가, 보안 위협에 직면한 국가 등 어떤 방식으로든 이스라엘의 양상을 반영했다. 이 중 몇몇 나라는 높은 실업률 문제도 극복했다. 클라이드와 동료들은 이 문제를 성공적으로 해결한 정책을 파악하여 성공 양상과 원리를 연구했으며 이스라엘에 적용할 수 있는지 유심히 살펴보았다.

　거버넌스의 역할은 오랫동안 국민의 안전과 윤택한 삶을 보장하는 데 필요하다는 것을 기억하자. 집단 내 모든 사람이 윤택한 삶을 살 수 있도록 보장하기 위해 규칙, 서비스, 제도가 필요하다. 그리고 이 모든 부분을 아우르는 것이 바로 경제다.

　경제 엔진을 돌리는 데 필요한 것과 필요하지 않은 것, 더불어 경제를 향상시키는 방법을 알아내기 위해 클라이드와 같은 정책 전략가들이 경제 시스템을 구성하는 각 요소를 일일이 평가했다. 이상적으로 이러한 요소들은 개선 사이클에 있는 또 다른 요소에 힘을 더해준다.

　클라이드가 벤치마킹 연구에서 각 나라를 평가하기 위해 사용한 여덟 가지 요인은 다음과 같다.

- 교육
- 인프라
- 혁신
- 비즈니스 환경

- 노동력
- 제도
- 사회
- 거시경제학

    국가 간의 전략도 비교해보았다. 각국의 역사, 지리, 인종과 문화에 영향을 주는 모든 변수를 고려했으며, 정부 형태와 경제 시스템도 살펴보았다.

    클라이드는 모든 데이터를 추려 각국의 문제점과 성공 요인을 분석하고 공통점을 찾은 후 한 걸음 물러나 "성공적인 전략은 같은 원칙과 관행을 따르는가?"라고 질문을 던져 보았다.

    클라이드는 수십 년간 선진국의 경제 전략과 정책을 연구해 왔으므로 자신의 사고를 완전히 바꾸어 새로운 통찰력을 얻는 것은 쉬운 일이 아니었지만, '이스라엘 2020 프로젝트'는 예외였다.

    벤치마킹 연구를 통해 각국이 사용하는 다양한 정책 전략을 검토한 후 깊은 깨달음을 얻게 되었다. "형태는 중요하지 않구나!"라며 정부 형태(독재정치, 민주주의, 신정주의, 공산주의나 사회주의, 부족 의회나 군주제)나 경제시스템(시장, 혼합 경제나 교환 경제)은 한 국가의 경제를 좌지우지하는 요인이 아니라는 결론에 다다랐다. 그보다는 오히려 경제 성장을 예측하는 데 필요한 주요 변수는 '시민과 정부가 느끼는 유대감'이었다.

    같은 민족으로 동질감을 느끼는 국가는 자연스레 공동체 정신이 따라온다. 그 예로 대만, 스웨덴, 핀란드를 들 수 있다. 같은 지역에서 같은 민족이 같은 언어를 사용하고 같은 문화와 역사를 공유하는 것은 어려움이 있더라도 공동의 목표를 위해 협력하고 노력할 수 있도록 만드는 공동체 정신의 자양분이 된다.

반면, 콰디어가 그라민폰을 성공적으로 상업화시켰던 예에서 알 수 있듯이 다민족 국가가 모든 국민의 참여를 도모하기 위해서는 의도적으로 계획을 세워야 한다. 이전에 지리적 위치, 민족, 계급, 종교나 기타 장애물로 인해 소외당했던 사람들이 훨씬 더 큰 생산력을 지니고 있으므로 경제에 더 큰 역할을 했다. 그라민폰은 민간 기업이 국민 참여 도구를 도입하면서 공평한 경쟁의 장을 만들어 주었던 사례다.

경제 성장에 중요한 역할을 하는 사회적 단결은 통치기관이나 산업, 또는 그 두 가지의 결합으로 형성될 수 있다. 사회주의 경제와 자본주의 경제 모두 사회적 단결과 통합을 이루는 데 성공했다. 가장 중요한 것은 공동의 목표와 이상을 추구하고 그 목표에 맞게 자국의 정책을 조정하는 것이다.

가장 좋은 예로 싱가포르를 들 수 있다. 다양한 인종이 모여 사는 국가인 싱가포르는 중국계(75퍼센트)가 다수이고 말레이계(15퍼센트), 인도계(10퍼센트)로 구성되어 있다. 싱가포르의 수상이었던 리콴유는 싱가포르를 제3세계에서 최초의 오아시스 국가로 만들고 싶었다. 그는 싱가포르가 세계 최초로 안전, 보건, 교육, 통신, 교통과 서비스에 대해 개인 및 공동 기준을 만든다면, 기업가, 기술자, 관리자를 비롯해 싱가포르에서 사업을 운영하는 많은 전문가들에게 다양한 기회를 제공할 수 있으리라 믿었다.

이를 위해서는 고등 교육을 받고 높은 기술력을 지녔으며 영어를 할 줄 아는 인재가 필요했다. 싱가포르가 경제적 경쟁력을 확보하는 데 필요한 지름길은 교육이었다. 모든 싱가포르인이 고등 교육, 기술, 영어 등 세 가지 기준을 충족한다면 공동의 목적과 공동의 언어를 공유할 수 있을 뿐만 아니라 모든 국민에게 고루 기회를 제공할 수 있게 될 것으로 보았다.

클라이드는 경제적으로 성공하기 위해 사회적 단결이 중요하다고 생각했다. 싱가포르에서 이러한 사회적 단결은 매우 계획적으로 이루어졌다. 교육은 전략을 뒷받침해주는 기반이 되었으며, 공동주택 시스템과 이주 및 이민 프로그램은 다양한 민족을 통합시키는 데 중요한 역할을 했다. 연구 결과 다음과 같은 정책들이 가장 특징적이었다.

- **교육** 싱가포르 학생들은 학업 성취도를 평가하는 국제비교시험 comparative international testing 에서 항상 높은 점수를 받았다.
- **교육과정** 국가의 산업 정책에 맞춘 교육 과정을 운영한다. 클라이드는 이러한 정책이 '졸업 후에 취업할 수 없는 사무직 근로자가 생겨나는 것을 방지하는 데' 도움을 줄 수 있다고 주장한다.
- **영어** 영어는 싱가포르의 학습 언어다. 예를 들어 정부기관 등 공공 영역과 기업에서 자연스럽게 영어를 사용할 수 있는 환경을

조성했다. 영어는 싱가포르가 국제 비즈니스의 중심이 될 수 있는 발판을 마련해주었다. 또 다양한 언어를 사용하는 다인종 국가인 싱가포르의 민족 화합에 중요한 역할을 했다.

- **학력수준** 중국인과 비교하자면 말레이시아인과 인도인은 시험 점수가 낮았다. 싱가포르 정부는 말레이시아인과 인도인의 성적을 올리기 위해 함께 노력했으며, 이 과정에서 가족과 지역 사회를 함께 참여시켰던 것이 성공의 열쇠였다. 현재 이들 커뮤니티는 국제시험에서 미국과 유럽 학생보다 더 높은 점수를 받는다.
- **주택** 다양한 민족이 모여 사는 싱가포르에는 인종별로 커뮤니티를 이루어 거주지가 형성되었다. 리콴유는 특정 지역에 특정 인종이 몰리는 것을 막기 위해 공공주택 제도를 도입했다. 공공주택 제도란 인종별 인구 비율에 따라 공공주택을 분양하는 정책을 말한다. 이 정책으로 인해 시간이 지나면서 인종별로 모여 있는 집단 거주지가 사라지고 국민적 정체성과 사회적 정체성이 형성되었다.
- **이민** 다른 나라와 마찬가지로 싱가포르도 출산율이 감소하고 국민 평균 연령이 올라가는 추세에 있다. 이 문제를 해결하기 위해 현재 적극적으로 이민자를 받아들이고 있다. 젊은 외국인 전문가와 유능한 기술자를 확보하기 위해 이민자에게 영주권을 부여해주고 거주할 수 있는 환경을 제공하는 데 주력했다. 이민자 수용은 싱가포르 노동 시장의 균형을 맞춰 주었음은 물론이고 많은 젊은이들이 뉴욕이나 런던과 같이 싱가포르를 "매력적인 국가"

로 생각할 수 있도록 해주었다.

싱가포르는 종교와 민족의 화합을 이룬 국가다. 세계에서 가장 안전한 곳 중 하나로 평가되며, 범죄율은 세계 최저 수준이다. 또한 싱가포르의 높은 사회 통합은 국가 정체성을 높여주었다. 현재 싱가포르는 기회의 땅으로 변모했으며 경제 번영을 누리고 있다.

— 클라이드 프레스토비츠, 〈이스라엘 2020: 경제 개발을 위한 전략적 비전〉

리더의 역할은 조직원에게 공동의 비전을 제시하고 함께 협력할 수 있도록 돕는 것이다. 우리 모두는 작은 팀이나 가족을 대표했던 경험, 혹은 프로젝트와 회의를 관리했던 경험에서 리더의 역할이 결코 쉬운 일이 아니라는 사실을 알고 있다. 협력해서 일해야 하는 조직원들에게 알려주어야 할 점은 조직에 도움이 되는 것이 곧 자신이 추구하는 가치와 열망과도 부합 한다는 사실이다. 또한 리더는 다양성과 수용 범위라는 문제를 극복해야 한다. 조직 내에서 다양성이 증가할수록 더 광범위한 가치와 열망을 수용할 수 있도록 해야 한다.

거버넌스의 목표는 공익과 개인의 이익을 일치시키는 것인데, 특히 싱가포르에서 이 목표가 잘 달성되었다. 주권국으로서 짧은 역사를 가진 다민족 국가임을 고려해보면 싱가포르에 거버넌스는 매우 중요하다. 싱가포르는 1613년 이후 여러 권력에 의해 점령당해왔던 작은 섬나라에 불과했으며, 1959년 리콴유 총리가 자치 정부를 수립하면서 자치권을 얻었다. 하지만 자치권을 얻을 당시만 해도 공공주택이 부족했고 실업률은 높았으며 위생 상태는 최악이었다. 또한 다민족 국가여서 인종 간 긴장감도 높아 폭동이 자주 일어났다. 하지만 자치 정부를 수립한 후 약 50년이 지난 2011년, 싱가포르는 세계경제포럼의 세계경쟁력보고서 순위에서 당당히 1위를 차지하는 영예를 안았다. 이는 제3세계 지역에서 선진 오아시스 국가가 되고자 했던 리콴유의 목표가 달성되었음을 보여준다.[3]

싱가포르가 세계 최고의 국가가 될 수 있었던 이유는 그렇게 계획했기 때문이다. 이는 클라이드가 벤치마킹 연구에서 배운 핵심 원리다. 성공에 이르는 길은 규정된 단 하나의 길만 있는 것이 아니며, 좋은 거버넌스는 정부의 형태에 의해 좌지우지되는 것이 아니라 철저한 계획과 상호 협력으로 형성된다. 다시 말해 리더십에서 가장 중요한 점은 확실한 비전을 갖고 계획을 잘 세워 공동의 목적에 맞는 방향을 제시하는 것이다.

이러한 교훈이 이스라엘을 위해 클라이드가 작성한 최종 보고서에 실렸다. 이스라엘 정책 권고안에는 그가 벤치마킹하면서 연구했던 '성공을 위한 여덟 가지 요소(교육, 인프라, 혁신, 비즈니스 환경, 노동력, 제도, 사회와 거시경제학)'가 포함되어 있다. 이스라엘이 해결해야 하는 과제가 엄청나지만, 이데올로기에서 벗어나 명확한 비전과 창의적인 문제 해결 방식을 가진다면 해결할 수 없는 문제는 없을 것이다.

클라이드의 지혜는 가정부터 국가에 이르기까지 우리의 삶 모든 부분에 자리 잡은 거버넌스에 적용된다. 비전이 중요하며 리더십도 중요하다. '공동체' 정신을 키우는 일도 중요하다. 하지만 '가장 중요한 건 이를 뒷받침해줄 수 있는 좋은 계획'이다.

2부
발견의 공간에서 내가 습득해야 할 것들

상상력은 지식보다 더 중요하다.
— 앨버트 아인슈타인

2부를 들어가며

1부에서는 미래학자가 어떻게 네 가지 힘을 분석하는지 살펴보았다. 이를 통해 알 수 있듯이 네 가지 변화의 힘은 일정한 구조를 갖추고 있어 미래를 생각하는 데 필요한 믿을만한 시스템을 제공해준다. 나는 의뢰인들에게 "변화는 예측할 수 있지만, 결과는 예측할 수 없다"라고 자주 말한다. 예측할 수 있는 부분에서 이 네 가지 힘의 모델을 도구로 활용함으로써 일이 어떻게 돌아가는지 분석할 수 있으나, 예측할 수 없는 부분에서는 다양한 시나리오를 상상해내야 하기 때문이다. 이렇게 해야 현재 시점에서 수집할 수 있는 모든 정보를 가지고 미래를 위한 최선의 결정을 내릴 수 있다. 결정을 내리는 힘이 우리가 미래에 끼칠 수 있는 유일한 영향력이다.

2부에서는 최선의 결정을 내리는 방법은 물론 이에 앞서 상상력에 효과적으로 접속하는 방법에 대해서도 살펴볼 것이다. 발견의 공간Zone of Discovery에 대해서도 소개할 것이다. 발견의 공간ZoD에서 존재에 관한 두 가지 핵심 질문인 "나는 누구인가?"와 "나는 어디로 가고 있는가?"에 대한 답을 얻을 수 있을 것이다. 여기서 질문은 목적과 비전 그리고 가장 효과적인 전략이 어떤 것인지에 대한 것들이다.

이 질문들은 근본적으로 자기이해에 대한 일이기 때문에 답을 찾기 위해서는 지식의 생리학적 원천인 뇌의 핵심 요소를 이해해야만 한다.

6장에서는 연관된 최신 뇌과학 연구 결과를 살펴보겠지만, 우선은 우리에게 친숙한 좌뇌와 우뇌의 기능에 대해 알아보자. 간단히 설명하면, 우뇌는 감각과 창의성을 관장하고 좌뇌는 추론과 분석을 담당한다. 앞에서 설명한 네 가지 힘을 분석하는 일은 모두 좌뇌가 담당한다는 말이다. 좌뇌를 잘 이용하면 다음에 어떤 일이 벌어질지에 대한 단서를 찾는 환경 스캐닝과, 사람들의 생활양식과 가치관 변화에 맞물려 시장이 어떻게 전환될지에 대한 예측, 그리고 바로 앞에 다가온 기회를 재빨리 낚아채기 위한 방향 설정에 네 가지 힘을 유용한 도구처럼 활용할 수 있게 된다.

하지만 좌뇌만 활용한다면, 주요한 전략 업무를 온전히 완수할 수 없다. 전략을 효율적으로 세우기 위해서는 발견의 공간ZoD에서 좌뇌뿐만 아니라 우뇌도 활용해야 한다.

당신의 목표는 세상을 변화시키고 가치를 창출하며 업적을 남기는 일일 것이다. 이를 위해 목표와 비전으로 자신을 가득 채우고 창의력과 용기를 길러야 한다. 하지만 전략을 세우는 과정에서 좌뇌만을 사용한다면 영원히 현재에 갇혀 혁신을 일으킬 시도조차 하지 못 할 것이다. 그 이유는 '나는 누구인가?'와 '나는 어디로 가고 있는가?'라는 질문에 답하기가 어렵기 때문이다. 기업도 그 조직에 생명을 불어넣는 직원과 마찬가지로 깊이 있는 자기이해를 위해서 스스로를 보는 관점과 남이 자기를 보는 관점, 두 가지 모두에 조화를 이루어야 한다. 전략 수립이란 자기 정체성부터 먼저 정립해야만 가능한 일이다. 자기 정체성 확립이 이루어지지 않으면 장기 비전은 없고 대응 활동만 집중하게 된다. 다시 말해 방향도 없고 그때그때 필요에 따라 긴급하게 대응만 하게 된다. 대부분 이렇게 장기 비전이나 방향을 제시하지 않는 '계획'으로 인해 혼란을 겪거나 혼란을 부추기는 환경에서 일한 경험이 있을 것이다.

타인의 의견이나 여론에 휩쓸리는 사람이나 기업이라면 자신이 누구이고 어디로 가고 있는지에 대해 잘 모른다는 사실을 깨닫고 싶어 한다. 사람들은 목적이 있는 방향을 간절히 원한다. 따라서 궁극의 목적, 임무, 비전을 찾고자 브랜딩 전문가와 전략가에게 시장과 경쟁 환경을 조사시키고, SWOT 분석(강점, 약점, 기회, 위협 분석)을 맡기며 워크숍을 개최한다. 하지만 보통 공허함과 좌절감만 느낄 뿐이다.

왜 그런 것인가? 그 이유는 자기이해는 의식과 무의식 사이 어딘가에 자리 잡고 있기 때문이다. 자동차 브랜드를 비교하는 연습과 분석, 브레인스토밍 회의 같은 것은 모두 좌뇌 활동으로 자기이해에는 쓸모가 없다. 자기이해를 위해서는 우뇌 활용이 필요하다.

'최고의 질문Best Questions'이라는 것을 만들어 내기 전에는 널리

쓰이는 최고의 성공 사례 모델을 실행한다 해도 역시 쓸모가 없다. 무엇을 할 것인지를 결정하고 난 다음 프로젝트 실행 단계에서 좌뇌를 이용하는 최고의 성공 사례를 활용하면 앞뒤가 잘 맞지만, 전략과 혁신을 다루는 과정에서 최고의 성공 사례를 활용해봐야 새로운 아이디어와 관점, 해결책을 얻기는 어렵다. 앞서 설명했듯이 맨 처음은 최고의 질문으로 시작해야 한다. 이 때 최고의 성공 사례와 마찬가지로 좌뇌의 분석 능력을 활용한다. 하지만 이는 우뇌의 영역인 전략의 기초 수립과 새롭고 혁신적인 사고 촉발을 위해 수행하는 것이다.

창의성을 가지려 노력한다는 말은 마음의 안정을 찾으려고 노력하는 일과 같이 불가능한 일에 대한 모순어법이라 생각하지만, 나는 창의적 사고 방법은 학습할 수 있고 그대로 재현도 가능하며 훈련을 통해 숙달할 수 있다고 생각한다. 이러한 창의력 숙달의 과정은 발견의 공간 ZoD이 시발점이 된다.

발견의 공간 ZoD에서는 "나는 누구인가?", "나는 어디로 가고 있는가?"라는 질문에 답하기 위해 좌뇌-우뇌-좌뇌 L-R-L 접근법을 사용한다. 제1단계인 정의하기에서는 좌뇌를 활용하여 '최고의 질문'을 찾아 명확하게 기술한다. 그런 후, 좌뇌 사고(꼭 필요한 과정이지만 단독으로 사용하면 재앙이 될 수 있는 사고)에서 벗어나 창의력의 영역인 우뇌 사고를 위해 제2단계인 발견하기 단계로 들어간다. 이때 우뇌를 활성화하기 위해 놀이와 감각활동으로 재빠르게 옮겨가야 한다. 그러면 좌뇌가 지배하는 내면에서 "유치해!" "시간 낭비야!"와 같은 목소리가 나온다.

그러면 그 목소리를 무시해라.

창조는 지능이 아니라 내부 욕구로부터 나오는 놀이 본능에 의해 이루어진다.

— 칼 구스타브 융

제2단계인 발견하기 단계에서의 활동들은 개인마다 혹은 기업마다 다르지만 쏟아붓고 휘젓기, 놀면서 창조하기, 꿈꾸고 구상하기의 기본적인 절차를 따르는 것은 같다.

발견의 공간 ZoD에서 좌뇌-우뇌-좌뇌 접근법을 적절한 속도로 따라가다 보면, 제2단계 발견하기에서 특별히 고안한 놀이와 감각활동으로 서서히 좌뇌에서 우뇌로 전환되면서 느낌, 이미지, 분위기, 감수성 등과 같은 우뇌의 언어를 사용하여 진부한 문제에 대해 새로운 통찰력을 얻는다.

마지막 제3단계인 걸러내기는 원하는 결과를 더 어려운 좌뇌식 표현으로 명확히 기술하기 위해 다시 한 번 좌뇌로 기어를 바꾸는 과정이다. 3단계로 구성된 발견의 공간의 마지막 지점에서 단기, 중기, 장기의 '현재에서 미래까지 포트폴리오 Now-to-Future Portfolio'를 얻는다. 이 포트폴리오는 R^3OI(적응력 Resilience, 타당성 Relevance, 수익 Revenue)를 보장하고 자신이 누구이고 어디로 가고 있는지를 말해줄 것이다. 끝으로, 목표 지점에 도달할 수 있는 명확한 실행 계획의 경로를 뽑아낼 수 있을 것이다.

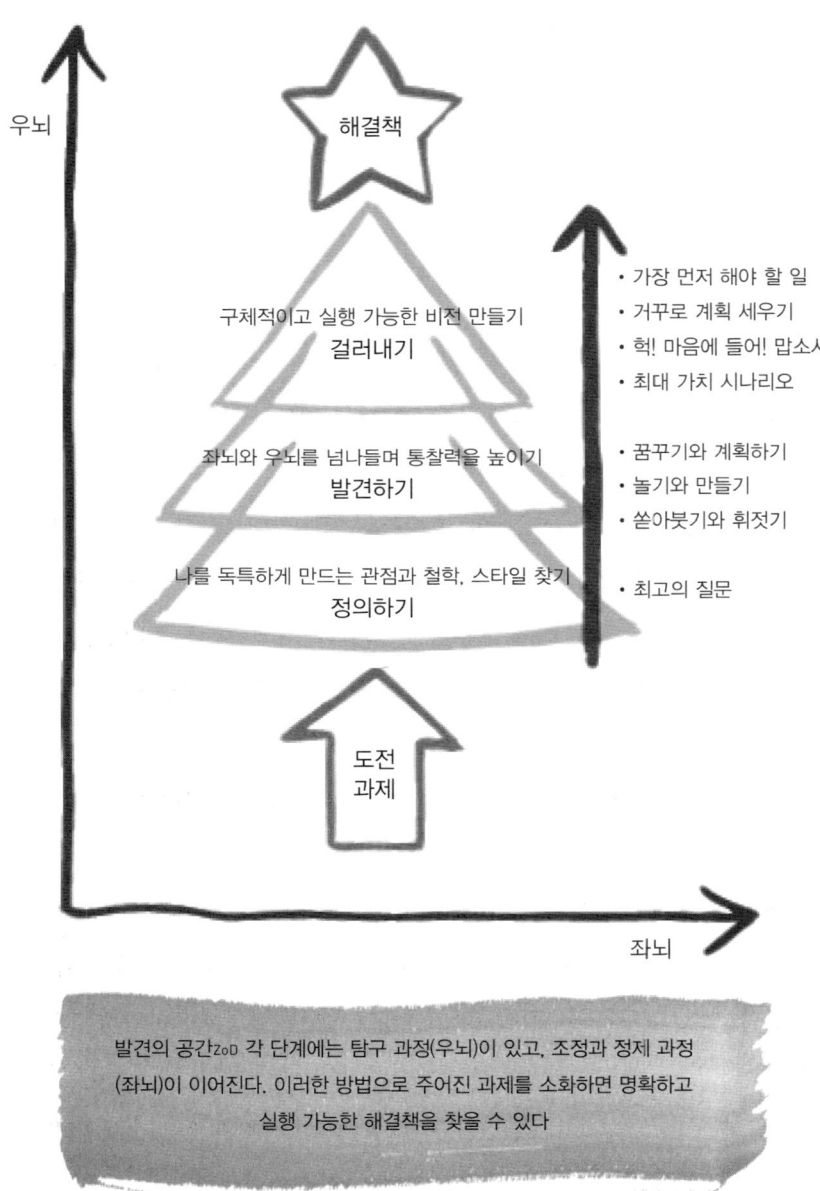

발견의 공간ZoD 각 단계에는 탐구 과정(우뇌)이 있고, 조정과 정제 과정(좌뇌)이 이어진다. 이러한 방법으로 주어진 과제를 소화하면 명확하고 실행 가능한 해결책을 찾을 수 있다

6장

영원한 현재에 안주하지 말고
지속적으로 연습하라!
미래 예측력 높이기

자기이해가 없는 전략은 쓸모가 없다. 셰익스피어가 햄릿을 썼을 때 기업 활동을 생각하며 쓴 글은 아니지만, 〈햄릿〉에 등장하는 인물인 폴로니어스가 아들 라에르테스에게 했던 다음의 명언은 엘리자베스 시대의 개인에게 잘 맞아떨어진 것처럼 현재의 기업 전략에도 잘 들어맞는다. "무엇보다도 너 자신에게 참되거라. 만일 네가 자신에게 진실하다면 밤이 낮을 따르듯 아무도 너에게 거짓말을 하지 않게 될 것이다." 여기서 스스로 정직하다는 것은 무엇을 의미하는가? 자기이해는 무엇인가? 카발라식 유대교에서 자각은 거룩한 것이라고 가르친다. 불교에서 자각은 완전한 깨달음의 상태에 도달할 수 있는 가장 높은 영적 성취의 한 형태라고 가르친다. 과학, 미술, 음악, 철학과 문학 분야의 위대한 인물들 역시 암흑시대의 공포와 독단을 지적 깨달음을 통해 극복했다.

깊은 자각은 지적 영역이든 영적 영역이든 그 자체로 무언가를 깨닫는 앎의 상태로, 미래학자들은 여기에 매료된다. 자각은 신경계통의 '해탈nirvana'이라 말할 수 있다. 동서고금을 막론하고 종교 지도자들은 비옥한 영토와 풍요로움을 얻기 위해 명상, 기도문, 금식과 다양한 종교의식을 이용해왔다. 의식과 무의식 사이의 중간적 사고 in-between thinking 는 신경학자들이 지능을 정량화하는데 중요한 요소로 여기는 것으로 창의력은 물론 복잡한 문제를 해결하고 미래를 예측하는 능력과 연관이 있다. 미래학자는 종교의식과는 다른 방법으로 이러한 중간적 사고를 열어준다.

미래 기억하기

미래학자가 되기 위한 첫 단계는 미래 예측이 뇌의 주요 기능이라는 것을 아는 것이다. 예전에는 과거를 참고하여 미래를 예측한다는 관점이 받아들여지지 않았지만, 최근 뇌 자기공명영상 연구에서는 이를 입증한 결과가 나왔다. 심리학자 칼 쉬푸나르와 캐슬린 맥더못은 워싱턴대 맥더못 기억인지실험실McDermott Memory and Cognition Lab에서 실험을 진행했다.

그들은 실험대상자에게 과거 사건을 기억해 보라고 요청했다. 잠시 후 같은 실험대상자에게 미래를 떠올려 보라고 요구했다. 기능적 자기공명영상fMRI을 사용해 뇌 활동을 비교해 본 결과 실험대상자가 과거를 회상할 때 사용하는 뇌의 신경망과 미래를 예측할 때 사용하는 뇌의 신경망이 같다는 사실을 발견했다. 그들은 다음과 같은 결론을 내렸다. '미래의 생생한 이미지를 떠올리기 위해서는 기억에 의존해야 한다.'[1]

미래 재인식하기

뇌는 만난 사람, 자주 가는 장소, 보고 듣고 만지고 느끼는 것에 관한 데이터를 꾸준히 기록한다. 그러다 전과 같은 상황이 벌어지면 거대한 저장소(뇌)에서 "아! 이 상황이 어떻게 흘러갈지 알겠다!"라고 말한다. 이 과정은 익숙하지 않은 식료품점에 방문하는 일처럼 아주 간단한 작업을 수행할 때에도 마찬가지다. 쉬푸나르는 다음과 같이 설명했다. "식료품점을 상상할 때 보통 기억된 이미지를 상상해요. 예를 들어, 제일 먼저 자주 가는 동네 슈퍼를 떠올리죠. 이 이미지가 난데없이 떠오르는 건 아니에요. 이것은 과거와 연관이 있는 이미지죠. 기억을 떠올린 후 이 기억들을 새로운 방법으로 다시 사용하게 돼요." 알 수 없는 미래로 나아가는 두려움은 보통 과거의 기억으로 누그러진다. 그 기억으로 인해 상추가 쓰레기봉투 옆이 아닌 오이 옆에 놓여있다고 짐작할 수 있다.

이러한 신경 메커니즘으로 인해 예상치 못한 사건에 직면하더라도 과거의 기억을 활용해 불안한 미래에도 긍정적으로 나아갈 수 있게 된다. 세인트루이스 워싱턴대 심리학과 부교수인 제프리 잭스는 중뇌 도파민계MDS에 초점을 둔 연구 결과를 국제학술지인 〈인지신경

과학저널〉에 발표했다.

중뇌 도파민계는 인류의 초기 진화 단계부터 존재했으며 예상치 못한 사건이 발생했을 때 뇌의 나머지 부분에 신호를 보내는 역할을 한다.[2] 잭스와 동료들은 예측 이론을 확립하기 위해 실험을 진행했다. 우선, 옷을 세탁하거나 레고 조립과 같은 매우 일상적인 모습이 담긴 비디오를 보는 실험대상자의 뇌 활동을 자기공명영상으로 기록했다. 연구진은 비디오를 두 번 정도 중간에 멈췄다. 한 번은 사람이 어떤 활동을 하는 중간에 비디오를 멈췄고 또 다른 한 번은 다음 활동을 시작하기 직전에 비디오를 멈췄다. 실험대상자에게 다음에 어떤 일이 일어날지 예측하라고 했다. 활동 도중에 비디오를 멈췄을 때는 실험대상자의 90퍼센트가 미래를 예측할 수 있었지만, 새로운 활동 직전에 비디오를 멈췄을 때는 80퍼센트 미만이 미래를 예측했다.

예상치 못한 변화의 순간과 맞닥뜨리자 태곳적 기관인 도파민계가 활성화되었는데, 이는 실험대상자가 불확실성에 처해지면서 불안감을 느낀다는 점을 나타낸다. 잭스의 설명을 들어보자. "문제가 생기기 시작하면 자신감이 흔들려요. 보통 그 때 '다음에 일어날 일을 내가 정말로 알긴 아는 건가?'라는 생각에 사로잡히죠."[3]

이 때문에 우리의 두뇌는 변화를 거부하고 영원한 현재에 머물고자 하는 경향을 보인다. 잭스는 미래를 예측하는 데 사용하는 지각을 신경학적으로 이해해 알츠하이머와 파킨슨 같은 질병을 치료하는 데 도움을 주고 싶었다. 미래를 예측할 수 있는 역량은 현재 일어나고 있는 일에 대한 정신모델의 지속적 유지관리에 달려있다는 그의 이론은 이미 아는 것만 쉽게 상상할 수 있다는 생각을 뒷받침해준다. 이런 관점에서 보면, 3D프린트로 찍어내는 저녁 식사든 바퀴벌레 로봇이든 자연재해든 미래가 늘 새롭고 놀랍게 다가오는 이유를 어느 정도 이해할 수 있다.

사람들은 예지력을 가지기 위해 주기적으로 연습한다기보다는 영원한 현재에 머물고 싶어 하는 경향을 보인다. 사실, 현재를 살기 위해 과거와 미래를 생각하지 않는 것은 동양 종교뿐만 아니라 수많은 대중 심리학책에서 말하는 바와 같이 가치 있는 영적 목표일 수 있지만, 사업에 성공하기 위해서는 영원한 현재에 머물고자 하는 뇌의 안일한 생각을 버리는 것이 좋다. 우리는 필요를 느끼지 못하는 한 생각과 행동의 변화를 거부하며, 위기가 발생하고 나서야 생각과 행동을 바꾼다.

미래학자는 이런 경향을 바꾸는 일을 한다. 미래를 내다볼 수 있는 예지력이 이미 알고 있는 것으로 제한된다면 이때 해결책은 더 많이 아는 것이다. 다시 말해, 우리는 뇌라는 하드웨어를 벗어날 수 없기 때문에 주기적으로 새로운 정보, 사람, 환경, 감각과 경험으로 기억이라는 데이터 뱅크를 확장해야 한다. 이런 식으로 미래를 예측하기 위해 뇌에서 사용할 수 있는 유연하고 다양한 정신모델을 생성할 수 있다. 저장된 기억이 더 풍부해지면 상상의 영역을 광범위하게 넓힐 수 있고 미세한 차이도 더 잘 이해할 수 있게 되며 더 많은 것과 연결하여 생각할 수 있으므로 미래에 대한 예측 능력이 높아진다.

뇌가 새로운 연결을 만들어내면 통찰력이 생긴다. 이것은 정신의 매쉬업mental mashup과 같다. 구축된 기억에 새로운 정보가 더해지면 이해력이 넓어지면서 참고할 수 있는 대상이 갑자기 확장된다. 그 순간 이전에 보지 못했고 생각하지 못했던 미묘한 차이를 새롭게 깨닫게 되고 더 넓은 관점에서 아이디어를 바라볼 수 있게 된다. "아하! 전에는 이런 식으로 생각해 본 적이 없어!" 사실, 그렇게 본적이 없다. 새로운 자극이 없으면 이러한 통찰력은 생길 수 없다. 다시 말해, 새롭게 정보를 투입하거나 시냅스를 연결하지 않고서는 이런 새로운 방식으로 볼 수 있는 '물리적' 방법이 없었던 것이다.

인류 역사는 교육과 재앙 사이의 경쟁이다.

―H. G. 웰스

모든 진리는 일단 발견하기만 하면 이해하기 쉽다. 중요한 것은 진리의 발견이다.

―갈릴레오 갈릴레이

미래학자가 추구하는 것이 바로 이런 통찰의 순간이다. 통찰의 순간에 관점이 확장되고 이해력도 깊어진다. 쏟아지는 새로운 예측들이 뇌에 파문을 일으켜 아이디어가 샘솟는다. 혁신 과정에서 이러한 일이 일어나면 통찰력과 새로운 예측, 아이디어가 소재가 되어 해결책을 내놓게 된다. 이 결과로 이익에 부합하고 미래 환경에 적합한 새로운 기회를 얻는다. 하지만 어떻게 이런 통찰력을 얻을 수 있을까?

앵그리버드를 해보라.(앵그리버드는 새들이 돼지에게 도둑맞은 알을 찾기 위해 장애물을 격파하는 내용의 모바일 게임이다 - 옮긴이)

미래학자로서 나는 의뢰인들의 뇌 연상력을 확장시켜 주면서 통찰을 얻을 수 있도록 도왔다. 내가 도입하는 혁신 과정은 의식과 무의식 사이의 공간을 활용하기 위해 설계된 비종교적 의식이다. 이 공간을 신경학 관점에서 설명하면, 좌뇌의 추론 및 분석 능력과 우뇌의 감각 및 창의력 사이의 공간을 말한다. 좌뇌-우뇌 이분법은 매우 복잡한 프로세스를 단순화한 것이지만, 필요한 사고법에 알맞은 활동과 환경을 연결하는 단순하지만 유용한 방법이다.

좌뇌와 우뇌는 어떤 일을 하는지에 따라 활성화되기도 하고 비활성화 되기도 한다. 빠르고 정확한 실행 능력과 언어 능력이 필요한 일에는 좌뇌가 필요하지만, 큰 그림과 의미 형성, 창의적인 문제 해결에는 우뇌가 필요하다. 또 현재를 다룰 때는 좌뇌만 있어도 되지만 미래를 탐색할 때는 좌뇌와 우뇌의 협동 처리과정이 필요하다.

좌뇌	우뇌
구성 요소로 분해하려는 경향	단어나 언어 의존성이 낮음
일반적인 특성에 주목하기보다는 눈에 띄는 특징에 주목하는 성향	일반적인 특성에 주목하고 이것을 합쳐 전체 그림을 그릴 수 있는 능력
일이 들어온 순서대로 처리	다양한 일을 동시에 처리

출처: 리처드 레스택,《모차르트의 뇌와 전투기 조종사의 뇌: 뇌의 잠재력 촉발시키기》(뉴욕, 랜덤하우스, 2001), p.87에서 인용

좌뇌와 우뇌 각각의 기능에 대해 알아도 활용하지 못하는 경우가 많다. 비즈니스 환경에서 (그리고 대부분 일상생활에서) 우뇌가 통찰력을 담당한다는 사실을 알지만 우뇌를 사용하지 않는다. 그 대신 문제를 해결하거나 계획을 수립하기 위한 노력으로 '회의'라는 고통스러운 절차를 거친다. 좌뇌가 분석력을 가지고 있더라도 좌뇌 활동은 큰 혁신을 일으킬 수 있는 통찰로 이어지지 않는다. 좌뇌는 '아하!Aha!' 사고에 적합하지 않으므로 회의를 통해 원하는 대로 관점을 바꾸거나 통찰을 얻기는 어렵다.

어떤 일을 수행하기 위해서는 적합한 도구가 필요하다. 또 적합한 도구를 사용하려면 먼저 맞물린 시스템이 어떻게 이루어져 있는지 이해해야 한다. 미래학자는 사람들이 상황을 파악할 수 있도록 돕기 위해 먼저 좌뇌의 분석력을 이용한다. 내가 프로젝트를 수행할 때는 네 가지 힘을 스캔하는 일부터 좌뇌의 분석과정을 시작한다. 그런 후 앵그리버드를 이용하거나 창의력의 불꽃이 튈 수 있는 무언가를 한다.

예를 들어, 아이폰으로 '마이 케미컬 로맨스'의 콘서트를 보거나 메트로폴리탄 오페라극장에서 '리골레토'를 관람한다. 또는 저명한 줄기세포 연구자의 강의를 들어도 좋고 '뉴저지의 진짜 주부들'을 시청한다거나 기후학 공부 혹은 카이트 서핑(큰 연에 매달린 채 하는 파도타기 - 옮긴이) 수업을 듣는 것도 좋다.

새로운 향기, 소리, 맛, 풍경, 느낌, 움직임과 감각은 창의적인 생각과 통찰력을 불러일으킨다. 인지 신경과학자들은 이러한 현상 즉,

자극이 주어졌을 때 다양한 연결 고리를 만드는 능력을 '연상의 능숙성associative fluency'이라 부른다. 이러한 현상은 새로운 정보에 대한 자연스러운 반응이다.[4] 새로운 경험은 지각(기억, 감정, 상징, 은유, 상상력과 연관된 영역)과 추론(판단, 의사결정, 언어, 수치, 기획력과 연관된 영역) 사이에서 더 많은 상호 참조 관계를 구축함으로써 신경망을 강화하고 확장한다.

이러한 지각과 추론의 상호 참조(그리고 이를 이용하려는 계획된 활동)에서 생기는 생각은 언어를 기반으로 하지 않는다. 언어보다는 명확하게 기억할 수 있는 순간으로 나타난다. 이러한 순간은 다음과 같이 세 가지 형태로 나타낼 수 있다.

1. 와Awe, 황홀한 경이로움
2. 아Aww, 다른 존재(다른 사람과 다른 상황 등)에 대한 감정적 공감
3. "아하!Aha!", 익숙한 상황에 대해 문득 다른 관점이 분명해져 이전에 상상하지 못한 아이디어와 해결책이 떠오르는 상태로 정신모델의 전환

와Awe, 아Aww, 아하Aha는 모두 통찰력이 생기는 순간이다. 이러한 경험들을 합치면 그림이 완성된다. 전체를 완성해보면 해결하려는 문제를 더 잘 이해할 수 있게 된다. 이를 핵심 통찰력이라고 부른다. 핵심 통찰력 및 이와 관련된 아이디어를 도출하고 나면 어느 아이디

어가 추구할 가치가 있는지 이를 실현하는 데 무엇이 필요한지 파악하는 데 좌뇌를 활용할 수 있다. 이렇게 전략을 수립해 가면 도전과제나 이슈를 분석하고 탐색하여 현명한 해결책을 찾을 수 있다. 시간, 비용, 위험, 보상을 구체화하여 아이디어를 프로젝트화하면 평가할 수 있게 된다. 이 프로젝트를 더 걸러내면 일상적인 활동과 작업방식에 적합한 직접적인 행동 계획으로 만들 수 있다. 발견의 공간ZoD 방법은 미래 잠재력과 네 가지 변화의 힘에 대해 자신이 아는 지식을 기반 삼아 쌓아 올리는 의도된 과정이다. 여기서 '나는 누구이고 어디로 가고 있는가?'라는 질문에 대한 답이라 할 수 있는 자신의 목적에 부합하는 자기만의 기회를 찾을 수 있는 단계를 제시한다. 이 모든 것이 좌뇌 시냅스에서 시작된다.

7장

나를 독특하게 만드는
관점과 철학, 스타일 찾기

정의하기

"제가 여서서 어디로 가야 하는지 알려주실 수 있나요?"
"그건 네가 어디로 가고 싶어 하느냐에 달렸지."

— 루이스 캐럴,《이상한 나라의 앨리스》

사람들은 트렌드를 따라가지 못해 안달이다. 내 사무실을 방문하는 이들 가운데 최신 트렌드에 뒤쳐지면 안 된다고 다급하게 토로하는 이들을 보면, 흡사 공황 상태에 빠진 듯한 모습이다. 이들은 소셜미디어 전략이라든가 히스패닉 인구를 대상으로 하는 전략, 녹색 전략이 필요하다고 외친다. 물론 그 가운데 내가 가장 좋아하는 의뢰인은 혁신 전략을 요구하는 이들이다.(이 책도 그래서 탄생했다.) 그러나 최선의 방책을 찾기에 앞서 해야 할 일은 우선 한 걸음 물러서서 숨을 가다듬은 다음 내가 '최고의 질문Best Questions'이라고 부르는 것에 대한 답을 찾는 일이다.

이 책의 서론에서 미래학자처럼 생각하려면 자신이 처한 특수한 상황에서 한 발짝 물러나서 "이게 어떻게 된 일이지?"라고 질문할 줄 아는 능력을 길러야 한다고 말했다. 다시 말해서 실제적인 대안을 찾기에 앞서 철학적인 고민을 먼저 해야 한다. 그리고 철학적인 고민을 시작하기 위한 도구가 바로 책에서 제안하는 최고의 질문이다.

최고의 질문은 "나는 누구인가?"와 "나는 어디로 가고 있는가?"이다.

최고의 질문에는 철학적 속성이 있기 때문에 굉장히 모호하게 들릴 수 있다. 하지만 최고의 질문을 도출하는 과정은 놀라울 정도로 구체적인 단계로 구성된다. 우선 우리가 사용하는 용어에 대해 명확하게 정의할 필요가 있다. 그러기 위해서는 마치 네 살짜리 아이가 당신의 소매를 붙잡고 "어째서 그렇다는 거예요? 그게 무슨 뜻이에요? 그런데 대체 왜 그런 거예요?"라고 질문하는 것처럼 느껴질 정도로 기초적인 수준에서 용어를 정의해야 한다. 예를 들어 소셜미디어 전략이 필요하다는 의뢰인에게 나는 이러한 질문을 할 것이다. "소셜미디어란 무엇입니까? 왜 그것이 당신에게 중요하다고 생각하죠? 소셜미디어에 대해 어떠한 생각을 가지고 있나요? 단적으로 그것이 당신에게 어떠한 의미죠?"

트렌드나 기회, 아이디어에 어떻게 대응할지 고민할 때 던져야 할 가장 중요한 질문은 "무엇을 위해서?"이다.

제대로 정의된 질문과 목표를 가지고 시작해야 제대로 된 해결책을 찾을 수 있다.

그리고 그러기 위해서는 스스로에게 최고의 질문을 던져야 한다.

최고의 질문

자신의 목표와 현재 처한 상황에 적합한 최고의 해결책에 도달하려면 최고의 질문을 던지는 데서 시작해야 한다. 최고의 질문이라는 용어는 현재 비즈니스 업계에서 새로운 프로젝트의 출발점으로 최고의 성공 사례만을 강조하는 관례에서 벗어나고자 고안한 것이다. 최고의 성공 사례란 자신이 하고자 하는 일의 모범이 되는 표준적인 모형과 절차를 의미한다. 최고의 성공 사례를 강조하는 관점, 즉 "왜 바퀴를 재창조하려고 하는가?(이미 있는 것을 재창조하느라 쓸데없이 시간을 낭비한다는 의미 - 옮긴이)"라고 보는 시각에서는 이미 효과적이라고 입증된 방법을 활용하여 문제를 신속하게 해결할 수 있다. 일단 최고의 성공 사례를 찾을 수 있기만 하다면야 이 방법을 통해 프로젝트를 똑똑하고 효율적으로 수행할 수 있다.

그러나 때로는 바퀴를 재창조해야 하는 경우도 있다. 가령 바퀴를 만드는 과정에 새로운 시도를 더하면 더 좋은 바퀴를 창조할 수 있다는 직감이 들 수 있다. 또는 바퀴가 아예 필요하지 않다는 사실을 깨닫게 될 수도 있다. 발명가 제임스 다이슨James Dyson은 흡입력이 약해지지 않으면서도 가구 사이사이를 손쉽게 누빌 수 있는 진공청소기를 설계할 때 바로 이 사실을 깨달았다. 다이슨은 금세 흡입력이 약해지고 더러워지며 무겁기도 무거운 기존 진공청소기의 문제를 해결하기 위해 완전히 새로운 방식을 시도하기보다 표준적인 디자인에서부터 출발했다. 흡입력을 높이기 위해 고속 원심분리 기술을 도입했다. 또 기존에 일정한 방향으로만 움직이던 진공청소기 바퀴를 360도 회전이 가능한 공 형태로 대체했다. 요컨대 진공청소기를 움직일 수 있는 방법이 바퀴라는 고정관념을 버리자 다이슨은 훨씬 좋은 해결책을 발견할 수 있었다.

기존의 방식만 추구하면 새로운 발견을 할 수 없다. 다시 말해서 새로운 아이디어와 해결책을 찾고자 할 때 최고의 성공 사례를 좇는 것은 오히려 독이 될 수 있다. 성공 사례는 이를 응용하는 경우에는 유용하다. 그러나 새로운 발견을 하고자 한다면 탐험을 통해 주어진 문제를 신선한 관점으로 바라보아야 한다. 신선한 관점으로 바라보는 과정에서 통찰력이 촉발되며 예기치 않았던 해결책을 발견할 수 있기 때문이다. 전략 도출과 혁신 활동은 전부 이런 활동에 대한 것이며, 최고의 질문을 던지는 데에서 시작한다.

최고의 질문은 문제의 핵심을 관통하며 끊임없이 학습을 유도한다. 최고의 질문에는 다음과 같은 네 가지 속성이 있다.

1. 최고의 질문은 자신을 당황케 한다.

최고의 질문에 대한 답은 쉽게 찾을 수 없다. 그렇지만 만일 답을 찾는다면 의미 있는 발견으로 이어지리라는 직감이 확실히 들 것이다.

2. 최고의 질문은 철학적이다.

최고의 질문은 "……의 본질은 무엇인가?" 혹은 "왜 사람들은 ……하는가?"와 같은 물음이며, 그러한 질문에 대한 답을 구하는 과정에서 무엇이 효과적이고 중요하며 그 이유가 무엇인지 이해하게 된다.

3. 최고의 질문은 매우 구체적이다.

자신이 알고자 하는 것이 무엇이며 그것이 스스로에게 어떠한 의미가 있는지 명료하게 정의할 수 있어야 한다. 이를테면 자신에게 꼭 맞는 혁신 전략을 원한다면 우선 "혁신이란 무엇인가?"라는 질문에서 시작해야 한다. 먼저 혁신(혹은 다른 주제여도 좋다.)에 대한 구체적이고 만족스러운 정의를 내리는 것이 중요하다. 기존에 통용되는 정의가 아니라 자신만의 정의를 내려야 한다.

4. 최고의 질문은 '어떻게'가 아닌 '무엇'에 초점을 맞춘다.

자신이 처한 상황에 적합한 최고의 해결책이 '무엇'인지 찾은 다음에야 그 전략을 실행하기 위한 행동('어떻게')에 돌입할 수 있다.

대다수 혁신적 도전은 '무엇인가 일어나고 있다'는 느낌에서 출발한다. 이 느낌은 시장 점유율이 감소한다든지 내부 경영에 문제가 발생한다든지 경쟁자가 치고 올라온다든지 비용이 상승한다든지 시장이나 트렌드, 고객, 기술, 비즈니스모델에 근원적인 변화와 같이 어떤 분야에서 전반적으로 감지되는 조짐일 수도 있다.

이 '무엇인가 일어나고 있다'는 느낌은 잠재적 기회로 이어진다. 특별히 관심이 가는 신문기사나 인터뷰, 개인적 경험을 토대로 '만일……한다면 어떻게 될까?'라고 상상한 것이 계기가 되어 새로운 발견으로 이어지는 경우도 많다. 이를테면 100달러짜리 노트북이 세계 극빈층 아동들의 삶을 바꿀 수도 있으리라는 아이디어는 '한 노트북 한 아동 프로젝트OLPC, One Laptop per Child'로 발전했다.(이 아이디어는 MIT 미디어랩에서 고안한 것으로, 이후 OLPC 프로젝트의 제품 조달과 기금 조성, 확산에만 전념하는 독립적인 비영리재단이 출범했다.) 혹은 대학생들이 서로의 사진과 프로필을 공유하고 의견을 남기는 인터넷 서비스를 좋아할지도 모른다는 아이디어는 하버드대 2학년에 재학 중이던 마크 주커버그의 노력 덕분에 페이스북의 탄생으로 이어졌다.

트렌드가 잠재적 기회의 출발점이 되기도 한다. 편리성과 휴대성에 대한 트렌드를 관찰하면서 "어떻게 하면 (아침식사, 프로젝트 관리, 쇼핑, 회의, 건강관리……)를 더 편리하게 하거나 휴대하기 좋게 만들 수 있을까?"라는 질문을 던질 수 있다.

또는 종전에 불가능했던 것을 가능하게 만드는 과학 기술의 혁신적 발전이 시작점이 될 수도 있다. 척수를 다친 사람들을 회복시킬 수 있는 의료 기술의 발달이 그러한 예다. 이는 신경과학자들이 끈질기게 추구해온 꿈이다. 일부 신경과학자들은 "척수가 손상되어 신체 마비를 유발한 뇌의 신경을 무선통신장치를 통해 재생할 수 있을까?"라는 질문을 던졌다. 이러한 질문은 신경보철neuroprosthetics이라는 새로운 분야의 탄생으로 이어졌으며, 이 분야의 과학자들은 로봇기술과 인공지능, 뇌과학의 획기적인 발견을 토대로 인간이 오직 생각만으로 움직임을 통제할 수 있는 인공기관을 창조하기 위해 노력하고 있다. 이 분야의 혁신적 성과는 걷거나 이야기하는 능력을 잃은 환자들에게 움직이는 능력을 회복할 수 있는 의족과 의수, 인공 외골격 등이 완전히 새로운 차원에서 개발되리라는 희망이 되고 있다. 그리고 이 모든 성과는 바로 최고의 질문에 대한 답을 찾기 위해 노력하는 과정에서 탄생했다.

창의성은 일부만이 타고나는 능력이라고 신화화되곤 한다. 그러나 사실 창의성은 야구공을 치거나 노래를 부르는 능력처럼 그저 연습이 필요한 기술의 하나다. 그리고 창의성을 연습할 수 있는 방법이 바로 발견의 공간ZoD이다.

나는 누구며? 어디로 가고 있는가?

다시 말하지만 질문 가운데 최고의 질문은 "나는 누구인가?"와 "나는 어디로 가고 있는가?"이다.

우리는 두 질문 모두에 대한 답을 찾기 위해 발견의 공간ZoD을 활용할 수 있다. "나는 누구인가?"라는 질문의 경우, 발견의 공간ZoD의 정의하기 과정에서 자신을 독특하게 만드는 것이 무엇인지 찾는다. 나를 유일무이하게 만드는 나만의 존재 방식, 관점, 행동 방식이 있을 것이다. 나는 체계적이고 재미있으면서도 철학적이고 따뜻하며 약간

특이한 동시에 창조적이며 호기심이 많고 배려심이 깊으며 무모하고 거친 면을 비롯해 다양한 면이 서로 어울려 유쾌한 조합을 이루고 있는 사람이고 내가 무슨 활동을 하든 상관없다. 나를 나답게 만드는 내면적 속성의 조합이 무엇인지 깨닫게 되면 최고의 자아, 곧 프랑스인들의 매력적인 표현을 빌리면 내 안의 '뭐라 말할 수 없이 좋은 것Je ne sais quoi'을 정의할 수 있다.

문제는 올림픽에서 금메달을 받은 운동선수나 세계적인 오페라 가수가 아닌 이상 직업적인 측면에서 자신을 고유하게 정의하기란 사실상 불가능하다는 점이다. 내가 하는 일을 나만큼 혹은 나보다 더 잘할 수 있는 사람은 많다. 훌륭한 건축가나 개 조련사, 요리사, 작가, 세무 대리인, 기자, 의사, 그래픽 디자이너라도 그처럼 뛰어난 기술이나 서비스를 제공할 수 있는 경쟁자는 많다. 그러나 어느 누구도 나를 대신할 수 없는 것은 바로 나만의 고유한 방식, 곧 나만의 관점과 철학, 스타일이다. 이는 음식 제조업체든 할인점이든 컴퓨터 제조업체든 도서 판매점이든 자선단체든 아니면 학교든 조직 또한 마찬가지다.

자신이 어떠한 사람인지 알았다면 "나는 어디로 가고 있는가?"라고 질문할 차례다. 이 질문에 대한 답을 찾기 위한 발견의 공간ZoD 활동의 목표는 자신이 창조하고자 하는 것을 그려보는 일이다. 다시 말해, 비전을 구체적으로 표현하기 위해 '나의 목표를 궁극적으로 달성했을 때 나는 어떠한 모습일까?'라는 질문에 던져 보면 답을 찾을 수 있다. 이 때 비전을 달성하기 위한 전략은 환경적 조건에 의해 영향을 받는다.(이는 지금에 와서는 자명하지만 지난 수십 년 간 미국의 자동차 업계가 간과했던 사실이다.) 따라서 어디로 갈 것이며 어떻게 갈 것인지를 최종적으로 결정할 때에는 네 가지 변화의 힘을 모두 고려해야 한다.

8장과 9장에서는 발견의 공간ZoD 가운데 남은 두 단계, 발견하기와 걸러내기를 다룬다. 이어서 10장과 11장에서는 나의 의뢰인의 사례 가운데 두 가지를 선택하여 발견의 공간ZoD 과정 전체가 어떻게 흘러가는지 보여줄 것이다. 그중 첫 번째 사례는 "나는 누구인가?"에 초점을 맞추며, 나머지 사례는 "나는 어디로 가고 있는가?"를 조명한다.

여기에서 더 나아가기에 앞서 자신이 누구이고 어디로 가고 있는지 매우 명확하게 인지하고 있는 회사를 하나 살펴보자. 이 사례의 주인공은 바로 버진Virgin이다. 버진은 1970년 런던에서 음반을 우편 판매하는 회사로 출발했다. 몇 년이 지나 버진은 음반 매장을 냈고, 섹스 피스톨즈Sex Pistols와 롤링 스톤즈Rolling Stones를 비롯한 로큰롤 밴드의 제작을 담당하는 음반사를 운영하기 시작했다. 버진 뮤직Virgin Music은 장난기 어린 창조성을 동력으로 삼아 재빠르게 성장했고, 곧 세계적인 음반사 가운데 하나로 자리 잡았다. 40년도 더 지난 지금, 버진 뮤직을 세계적으로 키운 바로 그 대담성을 토대로 버진그룹은 서른 개가 넘는 나라에서 이백 개 이상의 회사를 운영하는 거대한 기업으로 성장했다. 이 여정에서 언제나 버진이라는 기업이 누구고 어디를 향

해 가고 있는지 매우 명확했다. 버진이라는 조직의 핵심적 본질은 바로 미개척지를 개척하는 것이다. 단순히 이익을 창출하기 위해서가 아니라 미래를 만들어가는 과정 자체가 즐겁기 때문이다. 더 자세히 살펴보자.

버진은 누구인가?

구글에서 버진을 검색하면(V는 대문자로), 버진의 회장이자 최고경영자인 리처드 브랜슨Richard Branson이 설립한 대기업을 찾을 수 있다. 버진은 음악, 무선통신, 항공 그리고 여행 부문으로 구성되어 있지만, 버진을 단순히 그러한 산업에서 영업활동을 하는 회사로 정의하는 실수를 범해서는 안 된다. 버진은 대담하고 모험을 즐기며 독특한 유머 감각과 창의성을 갖춘 특유의 무례한 태도가 특징인 기업이다. 음악과 무선통신, 항공, 여행 부문은 가장 어렵고 불안정하며 수익이 낮은 산업 가운데 하나지만 버진은 이 모든 산업에서 성공을 거두었다. 어째서일까?

물론 새로운 시장에 언제 어떻게 진입할 것인지 영리하게 분석한 덕도 있겠지만, 버진의 비교 우위는 항상 다소 장난스럽고 짓궂은 유머 감각에 있었다. 버진의 고객들은 그들이 상상조차 하지 못했던 그리고 버진 특유의 건방진 유머 감각이 가미된 제품과 서비스에 열광한다.

버진의 목표는 끊임없이 미개척지를 개척하는 것이므로 한 번 꿈을 꾸면 그 꿈을 실행에 옮긴다. 2003년 버진의 항공사인 버진 애틀랜틱Virgin Atlantic은 '어퍼 클래스Upper Class' 서비스를 도입했는데, 비행기를 탈 이유가 전혀 없는 사람이라도 당장 항공권을 구입하고 싶어질 정도의 굉장한 서비스를 제공했다! 예를 들어 런던의 경우 어퍼 클래스 승객의 여정은 공항 리무진 서비스에서 시작한다. 일단 공항에 도착하면 기사가 체크인을 대행하여 항공권을 직접 가져다 준 다음 전용 보안 검색대로 직행하는 전용 엘리베이터까지 안내해 준다. 버진은 이 10분짜리 서비스를 '리무진에서 라운지까지Limo to Lounge'라고 부른다. 버진 애틀랜틱의 어퍼 클래스 승객은 버진의 히드로 클럽하우스Heathrow Clubhouse에서 휴식을 취하는데, 기껏해야 과자나 탄산음료나 제공하는 여타 항공사의 라운지와 달리 나이트클럽과 스파, 수영장, 식당, 도서관 그리고 옥상 정원까지 준비되어 있다. 이처럼 호화로운 서비스는 기내에서도 그대로 이어진다. 좌석은 침대로 변신하며 칵테일바와 기내 마사지 서비스까지 제공된다. 착륙 후 리무진 서비스도 당연히 포함되어 있다. 버진이 경쟁사들과 비슷한 가격대에 판매하는 탑승권에는 이처럼 다른 경쟁사들은 흉내 내지도 못할 서비스가 탑재되어 있다. 정말이지 버진은 스스로를 유일무이한 존재로 만드는 방법이 무엇인지 잘 알고 있는 기업이다.

버진은 어디로 가고 있는가?

"나는 어디로 가고 있는가?"라는 질문은 궁극적인 목표를 미래에 어떻게 달성할 것인지 묻는다. 버진이 목표로 하는 궁극적인 미개척지는 바로 우주다. 대담한 탐험가 정신에 걸맞게 버진은 이 목표를 달성하기 위한 능력을 꾸준히 쌓아가고 있다. 우주선을 개발하고 원료를 확보하며 관련 업계의 공급자들과 파트너십을 체결하고 최고의 과학자들과 우주비행사들을 고용하면서 엄청난 도전을 이루기 위해 노력하고 있다. 버진은 또한 최초로 달에 호텔을 열겠다고 공표하기도 했다.

버진은 이러한 비전이 그저 허황된 꿈에 머무르지 않도록 버진 갤럭틱Virgin Galactic이라는 새로운 사업을 시작했고 사업 기반을 단단히 확보할 수 있는 각종 분야에 대대적으로 투자하고 있다. 일단 우주여행을 가능하게 만드는 과학 기술에 투자하는 데에서부터 시작한 브랜슨은 최근 우주비행선 회사까지 설립했다. 그리고 이 회사는 X-프라이즈X PRIZE를 수상한 스페이스십원SpaceShipOne을 제작했다. 스페이스십원을 잇는 스페이스십투SpaceShipTwo는 현재 우주로 비행할 민간인 탑승객을 한 명당 20만 달러에 모집하고 있다.

우주로까지 이어지는 여행 산업에 대한 버진의 비전에는 네 가지 변화의 힘에 대한 고려도 포함되어 있다. 그에 따라 버진은 전 지구적 변화에 긍정적으로 기여할 수 있는 과학 연구와 기술 개발을 지원하고 있다. 버진은 상업적으로 적용할 수 있는 온실가스 제거 방법을 제시하는 사람에게 2천 5백만 달러의 상금을 주겠다고 선언했다. 버진의 사모펀드인 버진 그린 펀드Virgin Green Fund는 청정 연료 기술에 광범위하게 투자하고 있으며, 비영리기관인 버진 유나이트Virgin Unite는 국제적 갈등과 기후, 질병 문제에 대한 기업가적 해결책을 내는 데 초점을 맞추고 있다. 달에 호텔을 짓겠다는 비전은 대중의 시선을 끌기 위한 터무니없는 전략인 것처럼 보일 수도 있지만, 미래학자라면 세계가 현재 직면하고 있는 문제를 일부 해결할지도 모르는 대담하고 재기 넘치는 목표라고 생각할 만하다.

8장

좌뇌와 우뇌를 넘나들며
통찰력을 높여라!

발견하기

통찰, 즉 무엇이 어떻게 그리고 왜 맞물리는지 이해하는 큰 그림에서의 시각은 혁신을 이루기 위한 성배holy grail다. 6장에서도 살펴보았듯이 통찰을 얻는 순간은 뇌에서 물리적으로 일어나는 일이다. 통찰을 얻게 되면 언뜻 보기에 관련이 없는 것처럼 보이는 정보의 파편들이 서로 연결되어 퍼즐 조각처럼 꼭 들어맞으며, 이를 통해 자신이 처한 상황에 대한 새로운 개념 지도를 그릴 수 있게 된다. 그러면 불현듯 새로운 기회와 해결책이 눈앞에 그려진다.

발견의 공간ZoD 2단계인 발견하기에서는 통찰력이 신경학적 현상이라는 사실을 이용하여, 좌뇌 우뇌를 넘나들며 통찰력을 높이도록 설계한 과정이다. 통찰력은 주로 우뇌에서 촉발되기 때문에 통찰력을 생성하기 위한 과정은 우뇌의 연상 능력을 유도하는 세 스텝Step으로 구성된다. 앞으로 각 스텝을 자세히 살펴보겠지만, 먼저 간단히 요약하자면 다음과 같다.

Step 1: 쏟아붓고 휘젓기

뇌에 새로운 정보(예를 들면 네 가지 변화의 힘에 대한 분석, 인터뷰, 자신의 능력과 한계에 대한 검토, 기타 주목할 만한 연구)를 주입하여 최고의 질문에 대한 자신의 생각을 점검한다.

Step 2: 놀면서 창조하기

앞 단계에서 자극을 받아 생긴 새로운 관점과 아이디어를 토대로 미래를 상상하면서 되도록 시나리오를 다양하게 떠올린다. 이를 통해 뇌에 새로운 연결고리가 생기면서 새로운 통찰을 얻게 된다.

Step 3: 꿈꾸고 구상하기

앞 단계에서 얻은 통찰력을 이리저리 조합하여 새로운 기회와 최고의 해결책을 고안한다.

네 가지 변화의 힘 스캔하기

'무엇인가 일어나고 있다'는 느낌이 발견의 공간ZoD 과정에 착수하는 계기가 되었다면, 정의하기 단계에서는 최고의 질문을 던져보면서 앞으로의 여정을 향한 틀을 마련했다. 그리고 나서 현재 주어진 문제에 대해 이미 알고 있는 것과 더 깊이 알아야 할 것들을 이해하기 위해 많은 질문을 던지면서 문제를 더 깊이 파고 들어갔다.

　질문에 대한 답을 찾으려면 문제 그 자체를 더 깊이 이해할 필요가 있다. 무엇이 이 문제를 유발했는가? 장기간에 걸쳐 어떠한 결과를 불러올 것 같은가? 이것이 자신에게 어떠한 의미인가? 이 정도 수준의 이해를 하기 위해서는 네 가지 변화의 힘이라는 맥락에서 문제가 어떻게 발생했는지 살펴보아야 한다. 모든 장기적인 혁신 프로젝트가 이러한 분석에서부터 시작한다.

　11장에서 네 가지 변화의 힘에 대한 분석을 통해 비즈니스모델을 재창조하지 않았다면 시장에서 퇴출되었을 기업의 사례도 살펴볼 것이다.

───

　새로운 발견을 하기 위해서는 앞으로 정확히 무엇을 찾게 될지 알 순 없지만 찾던 것과 마주쳤을 때 자신이 찾던 무언가 임을 알아볼 수 있다고 믿는 태도가 필요하다. 물론 그렇다고 해서 닥치는 대로 길을 나서라는 말은 아니다. 이 여정은 집중적인 탐험 과정이며, 충분히 신뢰할 수 있는 몇 가지 우뇌 도구의 안내를 받으며 나아가야 한다. 이러한 도구를 사용하면 실패를 피할 수 있으며 값진 아이디어와 통찰이 풍부한 영역에 도달할 수 있다.

　당연히 가장 기본적인 도구는 1단계인 정의하기에서 이용했던 최고의 질문이다. 최고의 질문을 통해 여정을 계획할 뿐 아니라 여정의 과정에서 제대로 된 방향으로 나아가고 있는지 확인할 수 있다.

그렇지만 발견하기의 세 스텝(쏟아붓고 휘젓기, 놀면서 창조하기, 꿈꾸고 구상하기)을 거치면서 필자가 "바로 그거야!Like that!"라고 부르는 도구를 가장 많이 사용한다. 새로운 발견을 하는 데 유용하고 간편한 이 만능 도구를 지금부터 자세히 소개한다.

바로 그거야!

발견하기 단계에서 사용하게 될 "바로 그거야!"에는 두 종류가 있다. 기존의 "바로 그거야!"와 새로 생겨난 "바로 그거야!"다.

기존의 "바로 그거야!"는 자신이 찾고자 하는 해결책과 유사한 유형의 사례를 말한다. 다시 말해 "그래, 바로 그거야!"라고 외치게 되는 기존의 브랜드나 조직, 경험, 색깔, 인물, 장소, 제품, 상호작용, 문화, 느낌이다. 이러한 것들은 발견하기 단계에서 내내 참조할 수 있는 훌륭한 사례가 된다.

집을 개조하거나 사업을 시작하거나 새로운 인간관계를 맺거나 허기를 잠재우고자 할 때 "바로 그거야!"를 참고하면, 뇌를 최대한 가동하면서 스스로를 더욱 풍부하게 이해할 수 있다. "바로 그거야!"는 자신이 무엇을 좋아하고, 무엇을 잘 하며, 무엇에서 영감을 얻는지 알려주는 귀중한 지표다. 이를 통해 내가 누구이고 어디로 향해 가는지 이해할 수 있다. 조직이 되었든 개인이 되었든 "바로 그거야!"를 열심히 수집하기를 권한다. "바로 그거야!"는 삶의 '이정표'가 되기 때문이다. 특히 무엇을 어떻게 해야 할지 정확히는 모르지만 단지 자신에게 영감을 주는 것을 향해 나아가는 것 밖에 달리 방법이 없을 때 더욱 그러하다. "바로 그거야!"를 이정표로 삼고 나아가다 보면 저절로 정답을 발견하게 될 것이다.

기존의 "바로 그거야!"는 실제 세계에서 영감을 주는 본보기들이다. 반면 새로 생겨난 "바로 그거야!"는 자신이 찾던 것을 발견하기 직전에 나타나는 정신적인 이끌림이다. 이는 어렸을 적 하던 '더 따뜻해, 더 추워Warmer-Colder' 놀이와 비슷하다. 멋진 발견을 할 듯싶으면 머릿속에 불이 켜져서 마치 "더 따뜻해지고 있어, 더, 더, 더……."라고 말하다가 어느 순간 갑자기 "딩! 딩! 딩! 발견!"이라고 외치는 것만 같다. 새로 생겨난 "바로 그거야!"는 발견의 공간ZoD의 발견하기 단계에서 특히 중요하다.(결국 발견의 공간ZoD의 초점은 새로운 사고를 하는 데 있기 때문이다.) 새로 생겨난 "바로 그거야!"는 어떠한 신경 활동이 요구되는지에 따라 세 가지로 분류된다. 바로 6장에서 소개했던 '와', '아' 그리고 '아하!'다.

와 Awe

무엇인가? '와'는 경이감에 사로잡힌 우뇌의 반응이다. 이러한 반응을 자아내는 대상을 보면, 세상에 대한 호기심이 생기며 세상의 복잡성과 아름다움, 신비에 대해 감탄하게 된다. 또한 세상에 존재하는 것들이 작동하는 원리와 이유에 대한 철학적 성찰을 하게 된다. 이 과정에서 작은 개인의 세상과 거대한 자연의 섭리 사이의 연결점을 찾으려 애쓰게 된다.

왜 중요한가? '와'라는 반응은 뇌가 모든 것이 서로 연결되어 있다는 사실을 큰 그림으로 이해하려고 노력하는 과정에서 나타난다. 와는 모든 요소가 상호 의존하면서 전체를 이루고 있음을 지각할 수 있는 우리의 타고 난 능력인 시스템 사고를 이끌어 낸다.

아 Aww

무엇인가? 다른 사람이나 상황에 대한 정서적인 공감으로, 다른 누군가의 경험을 마음 속 깊이 이해할 때 느끼는 즉각적인 반응이다.[1] 공감 덕분에 각자만의 세계에서 벗어나 다른 상황이나 조건을 상상하고 이해할 수 있다.

왜 중요한가? '아'를 통해 자신의 직접적인 경험에서 벗어난 상황을 이해하면서 통찰력을 얻는다. 그 통찰력으로 처한 상황에서 한 걸음 물러나 다양한 가능성을 상상하면서 문제를 해결할 수 있다.

아하! Aha!

무엇인가? '아하!'는 우뇌에서 획기적인 의식 작용이 일어나 좌뇌에서 해결책이나 기회가 불현듯 분명해지는 반응이다.[1] 이때 생기는 통찰력은 서로 다른 데이터나 기억을 연결해서 사고하는 뇌의 연상 능숙성 덕분에 가능한 일이다. 이러한 경험은 주로 시각적인 표현으로 기술된다. 예를 들어 우리는 "예전에는 미처 그러한 식으로 바라보지 못했어!"라든가 "갑자기 어떻게 하면 될지 보였어."라고 이야기한다.

왜 중요한가? 퍼즐 조각이 꼭 맞아떨어지는 순간 애매모호한 아이디어가 비로소 형태를 갖춘다. 불현듯 모든 것을 완전히 이해하게 되면서 아이디어에는 구조와 맥락이 갖춰지며, 좌뇌는 3단계인 걸러내기의 계획하기 작업으로 전환할 준비를 한다.

―――――

발견의 공간ZoD 프로그램은 최고의 질문에 대한 현명한 답을 찾는 것을 목적으로 한다. 발견하기 단계에서 '와,' '아,' '아하!'와 같은 "바로 그거야!" 반응을 촉발하면 최고의 질문에 대한 방향성을 얻을 수 있다. 발견의 공간ZoD의 발견하기 과정은 최고의 질문을 본격적으로 탐험하기 위한 탐색 과정으로 쏟아붓고 휘젓기와 놀면서 창조하기 그리고 꿈꾸고 구상하기의 세 스텝을 거쳐 이루어진다.

쏟아붓고 휘젓기

새로운 정보와 경험에 노출되면 새로운 생각과 사고방식이 촉발된다. 쏟아붓고 휘젓기란 결국 온갖 종류의 새로운 자극에 스스로를 노출시킨 다음 이러한 자극으로 가득 찬 용광로를 휘저어서 "바로 그거야!" 반응을 촉발하는 활동이다.

그러기 위해 활용할 수 있는 자극으로는 네 가지 변화의 힘에 대한 분석뿐만 아니라 신문이나 트위터, 각종 웹사이트, 블로그, 백과사전, 팟캐스트, 비디오, 소식지, 잡지, 책, 인터뷰, 서평, 발표 자료, 보고서, 설문조사, 세미나, 인터넷채팅, 트렌드 분석, 광고 등이 있으며 철학자, 사회학자, 경영 구루, 초등학교 시절 단짝 친구 등을 만나는 방법도 있다. 그 외에도 자신의 용광로에 새로움을 더할 수 있다면 무엇이든 누구든 환영할 필요가 있다.

놀면서 창조하기

미국 놀이연구소(실제로 존재하는 기관이다.)의 수장인 스튜어트 브라운Stuart Brown 박사의 베스트셀러 《플레이Play》에 따르면, 놀이를 통해 더욱 행복하고 건강한 삶을 누릴 수 있을 뿐 아니라 문제를 더 효과적으로 해결하고 혁신을 이룰 수 있다. 2006년 푸시 인스티튜트에서 주관한 푸시 콘퍼런스의 개막 연설에서 스튜어트는 "놀이를 통해 우리는 가능성을 탐험할 수 있다."라고 말했다. 탐험이 바로 발견하기 단계의 목적이다. 안타깝게도 우리 대다수는 성인기에 접어들면서 놀이를 멀리한다. 그러나 발견의 공간ZoD에서는 아니다. 쏟아붓고 휘젓기 단계에서 수집한 자극을 처리하려면 집중적인 놀이가 필요하다. 놀면서 창조하기는 대체로 우뇌에서 일어나며, 다음의 세 가지 활동을 매개로 이루어진다.

1. 감각 깨우기 – 촉각, 미각, 청각, 후각, 시각 그리고 움직임
2. 자유롭게 연상하기 – 말장난이나 춤, 스토리텔링을 비롯한 모든 종류의 즉흥적 활동
3. 공상하기 – 상상의 나래를 마음껏 펼치는 '만일 ……한다면' 시나리오

놀이란 예측하기 어려울 정도로 급속히 변화하는 사회에 적응하기 위한 본능적 반응이다.

— 스튜어트 브라운, 의학 박사이자 미국 놀이연구소의 설립자

나와 함께 직접 작업해 본 경험이 있는 고객이라면 알겠지만, 바로 지금이 좌뇌에서 우뇌로 자연스럽게 전환해야 하는 시점이다. 음악을 트는 것은 언제나 좋은 방법이다. 음악을 통해 우리는 즉시 그리고 본능적으로 좌뇌의 집중적인 사고 활동에서 우뇌의 개방적이고 유희적인 태도로 전환한다.

파헬벨Pachelbel이 작곡한 〈캐논 연주곡〉이 사람들에게 미치는 영향을 생각해보라. 연주가 시작된 지 채 몇 마디도 지나지 않아 사람들은 가슴이 벅차오르고 눈물이 차오른다고밖에 설명할 수 없는 상태에 빠지곤 한다. 흥미롭게도 이 곡이 결혼식에서 연주될 때와 같이 기쁠 때나 아니면 장례식장에서 연주될 때와 같이 슬플 때나 우리는 똑같은 감동을 받는다. 이와 비슷하게 헨델Handel이 작곡한 합창곡 〈메시아Messiah〉 또한 수십 명에서 수천 명이나 되는 집단의 부산하고 소란

스러운 마음을 단번에 경외심으로 압도해버린다. 물론 클래식 음악만 그러한 것은 아니다. 컨트리 음악이든 록이나 랩이든 리듬을 가진 음악이라면 똑같이 효과적일 것이다. 나 또한 직접 워크숍을 진행할 때 종종 '오프닝' 음악을 활용한다. 다루려고 하는 주제에 적합하다면 유쾌하고 행복한 노래든 음울한 노래든 모두 괜찮다.

영상도 좋은 선택이다. 동영상은 음악과 마찬가지로 보는 이에게 감흥을 불러일으키면서 우뇌를 활성화시킨다. 인터넷만 검색해도 무수한 동영상을 찾을 수 있다. 오래된 영화나 스톱 모션 만화영화, 뉴스 영상, 뮤직비디오, 강연, 개그동영상뿐 아니라 직접 만든 영상도 좋다.

일단 우뇌가 활성화되면 본격적으로 놀 준비가 된 것이다. 브라운이 말했듯이 놀이처럼 뇌를 활성화하는 것은 없다. 놀이는 호기심과 탐험심에서 비롯되기 때문이다.

놀면서 창조하기 단계의 목적은 호기심과 탐험심에 관심을 기울이고 이를 체계적으로 구조화하는 것이다. 체계적인 구조화를 위해 나는 근력운동 프로그램과 비슷한 '감각회로$_{Sensory\ Circuit}$' 활동을 고안했다. 근력운동 프로그램에서 각기 다른 근육을 차례차례 단련하듯이 감각회로 활동에서는 다양한 감각에 관심의 초점을 옮겨가면서 모든 감각을 고루 탐험한다. 예를 들면 처음에 시각에 초점을 맞추다가 미각으로, 공간 감각으로, 또 후각으로 초점을 이동한다.

최종적으로는 감각회로 활동으로 수집한 통찰을 활용해서 다른 사람과 공유할 뭔가를 만들 수 있다. 이 공유물은 콜라주가 될 수도 있고 조각이나 보물찾기 놀이 혹은 곧 있으면 소개할 나의 의뢰인 하나가 그랬듯이 스크램블드에그 한 접시가 될 수도 있다.

　공유물이 뭐든 언뜻 보기에는 엉뚱하고 무의미한 놀이처럼 보이는 것에서 구체적이고 의미 있는 결과물을 이끌어내면 다시 좌뇌가 활성화되고 우리는 최고의 질문에 대한 답을 발견하게 된다.

꿈꾸고 구상하기

　지금부터가 본격적으로 흥미진진해지는 때이다. 놀면서 창조하기 단계에서 자유로운 연상을 통해 얼마나 많은 통찰을 얻었는지 깨닫게 되면 자연스럽게 들뜬 상태가 될 것이다. 이제는 그러한 통찰을 토대로 아이디어를 도출할 차례다. 나에게 주어진 임무는 아이디어의 씨앗을 심어서 내가 할 수 있는 만큼 최대한 우람하게 키우는 것이다. 어차피 다음 단계인 걸러내기에서 아이디어에 가지치기를 하면서 다듬을 것이기 때문에 지금 단계에서 아이디어가 마구 뻗어나간다고 해서 걱정할 필요는 없다.

　익숙한 영역, 곧 내가 속한 산업이나 지리적 위치, 제품 라인, 관례 등에서 벗어나서 나의 비전이 환상적으로 실현된 모습을 그려보라. 있는 대로 '욕심'을 부려보고, '그 외 확인하기Else Check'라고 이름을 붙인 간단한 검사를 해보자. 다음과 같이 질문해 보면 된다. 그 외 무엇을 할 수 있는가? 그 외 어떠한 방법으로 할 수 있을까? 그 외 어떠한 시점에? 버진그룹은 '그 외 확인하기'를 통해 달에 호텔을 짓겠다는 생각을 했다. 게다가 버진은 이미 달을 오갈 수 있는 수단까지 마련해 놓았다. 이제는 내 차례다. 내가 가진 비전을 가장 대담하게 펼치자. 큰 꿈을 꾸자.

그 다음에는 심호흡을 하고 내 앞에 새롭게 펼쳐진, 내 손에서 새롭게 태어날 세상을 편집자의 눈으로 바라볼 차례다. 이 때 구조화해야 한다. 한 걸음 물러나서 불필요한 부분은 없는지 살펴보고, 아이디어와 통찰력을 하나로 통합하라. 변혁을 촉발하는 데 필요한 여러 제품과 서비스, 상황, 상호작용을 체계적으로 분류하라. 이 과정을 거쳐 최후에 얻은 통찰이 바로 미래를 열어갈 열쇠가 된다. 이를 통해 미래 잠재력을 실현할 수 있는 비전과 방안, 전략을 얻을 수 있다.

발견의 공간ZoD의 세 번째 단계인 걸러내기에서는 다시 현실이라는 맥락으로 돌아가서 시간과 사람, 돈이라는 측면을 고려할 때 꿈을 어떻게 실현할 수 있을지 분석한다. 그러기는 위해서 이전 단계에서 그린 꿈을 더 작은 프로젝트로 쪼갠 다음 단계적으로 살펴볼 것이다. 그리고 이 과정을 거쳐 '현재에서 미래까지 포트폴리오Now-to-Future Portfolio'가 완성될 것이다.

9장

**구체적이고 실행 가능한
비전 만들기**

걸러내기

꿈꾸고 구상하기에서 얻은 대략적인 청사진을 끝으로 우뇌를 사용하는 발견하기 단계에서 좌뇌를 활용하는 걸러내기 단계로 넘어가게 된다. 걸러내기란 도출한 청사진이 가리키는 비전을 명료하고 객관적으로 측정할 수 있는 사업 계획으로 변환하는 작업이다. 사실 아이디어를 실행하는 걸러내기 단계에서 혁신을 이루려는 노력이 대부분 물거품으로 돌아간다. 통찰력 있는 아이디어를 얻는 일과 그처럼 좋은 아이디어에 전념하는 일은 분명 다르다. 아이디어를 실현하기 위해 지속적으로 전념할 수 있는 가장 좋은 방법은 커다란 아이디어를 작은 프로젝트로 분할하여 작지만 도달 가능성이 높은 목표를 설정하고 이를 하나씩 이루어가는 것이다. 지금부터는 청사진을 면밀하게 분석할 차례이니 집중하자.

최대 가치 시나리오: R^3OI

꿈꾸고 구상하기 스텝의 활동을 되짚어보자. 이 스텝에서 자기가 또는 의뢰인(여기서 의뢰인이란 고객이나 상사, 파트너 등 우리가 솔루션을 설계해 주어야 하는 사람을 의미한다.)이 직면한 문제를 해결하는 데 필요한 제품과 서비스, 조건, 상호작용이 무엇인지 확인하며, 변화를 이루기 위한 계획까지 대략적으로 세우는 일이다. 그 과정에서 문제를 해결하고 변화를 촉발하기 위해서 무엇이 필요한지도 이해할 수 있다. 이렇게 얻은 지식과 이해가 핵심 통찰을 이룬다.

꿈꾸고 구상하기 스텝에서 도출한 나의 거대한 꿈을 다시 살펴보자. 지금부터는 이를 실현하기 위한 구체적인 계획을 그려보면서 그러한 계획이 사람들에게 어떠한 가치를 제공하며 이를 수행하는 데에 얼마만큼의 비용이 드는지 생각해보자. 나의 회사나 고객, 주주, 공급업체 그리고 파트너에게 중요한 것이 무엇인지 고민해보고, 이들뿐 아니라 내가 소속된 지역사회와 국가, 환경 그리고 인류에게 무엇이 최선인지 구체적으로 따져보자. 그랬다면 이제 '최대 가치 시나리오 Maximum Value Scenario, MVS'를 도출할 준비가 된 것이다. 최대 가치 시나리오란 내가 직면한 문제와 관련된 모든 당사자들에게 더 나은 가치를 약속하는 거대한 아이디어이며, 이것이야말로 직면한 문제를 해결하는 확실한 최고의 방안이다. 최대 가치 시나리오가 최고의 해결책인지 어떻게 알 수 있느냐고? 내가 R^3OI라고 부르는 세 가지 기준에 따라 신중하게 분석해보면 된다.

기업들이 혁신을 이루기 위해 헌신적으로 노력하기를 꺼리는 이유는 바로 투자수익률Return On Investment, ROI이 보장되지 않기 때문이다. 이러한 경향을 감안하면 훌륭한 아이디어가 종종 버려지는 이유를 이해할 수 있다. 기업들은 '획기적인' 혁신이 필요하지만 그와 동시에 혁신적인 아이디어가 성공하리라는 보장을 바란다. 그러나 이는 순전히 비합리적인 기대다.

혁신이란 세상에 존재하지 않던 것을 창조하는 일이라는 점을 잊지 말자. 점진적 개선을 혁신이라고 일컫는 게 아닌 이상(적어도 나는 그렇게 말하지 않는다.) 이제까지 경험해 보지 못한 일을 시도하려고 하는 것이다. 바로 이 점이 핵심이다. 혁신을 이루기 위한 노력에서 기존의 성공 사례를 최대한 배제하는 이유도 바로 이 때문이다. 그리고 새로운 무엇인가를 시도하려는 일에는 위험이 따르기 마련이다.

혁신을 이루려면 야수의 본능과 같은 대담함이 필요하다. 그렇다고 해서 앞뒤 가리지 않고 덤벼들라는 말은 아니다. 그보다는 오히려 ROI를 혁신에 적합한 방식으로 측정해야 한다는 의미다. 혁신 프로젝트를 완수한 결과 얻을 수 있는 금전적 수익은 ROI를 평가하는 방법의 하나일 뿐이다. 이제까지 존재하지 않던 것을 측정하기란 어려운 일이므로 수익을 직접적으로 측정하기보다는 위험도를 평가하는 데 초점을 맞추어야 한다. 따라서 혁신의 ROI를 제대로 정의하려면 "혁신 프로젝트에 어떠한 위험이 따르는가?"라는 훨씬 거시적인 질문을 던져야 한다. 그러기 위해서는 R³OI라고 정의한 혁신수익률 Return On Innovation(투자수익률이 아니다.)을 세 가지 지표에 따라 평가할 것을 제안한다. 그 세 가지 지표란 바로 적응력Resilience, 타당성Relevance 그리고 수익Revenue이다.

적응력

적응력이란 변화의 물결이 얼마나 거세든 이에 유연하게 대처하면서 자신의 핵심 강점을 유지하는 능력이다. 환경 변화에 대한 적응력이 뛰어난 프로젝트는 위험도가 낮다. 나는 누구이고 어디로 가고 있는지를 계속 염두에 두면 적응력을 가질 수 있다. 이러한 능력은 아무리 트렌드가 변하더라도 그 유용성을 잃지 않는다. 오히려 이러한 능력을 통해 트렌드에 적응할 수 있다. 마찬가지로 중요한 또 다른 능력은 변화를 예측하는 역량이다. 클라이드 프레스토비츠가 경제정책 비교연구(5장)에서 발견한 바와 같이 형식에 얽매이지 않는 사고방식을 지니면 적응력을 발휘할 수 있다. 다시 말해 환경이 변할 때 이에 대처할 수 있는 가장 현명한 방법이란 곧 자신이 무엇을 하는지가 아니라 자신이 누구인지에 초점을 맞추는 일이다. 음악이나 영화, 출판업계가 비즈니스모델을 위협하는 신기술에 선제적으로 대처했더라면, 혁신적으로 콘텐츠를 소비자에게 전달했을 테고 변화도 선도했을 테지만 사실 지금은 처절하게 싸우고 있지 않은가.

타당성

　타당성을 평가할 때는 형식을 고려해야한다. 지금이 바로 아이디어를 전달하고 공유하는 방법에 대해 고민하고, 아이디어가 사람들의 생활방식과 가치관에 어떠한 변화를 일으킬지 살펴볼 시점이다. 다음과 같은 질문을 던져보자. 사람들의 가족, 가정, 일터, 사회생활은 어떠한 모습인가? 그날그날 사람들이 직면하는 사회적 이슈에는 어떠한 것들이 존재하는가?

　이러한 사고의 상당 부분은 트렌드를 분석하는 작업의 일부이기도 하다.(트렌드 분석은 5년 이상 지속되지 않는 변화에 한정하여 사회가 네 가지 변화의 힘이라는 측면에서 어떻게 변화에 대응하는지 연구한다.) 발견의 공간ZoD에서는 두 단계에서 트렌드를 살펴본다. 첫 번째는 쏟아붓고 휘젓기 스텝이다. 이 과정에서 트렌드 분석 자료는 중요한 자극으로 활용된다. 두 번째는 트렌드 양상을 파악하여 시나리오를 개발하는 놀면서 창조하기 스텝이다. 두 스텝은 제품과 서비스의 타당성을 평가할 때 매우 중요한 역할을 한다.

수익

　혁신 프로젝트가 잘 정의되었다면, 비용과 수익을 예측하기란 어려운 일이 아닐 것이다. 그렇게 얻은 수치는 투자 의사결정을 지지하는 증거가 된다.

또한 비록 측정하기가 어렵긴 해도 장기적인 관점에서 보았을 때 혁신에서 거둘 수 있는 수익에는 훨씬 많은 것들이 있다. 그 가운데는 우선 특허나 노하우 같은 지적재산의 축적이 있다. 이렇게 축적한 지적재산은 다른 프로젝트에 활용할 수 있는 자원이 된다. 또 다른 수익은 혁신을 달성하는 과정에서 얻은 통찰이다. 이때 얻은 통찰을 기반으로 조직 전체의 학습과 사고리더십thought leadership을 증진할 수 있다. 마지막은 혁신을 이루기 위한 노력이 조직문화에 끼치는 영향으로, 3부에서도 살펴보겠지만 혁신은 조직 구성원을 더 행복하고 생산적으로 만들 수 있다.

R^3OI는 최대 가치 시나리오의 건전성을 질적으로 평가할 수 있는 도구다. 이제까지 존재하지 않았던 것을 양적으로 평가하기란 거의 불가능하기 때문에 질적 기준에 따라 평가할 필요가 있다. 그렇기 때문에 혁신 프로젝트의 성공을 적응력, 타당성, 수익 측면에서 평가하는 일이 중요한 것이다.

현재에서 미래까지 포트폴리오

최대 가치 시나리오를 최대한 활용하기 위해서는 일단 자신이 현재 취한 행동으로 인해 미래가 달라질 수 있다는 관점을 가져야 한다.

최대 가치 시나리오는 거대한 아이디어로서, 그 속에는 서로 연관되었지만 구분되는 아이디어들이 담겨 있다. 이러한 아이디어들을 활용하면 혁신을 이루기 위한 일련의 프로젝트를 설계할 수 있다. 최대 가치 시나리오를 최종적으로 걸러내는 과정에서 단기 · 중기 · 장기 혁신 프로젝트를 정의한다. 이처럼 다양한 프로젝트를 모아서 궁극적인 비전을 만든다. 그 결과 얻게 되는 최종적인 결과물이 바로 현재에서 미래까지 포트폴리오다.

단기 · 중기 · 장기 혁신 프로젝트가 내가 생각하는 대로 적절한지 확인하는 가장 손쉬운 방법은 스스로의 정서적 반응을 살펴보는 것이다. 한 걸음 물러나 최대 가치 시나리오를 큰 그림에서 바라보면 다음과 같이 알맞은 프로젝트를 찾을 것이다.

단기 프로젝트

단기 프로젝트는 손쉽게 달성할 수 있고 위험도 매우 낮은 아이디어로 구성된다. 아이디어를 보면 "이런! 우리가 진작에 시도했어야 하지만 그럴 계기가 없었던 프로젝트군."이라는 생각이 들 것이다. 그러한 아이디어를 세 개에서 다섯 개 정도 골라 단기 프로젝트 목록에 올려라.

중기 프로젝트

최대 가치 시나리오에 담긴 다른 몇몇 아이디어를 보면 조금 더 흥미를 느낄 것이다. 비록 어느 정도의 노력과 시간, 돈이 들겠지만 충분히 달성 가능한 아이디어며 그로 인한 이득 또한 분명하다.

장기 프로젝트

    장기 프로젝트야말로 꿈을 이룰 수 있는 궁극적인 프로젝트다. 만일 내가 가진 모든 것을 단 하나의 아이디어에 걸어야 한다면 바로 이 프로젝트가 될 것이다. 현재로서는 달성하기 어려운 듯이 보일뿐만 아니라 달성 방법 또한 다소 막연할지라도 비전을 실현하기 위해서는 반드시 이루어야만 하는 프로젝트다. 스스로 그 사실을 자연스럽게 알아볼 것이다. 만일 좌뇌에서 이 프로젝트가 지나치게 복잡해서 어려울 것이라고 주장하면, 우뇌에게 한 마디 단도직입적으로 항변할 기회를 주자. 이 프로젝트가 추구할 만한 가치가 있다는 직감이 드는가? 만일 그렇다면 이 프로젝트를 쫓아가자. 그에 따르는 위험은 계획을 수립하는 단계에서 충분히 조절할 수 있다.

거꾸로 계획하기

    모든 꿈이나 비전에는 나름의 구조가 있다. 꿈을 해체해서 그 속에 숨겨져 있던 구조와 모형을 파악하면 미래에 대한 큰 흐름을 그려볼 수 있다. 그러면서 비전을 이루려면 누가 또는 무엇이 더 필요한지 알 수 있다. 현재 나의 삶과 미래의 큰 그림 사이에 어떠한 차이가 있는지 깨닫고 나면 비전을 달성하기 위해 얼마나 많은 시간이 필요하고 또 어떠한 단계를 거쳐야 하는지에 대한 대략적인 감이 생긴다.

거꾸로 계획하기 과정을 거치면 장기 프로젝트를 실현하기 위해 무엇이 필요한지 역으로 추론할 수 있다. 그런 다음 비전을 이루는 데 필요한 것을 어떻게 마련할지에 관한 계획을 수립하면 된다. 나의 미래를 미래라는 시점에서 바라보면 내일의 목표와 오늘 당장 바쁘게 처리해야 할 일을 분명히 구분할 수 있다. 또한 명확한 비전을 토대로 도출된 계획을 실행하는 행동은 그 자체로 리더십을 발휘하는 행동이자 다른 이들에게 영감을 주는 행동이다. 사람들은 비전을 보면서 에너지를 얻으며 각자 무엇을 해야 하는지가 명료할 때 그리고 성공을 향한 길이 보인다고 느낄 때 최선의 결과를 낸다.

현재라는 관점에서(거꾸로 계획하기에서처럼 미래라는 관점이 아니라) 계획을 수립하는 것은 그저 우리의 소원을 미래에 투영하는 행동에 지나지 않는다. 이러한 접근 아래에서는 네 가지 변화의 힘에 대해 분석하거나 발견의 공간ZoD 여정을 통해 미래를 탐색하는 과정을 거치지 않기 때문에 미처 예측하지 못한 장애물과 변화에 맞닥뜨릴 확률이 훨씬 높아진다. 현재 시점에서 수립한 계획은 혼란스러운 변화에 직면했을 때 쉽게 흔들리며 결과적으로 시간과 인력, 돈을 낭비하게 된다.

반으로 쪼개기

모든 계획은 궁극적으로 최대 가치 시나리오를 실현하기 위한 목적에서 설계해야 한다. 그러려면 내가 이루고자 하는 최종적인 모습에서 출발하여 그에 이르는 과정을 측정 가능한 목표와 일정으로 쪼개어 나가면 된다. 물론 먼 미래에 대한 계획이기 때문에 상세한 부분까지 정확히 기술하기는 어렵겠지만 최선의 추정치로 시작하자. 시간이 지남에 따라 새로 얻은 정보를 업데이트하면 되기 때문이다.

첫 번째 조각

목표. 나의 최대 가치 시나리오를 통해 얻을 수 있는 결과는 무엇일까? 바로 장기 프로젝트의 성공이다. 최대 가치 시나리오를 다시 한 번 검토하면서 이 시나리오가 실현되었을 때 어떠한 성과를 얻을 수 있을지 생각해 본다. 업계에서의 인지도나 신규 시장 개척, 경제적 수입, 역량 개발, 명성, 지리적 확장, 인력, 문화, 사회적 이슈에서 나의 역할 등 다양한 측면을 고려해 보자. 여기서 중요한 것은 내가 생각하는 성공이 무엇인지 측정할 수 있도록 정의해 놓는 일이다.

시간. 장기 프로젝트를 달성하는 데에 얼마나 오랜 시간이 필요하다고 생각되는가?

사람. 나의 최대 가치 시나리오에는 어떠한 사람들이 포함되어 있는가? 내 고객은 누구인가?(유명인이나 기존의 지식층, 디지털 지식층 등) 프로젝트를 성공으로 이끌려면 어떻게 회사를 운영해야 하며 어떠한 팀을 꾸려야 하는가? 만일 팀에 마땅한 사람이 존재하지 않는다면 필요한 역할에 적합하다고 생각되는 사람의 특징과 요건을 그려본다.

돈. 나의 큰 그림에는 얼마나 많은 돈이 필요한가? 잠재적인 비용과 수입이 얼마나 되는지 대략적으로 계산해 본다. 이 과정이 어렵다고 해서 좌절하지는 말자. 핵심은 처음부터 끝까지 일단 한 번 그려보는 데 있다.

두 번째 조각에서는 장기 프로젝트를 완수하는 데에 드는 시간을 반으로 갈라 살펴볼 것이다. 예를 들어 10년짜리 프로젝트라면 앞으로 자신이 5년 뒤에 어떠한 지점에 와 있을지 생각해볼 차례다. 그 정도 시점에서 이루어야 할 단기나 중기 프로젝트도 함께 고려한다.

두 번째 조각

목표. 최대 가치 시나리오를 절반 정도 이룬 시점에 어떠한 성과를 거두는가? 예를 들면 중요한 파트너십을 체결한다든가 브랜드 정체성을 구축한다든가 조직 구성원을 대상으로 하는 교육 과정 실시가 있을 수 있다. 또한 이 시점에서 어떠한 결과물을 생산해낼지도 고려해야 한다. 그러한 결과물의 예로는 보고서나 도구, 브랜드 가이드, 훈련 매뉴얼 등이 있다.

시간. 첫 번째 조각에서 산정했던 시간의 절반이 소요된다.

사람. 목표를 절반가량 달성한 때 어떠한 사람들과 어울리고 있을까? 파트너나 직원, 고객, 사회적이거나 직업적으로 교류하는 인물들을 고려해 보자. 정부나 공공기관에 나에게 도움이 될 만한 사람도 포함되어 있을까? 지역사회 리더나 사업가는 어떠한가?

돈. 어떠한 종류의, 얼마나 많은 수입과 비용이 발생할까? 다시 한 번 최선의 노력을 기울여 이 시점에서 필요한 비용과 얻을 수 있는 수입을 계산해 보라.

계속해서 큰 그림을 절반씩 쪼개어 나간다.(이 과정에서 홀수 년은 내림하여 쪼갠다. 예를 들어 5년을 절반으로 나누어 2.5년을 만들기보다는 2년으로 쪼갠다.) 각 조각에서 목표와 시간, 사람, 돈이라는 네 가지 측면을 모두 살펴본다. 1년 뒤까지 쪼갰다면 이를 다시 6개월로, 3개월로, 1개월로, 2주로, 1주로…… 그리고 하루 뒤로 쪼개보라. 그 과정에서 내가 가지고 있던 큰 그림은 훨씬 현실적인 빛깔을 띠면서 심장 박동이 점점 빨라짐을 느낄 것이다. 이제 내 손에는 분기별로 달성해야 할 구체적인 행동 계획이 들려 있다.

이것이 바로 나의 미래 계획이다. 지금으로부터 하루 뒤, 일주일 뒤, 2주 뒤, 1개월 뒤에 어떠한 활동을 하고 있을지 그려보는 일은 매우 중요하다. 그러한 활동은 전화 통화를 하거나 약간의 연구를 하거나 "바로 그거야!" 아이디어를 몇 개 수집하거나 회의를 소집하는 것처럼 매우 간단할 수도 있다. 이처럼 평범하고 일상적인 활동을 통해 내가 그리는 비전에 조금씩 더 가까워질 것이다.

첫 걸음 떼기

일단 시작한다는 자체가 중요하기 때문에 지금 주어진 자원을 가지고 첫 걸음을 떼라. 기회를 포착하고 다른 사람들의 지원을 받을 수 있는 곳으로 움직이라. 내가 곧바로 동원할 수 있는 사람과 자원을 확인하고, 손쉽게 달성할 수 있는 목표부터 찾아보라.

내가 할 수 있는 만큼 노력하고, 어렵다고 해서 쉬이 물러서지 말라. 예를 들어 만일 내 프로젝트 가운데 특정 부분의 성공이 30층에서 일하는 성미 고약한 남자를 설득하는 데 달려 있다면, 당장 그의 사무실로 달려가라. 마냥 기다려서는 안 된다. 명확한 시간 계획과 구체적인 목표를 설정하라. 마냥 기회가 오리라고 허송세월을 보내서는 안 된다. 끊임없이 움직여라.

> 설령 올바른 길을 선택했다 하더라도 마냥 주저앉아 있다면 도태될 것이다.
>
> — 윌 로저스 Will Rogers

어떠한 장벽도 자신을 가로막게 내버려두지 않았던 이크발 콰디어의 사례를 다시 떠올려 보자. 콰디어는 자신의 계획 가운데 특정 부분이 장애물에 가로막히면 다른 방향으로 선회했다. 그때에도 다시 장벽에 가로막히면 또 다른 전략을 모색했다. 이런저런 장벽을 극복하면서 그라민폰을 제대로 출시하기까지는 4년이라는 시간이 걸렸다. 그동안 그는 사비까지 몽땅 투자해야 했고, 그렇다고 해서 마땅한 소득이 있었던 것도 아니었다. 게다가 자신이 꿈꾸었던 미래가 실현되리라는 보장은 어디에도 없었다. 그러나 콰디어는 자신의 비전에 대한 신념이 확고했고 이를 이룰 수 있으리라고 믿었다. 다른 모두가 불가능하다고 생각했지만 그는 끈질기게 노력했다. 마침내 그라민폰이 극적인 성공을 거두자 비로소 콰디어는 선지자로 인정받았다.

―――――

선지자는 미래학자의 또 다른 이름이다. 발견의 공간$_{ZoD}$에서는 미래학자처럼 생각하고 콰디어와 같은 영웅으로 거듭날 수 있는 과정을 체계적으로 안내한다. 다음 두 장에서는 나의 의뢰인들이 어떻게 이 과정을 거쳐 성공을 거두었는지 살펴볼 것이다. 이들의 경험을 토대로 독자 여러분도 자신만의 발견의 공간$_{ZoD}$ 과정을 시작하여 자기 삶에 미래학자의 원칙을 적용해보기를 권한다. 그에 필요한 '미래학자처럼 생각하는 비법'은 책의 말미에 실었다.

10장

내가 누구인지
파헤쳐 보기

나는 누구인가?

　조직 행동이나 재무, 마케팅, 리더십, 기업가정신, 기술, 운영 관리를 비롯해 특정한 비즈니스 주제를 솜씨 좋게 다룬 책은 많다.《미래학자처럼 생각하라》는 하나의 비즈니스 주제를 다룬다기보다 모든 분야에서 적용 가능한 전략과 혁신의 밑그림을 제공하는 것을 목표로 한다.

　그런데 미래학자처럼 생각하기와 직접적으로 관련 있는 비즈니스 분야가 하나 있다. 바로 브랜드 전략이다. 자신이 누구인지 정의하는 데에 초점을 맞추는 발견의 공간ZoD의 경우 본질적으로 브랜드화 과정과 동일하다고 볼 수 있다. 브랜드 전략은 한 마디로 "나는 누구인가?"라는 질문에 대한 답을 찾는 것이기 때문이다.

　브랜드 전략에는 다른 분야와는 비교도 안 될 정도로 많은 용어가 존재한다. 이는 아마도 '브랜드'를 구축하는 작업 자체가 일률적으로 체계화될 수 없기 때문일 것이다. 그 결과 브랜드 약속, 브랜드 포지션, 브랜드 개성, 브랜드 자산, 브랜드 스토리, 브랜드 이미지 등 온갖 용어가 난무하고 있다. 그 용어를 만든 사람이야 쉽게 이해하겠지만 그 밖의 다른 사람은 이해하기 어렵다.

몇몇 단어로 '브랜드'를 정의하기 어려운 이유는 브랜드화라는 과정 자체가 논리적인 언어가 아니라 주관적인 언어로 이루어지기 때문이다. '브랜드' 속에는 이미지와 상징, 비유, 전형, 기억과 같이 모호하고 감각적인 요소들이 뒤얽혀 있으며, 그러한 요소들 간의 복잡한 관계 속에서 브랜드라는 용어가 정의된다. 브랜드를 정의하는 과정은 결국 브랜드의 본질과 목적을 찾는 과정이기 때문에 종종 북극성을 찾는 탐험으로 비유되기도 한다. 그러나 필자가 보기에 자기 자신이 누구인지 알면 브랜드는 간단히 정의된다.

브랜드를 명료하고 객관적인 언어로 표현하기 위해서는 그에 앞서 감각적이고 주관적인 형식으로 표현하는 과정을 거쳐야 한다. 그런 다음에야 비로소 객관적인 언어를 통해 글자나 디자인, 패키징, 브랜드 경험 등 '브랜드'라는 제목 아래 포함되는 온갖 것들을 표현할 수 있다.

한편 자기 자신이 누구인지 이해하면 단순히 브랜드를 정의하는 것 이상의 이득을 얻을 수 있다. 가령 어떠한 제품이나 서비스를 제공해야 하는지 어떠한 비즈니스모델이 적절한지 어떠한 활동이나 관례, 표준이 적합한지 알 수도 있다. 만일 업계 흐름과 반대되는 방향으로 나아가거나 대담한 혁신 프로젝트의 R^3OI를 분석하고자 한다면 바로 이러한 지식이 든든한 후원군이 되어 줄 것이다. 자신이 누구인지 이해하고 싶다면 우선 우리 뇌의 생경한 부분을 주의 깊게 살펴보아야 한다. 그곳은 바로 우뇌다.

이 장에서는 우뇌를 깊이 연구해보면서 "나는 누구인가?"라는 질문과 관련된 여러 의미와 정체성, 비유, 꿈 등 온갖 흥미롭고 주관적인 측면을 파헤쳐 보려고 한다. 이해를 돕기 위해서 쿡스 오브 크로커스 힐Cooks of Crocus Hill의 칼 벤슨Karl Benson과 마리 드와이어Marie Dwyer의 사례를 소개한다. 이들은 좌뇌에서 우뇌로, 다시 좌뇌로 기어를 바꾸면서 "쿡스 오브 크로커스 힐은 누구인가?"라는 질문에 대한 명료한 답을 도출할 수 있었다.

―――――

몇 해 전 칼과 마리를 처음 알게 되었을 당시 이들의 사업은 커다란 전환점을 맞고 있었다. 당시 쿡스 오브 크로커스 힐은 미니애폴리스에 매장을 두 군데 두고 있던 고급 주방용품 가게이자 요리 학교로서 열정적인 단골 고객층이 탄탄한 기업이었다. 칼은 총괄 임원을 맡고 있었고, 마케팅 임원이었던 마리는 회사의 놀라운 성장에 기여한 일등공신이었다.

이 당시 칼은 마셜 필즈Marshall Fields[1]와 협상을 벌이고 있었다. 쿡스라는 기업의 정신에 매력을 느낀 마셜 필즈는 쿡스와의 협업을 통해 새로운 요리도구 브랜드를 개발하고 매장에 견본 부엌을 설치하는 등 주방용품 부문을 재편성하기를 원했다. 칼과 마리는 마셜 필즈와 연계되어 있는 유명 요리사 모임인 컬리너리 카운슬Culinary Council과 함께 매장을 방문한 고객들에게 새로운 경험을 안겨주고자 했다. 말하자면 쿡스 오브 크로커스 힐은 마셜 필즈의 요리도구 브랜드에 쿡스만의 감각을 가미하는 일종의 큐레이터 역할을 맡을 예정이었다. 굉장한 기회임이 분명했다.

마셜 필즈는 주방용품 매장에 쿡스라는 마법을 더하여 고객에게 영감과 열망을 불러일으키는 매장을 설계하고자 했다. 칼과 마리는 쿡스만의 개성을 파악한 다음 이를 전국적으로 퍼져 있는 마셜 필즈의 매장에 고스란히 전파할 수 있는 방법을 찾아야 했다.

그러기 위해서 칼과 마리는 쿡스가 다른 기업과 차별화되는 측면이 무엇인지 찾아야 했으며, "사업이 굴러갈 때 대체 무엇이 굴러가고 있는가?"라는 질문에 대한 본질적인 답을 구해야 했다. 이에 대해 고민하던 칼은 당시 필자가 동료와 함께 미니애폴리스에서 운영하고 있던 '브랜드 시어터 워크숍Brand Theater Workshop'이라는 이름의 발견의 공간ZoD 프로그램에 등록했다. 워크숍에는 칼뿐만 아니라 기업의 정체성과 미래에 대한 통찰을 얻고자 하는, 다양한 산업에 종사하는 참가자들이 합류했다.

칼은 금세 워크숍에 대한 기대로 부풀었다. 그러나 이미 마케팅이나 브랜드에 관한 수업과 세미나에 참석한 경험이 풍부한 마리는 발견의 공간ZoD 워크숍이 시간 낭비가 되지는 않을까 우려했다. 칼은 "브랜드 워크숍이라면 그만됐어!"라고 불평하는 마리에게 이 워크숍은 다를 것이라고 말했고, 실제로 두 사람에게 놀라운 결과를 가져다주었다.

정의하기

나에게 혁신 프로그램을 설계해달라고 의뢰하는 이들 중 상당수는 "혁신과 디자인씽킹 경쟁력 구축하고 싶습니다."라는 식으로 이야기한다. 이게 대체 무슨 말인가?

'역량'과 같은 비즈니스 용어를 '혁신'이나 '디자인씽킹'과 같은 최신 유행어와 결합하는 경향은 흔히 찾아볼 수 있다. 안타깝게도 이러한 식으로 기업의 요구를 표현하면 그 기업에 필요한 것이 정확히 무엇인지 알 수 없다. 그렇기 때문에 발견의 공간ZoD 과정은 조직의 특수한 문화와 가치를 반영하여 조직이 필요로 하는 것을 정의하는 단계에서부터 시작한다.

워크숍이라는 형식이 주는 이점은 바쁜 일상과 스트레스로부터 벗어날 기회를 가질 수 있다는 것이다. 이메일이나 전화 통화, 마감일자, 긴급회의에서 모두 해방되면 새로운 아이디어를 쉽게 수용하는 동시에 이를 철저히 해부해 볼만한 여유가 생긴다. 그렇지만 관심의 초점을 일상에서 워크숍으로 옮기는 데는 약간의 시간과 도움이 필요하다.

워크숍에 참가한 사람들은 대개 미처 변경하지 못한 회의 일정이나 답변하지 못한 이메일, 자녀의 방과 후 활동 등 크고 작은 일들에

온통 마음이 빼앗겨 있다. 그간의 경험에 비추어 봤을 때, 이러한 상태를 애써 내쫓기보다는 오히려 이를 정의하기 단계에 착수하기 위한 출발점으로 삼는 편이 좋다.

첫 번째 활동: '해야 할 일' 목록 만들기 바쁜 일상 속에서 가까스로 시간을 내서 워크숍에 도착한 사람들의 머릿속은 온갖 '해야 할 일들'로 가득 차있기 때문에 워크숍에 온전히 몰입하기 어렵다. 우리 뇌가 기어를 바꾸도록 만들기 위해서는 관심을 끄는 모든 것을 나중을 위해 제쳐 두어야 한다. 그래서 제일 먼저 참가자들에게 워크숍이 끝났을 때 '해야 할 일'에 대한 목록을 만들도록 했다. 이 목록은 발견의 공간ZoD 워크숍이 진행되는 동안 언제든지 수정할 수 있으며, 워크숍이 종료될 때 다시 이 목록을 꺼내서 목록을 수정하고 우선순위를 정하는 시간을 갖는다.

이 목록의 첫 번째 영역에는 마음속에 당장 떠오르는 대로 모든 할 일을 적는다. 예를 들어 마리의 목록에는 세 번째 지점 개점 준비, 간판 디자인, 자체 상표 개발 그리고 마셜 필즈를 홍보할 수 있는 방안 고민 등이 포함되어 있었다. 이 목록의 두 번째 영역에는 직장에서 실제로 수행하는 모든 활동을 적는다. 마지막 영역에는 소속된 조직에서 각 부서별로 대응해 주어야 하는 일을 기술한다.

이 목록을 만들어내기가 막막할 수도 있다. 그러나 이 목록은 워크숍의 말미에 자신이 실제로 하는 활동들이 나아가는 방향과 일치하는지 분석할 때 굉장히 유용하게 활용된다. 이 목록을 활용하면 자신이 가진 시간과 재능이 진정으로 자신을 위한 방향으로 사용되고 있는지 아니면 단순히 소모되고 있을 뿐인지 판단할 수 있다. 자신이 나아가고 있는 방향과 충돌하는 목표나 활동, 기능은 제거해야 한다. 반대로 자신이 올바른 방향으로 나아가는 데 필요한 목표나 활동, 기능이 빠져 있다면 이를 보충해야 한다.

정의하기: 목표

일단 머릿속을 말끔히 비웠다면, 다음은 워크숍을 통해 각자가 무엇을 얻어가고 싶은지 살펴볼 차례다. 무엇을 느끼거나 배우거나 실행하면서 워크숍을 마치고 싶은지 생각해보는 시간을 가진다.

두 번째 활동: 발견의 공간ZoD 목표 이 활동에서 각자가 워크숍을 통해 이루고자 하는 바를 기술한다. 자신의 목표가 남들 눈에 얼마나 똑똑하거나 예리하거나 자기중심적이거나 유치하거나 건방져 보이든 관계없이 가급적 솔직하고 평이한 언어로 써내려간다. 서로의 목표에 대해 이러쿵저러쿵 판단하지 않는다.

마리는 공책의 맨 처음에 두 가지 목표를 적었다.

머릿속에서 칼Karl 내쫓기!
우리가 고려해야 했지만 미처 그러지 못한 것들에 대해 통찰 얻기

참, 칼과 마리가 부부라는 사실을 언급했던가? 나는 다행히도 미래학자이지 결혼 상담가가 아니기 때문에 마리의 첫 번째 목표는 웃으면서 넘길 수 있었다. 워크숍에서 마리는 두 번째 목표를 중점적으로 살펴보았고, 여기에 다른 목표들을 차차 추가했다.

정의하기: 탐구 주제

이 단계는 굉장히 중요하다. 예를 들어 혁신 프로그램을 설계하기 위해서는 '혁신'이 무슨 뜻인지 정확히 정의할 수 있어야 한다. 쿡스 오브 크로커스 힐의 경우 탐구 주제는 당연히 브랜드였으므로 이들에게 '브랜드'란 무엇인지 정의하도록 했다.

세 번째 활동: 브랜드란 무엇인가? 이 활동에서 단어 선택에 주의를 기울이면서 자신의 생각을 가장 정확하게 담고 있는 표현을 찾는다. 참가자들은 매직펜을 손에 쥔 채 커다란 종이를 벽에 붙여놓고서 저마다 "브랜드란 무엇인가?"에 대한 답변을 한두 줄씩 적었다. 마리의 종이에는 다음과 같은 내용이 적혔다.

존재감
식별되거나 반영되어 있는
언어적
순간적 아이디어

경험의 본질을 포착하는

그 다음 작은 팀을 이루어 각자가 내린 정의를 공유했다. 각 팀은 논의를 거쳐 브랜드를 가장 잘 정의한다고 생각되는 문장을 완성했다. 그 다음 팀마다 대표가 한 명씩 나와서 자신의 팀이 브랜드를 어떻게 정의했는지 발표했다. 그리고 이 모든 과정에서 참가자들은 인상적인 단어나 구절을 각자 메모했다.

―――――

앞에서와 같은 활동을 거치면서 우리 뇌는 분석적 사고에서 연상적 사고로 옮겨간다. 해야 할 일 목록을 작성하면서 워크숍을 시작하는 이유 가운데 하나는 사고의 초점을 좌뇌에서 우뇌로 재빠르게 전환하기가 어렵기 때문이다. 해야 할 일 목록을 작성하는 목적은 마치 강아지를 본격적으로 훈련시키기에 앞서 잠시 놀아주어야 하는 이유와 비슷하다. 머릿속을 떠다니는 잡다한 소리(좌뇌)를 쏟아낸 다음에야 비로소 쏟아붓고 휘젓는 활동(우뇌)을 할 수 있는 상태가 된다.

이 워크숍에서는 브랜드를 정의한 다음 브랜드의 기능에 대해 조금 더 심층적인 토론을 진행했다. 해당 기업이 누구이고 기업을 이루는 본질이 무엇인지 대표하는 것이 브랜드라면 브랜드를 구성하는 요소 가운데 어떠한 것이 우뇌와 관련이 있고 어떠한 것이 좌뇌와 연관되어 있는지 분류했다. 이를 통해 자신이 누구인지 탐색하고 표현하는 과정은 결과적으로 L-R-L 절차를 따르게 했다.

마리는 쿡스라는 브랜드의 기능에 대해 아래와 같이 썼다.

진실을 말하는
진정성 있는
유일무이한
경험을 함축하는
비유?

워크숍이 진행되면서 점차적으로 우뇌가 활성화되기 시작한다. 우선 좌뇌를 활용하는 앞선 활동인 목록 작성을 통해 앞으로의 활동을 위한 일종의 이정표를 만들었다. 이 이정표는 워크숍 내내 끊임없이 다듬을 수 있는 재료가 되며, 그 과정에서 참가자들은 서서히 우뇌를 활용할 준비 상태로 돌입할 수 있다.

네 번째 활동: 브랜드 목적 기술하기 참가자들은 각자가 대표하는 브랜드에 대한 핵심적통찰(주관적인 우뇌의 세계)에 접근하면서 이를 객관적인 좌뇌의 언어로 한번 표현해 보았다. 브랜드 목적을 기술하는 활동은 워크숍을 관통하는 활동으로, 이 단계에서 브랜드 목적을 처음으로 작성한 다음 2단계인 발견하기에서 그 의미를 탐색하고 3단계인 걸러내기에서 새로운 언어로 다시 작성한다.

목적 기술하기를 시작하자마자 사람들은 곧 언어라는 것이 얼마나 어렵고 모호한지 깨닫게 된다. 듣는 이의 마음을 뒤흔들어 자신이 창조하려는 미래를 실현하는 데 동참하도록 영감을 주는 대신 통상 다음과 비슷한 결과물을 내놓는다. "우리는 모든 이를 돕고…… 훌륭한 일을 ……하기 위해 존재한다." 마치 미스 아메리카라도 된 듯한 이러한 발언은 사람들의 사기를 진작하고 영감을 퍼트리기에는 턱없이 부족하다. 이 활동이 쉽지 않다는 사실은 칼과 마리가 작성한 목적에서도 명백히 드러난다.

마리: "사람들에게 훌륭한 음식 알리기"
"사업을 확장하고 성장시키는 고통을 이겨내면서 브랜드 존재감을 유지하고 키워나가기. 쿡스의 정체성을 지켜나가기"[2]

칼: "쿡스의 정체성 지켜나가기"

마리가 적은 것에는 쿡스에 대한 기대가 반영되어 있긴 했지만, 브랜드 목적을 구체적으로 담는 데는 실패했다. 사실 놀랄 일은 아니다. 정답을 알 수 없는 질문에 직면하면 우리 뇌는 자동적으로 차선의 답을 찾게 되어 있다. 칼 또한 목적을 기술하는 데 어려움을 겪었다. 얼마나 어려웠던지 마리의 답을 베꼈을 정도다!

이처럼 모호한 목표가 쿡스를 대표하는 명석하며 열정적인 두 홍보대사에게서 나왔다는 사실에 주목하자. 칼과 마리는 우뇌적인 감각을 통해 쿡스 오브 크로커스 힐을 독특하게 만드는 것이 무엇인지 직관적으로는 알고 있었지만, 이를 좌뇌의 언어로 객관화하는 데 이르자 어려움을 겪었다. 이러한 어려움을 극복하기 위해 또 다른 목록을 작성했다.

다섯 번째 활동: "바로 그거야!" 촉발하기 이번 활동에서 참가자들은 이유야 어찌 되었든 "바로 그거야!"라는 반응을 유발하는 인물과 장소, 아이디어, 모형, 경험, 분위기, 대상, 환경, 스타일 등을 찾아보았다.

정확히 어떠한 이유에서 "바로 그거야!" 반응을 경험했는지 생각해보는 대신(앞서 설명했지만 발견하기 단계에서는 좌뇌 활동을 최소화해야 한다) 그저 "나는 누구인가?"라는 질문과 관련해서 생각했을 때 자신에게 의미가 있다고 느끼는 것이면 무엇이든 기록한다.

참가자들은 "바로 그거야!"라는 반응을 촉발하는 상황을 다음의 네 가지 범주로 나누어 생각했다.

브랜드. 어떠한 브랜드를 볼 때 영감을 받는가? 우리는 먼저 참가자들에게 애플이나 스타벅스, 구글 등 세계적으로 유명한 브랜드 가운데 자신의 마음을 사로잡는 브랜드를 적어보도록 했다. 그 다음 자신이 열렬히 아끼는 브랜드나 예전부터 관심이 있었던 브랜드, '제대로 구축한' 지역 브랜드, 자석과도 같은 매력이 있는 브랜드, 이미 오래 전에 사라졌지만 여전히 기억에 남는 브랜드 등을 생각해 보았다.

이때 브랜드를 고르는 기준은 없다. 브랜드의 이미지나 마케팅이 마음에 들건 경영 방식이나 리더십, 문화, 시스템이 좋건 어려움을 극복한 방식이나 대외적인 행보 때문이건 모두 좋다. 다시 말하지만 브랜드를 선정하는 유일한 기준은 그 브랜드가 자신의 마음을 사로잡는지 여부였다.

조직. 조직이란 공동의 규칙이나 규율이 존재하는 협업 단위를 말한다. 조직이라는 범주는 브랜드보다 훨씬 더 포괄적이다. 조직은 비즈니스 기업을 의미할 수도 있지만 지역사회 단체나 싱크탱크, 공공·민간 기관(의회, 도서관, 학교, 재단, 건축사무소, 세계경제포럼, G20, 기부단체 등)도 조직에 포함된다. 동네에서 개를 산책시키는 모임이나 참가자가 오래전부터 부러워했던 가족 또는 토지신탁회사가 될 수도 있다. 사람들의 뇌와 가슴에 내려앉아 "바로 그거야!"라는 반응을 촉발한 단체라면 얼마든지 이 목록에 오를 자격이 있다.

경험. 참가자들에게 기억에 남는 장소나 다른 이들과 교류했던 경험을 떠올리도록 했다. 참가자들은 너무도 인상적이어서 눈을 비비고 다시 쳐다보아야 했거나 웃음이 나거나 분노가 치밀었거나 혹은 곰곰이 생각에 잠기게 되었던 경험을 찾았다. 어린 시절을 비롯해 여행, 파티, 산책, 예술, 심오한 대화, 고객 서비스 담당과의 상호작용 등을 떠올렸고 가정이나 기업, 소매점, 박물관, 레스토랑, 기관에서 겪은 일들과 가장 좋아하는 영화 속 장면, 감동적인 연설, 두려움을 극복하거나 목표를 달성한 순간, 인생의 전환점 등을 생각했다.

사람. 참가자들은 자신만의 영웅을 적어 내려갔다. 이미 별세했든 살아 있든 직접적으로 아는 사이든 멀찍이 떨어져 동경하는 사람이든 상관없이 최고의 질문에 부합하는 자질을 갖췄다고 생각되는 인물을 떠올려 보도록 했다. 사상이나 태도, 창조성, 여유, 대인관계, 적응력, 성취, 영웅적 행동, 리더십, 끈기, 관용, 유머, 겸손과 같은 측면에서 감동을 준 인물들에 누가 있는지 목록을 작성하였고, 이 목록에 적힌 이름을 토대로 각자가 처한 상황이나 직면한 문제에 대해 "……라면 어떻게 했을까?"라는 질문을 던져보도록 했다. 자신의 영웅이 어떠한 식으로 대처했을지 상상해보면서 자신이 놓인 상황을 새로운 관점에서 바라볼 수 있다.

마리의 경우 "바로 그거야!"를 촉발하는 것들의 목록을 막힘없이 작성해나갔기 때문에 별다른 예시가 필요하지 않았다. 마리의 목록에는 다음과 같은 것들이 포함되었다.

런던의 비벤덤Bibendum 건물
블루버드Blue Bird
피렌체Florence의 갤러리 아트 호텔Gallery Art Hotel
시카고의 블루밍데일Bloomingdale's 백화점 외관
이케아Ikea
스페인의 엘불리El Bulli 레스토랑

보덤Bodum 사의 코펜하겐 머그컵
코펜하겐 공항
스톡홀름·바르셀로나의 시장
탐험
발견
경탄
환상

여섯 번째 활동: 브랜드 목적 기술하기 2부 "바로 그거야!" 목록을 적은 다음 참가자들은 브랜드 목적을 다시 한 번 기술했다. 우리는 참가자들에게 3분 동안 머릿속에 떠오른 단어나 문장을 쉬지 않고 써내려가라고 말했다. 끊임없이 글을 쓰는 행위는 옳고 그름을 판단하고 검열하는 좌뇌의 활동을 최소화하며, 자유롭게 연상하고 놀라운 발견을 환영하는 우뇌의 활동을 자극한다. 3분 동안 어떠한 식으로든 꾸준히 글을 써내려가면서 참가자들은 온갖 종류의 즉흥적인 생각들이 머릿속에 가득 차오르는 것을 경험할 수 있다.

다음은 마리가 쓴 글의 일부를 발췌한 것이다.

음식에 대한 지식이 바로 이곳에서 표현되고 공유된다. 음식을 먹을 뿐 아니라 감상하고 맛보며 음식에 귀를 기울이는 것. 요리사와 작가, 박식한 친구, 학생, 고객이 음식에 대해 서로의 경험을 교환하는 것. 사람들이 음식에 흥미를 갖도록 유도하고, 음식에 무관심한 사람들을 끌어들이는 것. 음식을 먹지 않고 사는 사람은 없다. 음식은 우리 모두의 마음·영혼의 핵심에 자리한다. 우리는 다른 사람들의 미식 경험을 공유하고 싶다.

3분이 지나고 자신이 횡설수설 기술한 내용을 검토하면서 "바로 이거야!"라는 느낌이 오는 단어나 구절, 아이디어를 메모한다.

일곱 번째 활동: 브랜드 가치와 속성 그리고 열망 정의하기 단계의 마지막 활동이다. 참가자들은 각자의 브랜드에 내재된 가치와 속성 그리고 포부를 검토했다.

브랜드 가치. 가치를 제대로 파악하기란 까다로운 작업이다. 사람들은 종종 브랜드를 고유하게 정의하는 가치가 무엇인지 정확히 분별하지 않은 상태에서 언뜻 보기에 좋아 보이는 가치는 모조리 가져다 붙이려고 한다. 정직성을 예로 들자. 이러한 가치를 마다할 사람이 누가 있겠는가? 그렇다면 열정은? 진정성은 또 어떠한가? 바로 그렇기 때문에 문제가 생긴다. 브랜드 가치는 지나치게 과장되는 동시에 너무도 흔해빠져서 무의미해진다.

발견의 공간ZoD 워크숍에서 핵심 가치를 파악하는 단계에 접어들면 참가자들에게 어떠한 가치가 위배되었을 때 몹시 마음이 상하는지 생각해보는 데서 출발하라고 말한다. 도저히 묵과할 수 없어서 분노가 끓어오르는 일이 있었는가? 이 분노는 바로 그 일이 자신의 핵심 가치를 위배하기 때문에 생기는 감정일 확률이 높다.

지금까지 활동에서 소극적으로 마리의 의견과 목록을 그대로 따랐던 칼은 이 질문에 대해서는 단번에 답을 내놓았다. 그를 분노하게 만드는 것이 무엇이었나? 윌리엄스 소노마Williams-Sonoma. 서르 라 타블Sur La Table. 그 외에도 여러 전국적인 프랜차이즈 기업과 쿡스와 함께 경쟁하는 몇몇 지역 브랜드들. 칼은 이렇게 말했다. "오직 제품만 따지는 회사들이죠. 온갖 것을 다 가져다놓은 카탈로그 같아요. 반면 우리는 요리학교가 핵심이에요. 추가로 매장을 한두 개 운영할 뿐이죠. 우리가 판매하는 제품 중에서 우리 요리학교에서 요리사들이 실제로 사용하지 않는 제품은 없어요. 저와 마리 또한 집에서 우리가 만든 제품만 사용합니다. 다른 회사들이 자동차 판매사나 마찬가지라면 우리는 진정한 요리사라고 할 수 있어요."

자신이 무엇을 싫어하는지는 대체로 명백하다. 그리고 이를 활용하면 자신이 무엇을 좋아하는지 그리고 자신이 누구인지 정의하는 데 도움이 된다. 칼과 마리는 금세 다양한 가치를 써내려갔다. 그 목록을 자세히 살펴보자 일부 중복되는 가치가 있었기 때문에 추가적으로 의미가 비슷한 가치를 묶는 작업을 했다.

- 열정, 호기심, 에너지, 몰입
- 진정성, 정통성
- 따뜻함, 친절함, 공감

이러한 분류를 거쳐 칼과 마리는 최종적으로 열정, 정통성, 전문성, 공유라는 네 가지 가치를 뽑아냈다.

브랜드 속성. 우리는 참가자들에게 다음과 같은 질문을 던졌다. 당신의 브랜드에는 어떠한 특징이 있는가? 어떠한 형용사가 어울리는가? 다른 사람이라면 당신의 브랜드에 대해 어떻게 생각할 것 같은가? 칼과 마리가 아래와 같이 기술한 쿡스의 브랜드 속성에는 쿡스만의 분위기와 특징이 반영되어 있다.

- 균형적인
- 따뜻한
- 교육적인
- 상호적인

브랜드 포부. 우리는 계속해서 질문했다. 어떠한 대상이나 활동에서 영감을 받는가? 당신의 관심을 끌고 시간 가는 줄 모르고 빠져들게 만드는 것이 무엇인가? 쿡스의 목록에는 다음과 같은 항목이 포함되었다.

- 여행
- 미식 경험
- 디자인

차차 보게 되겠지만, 이렇게 도출한 브랜드 포부는 차후에 브랜드 목적을 다시 기술하는 과정에 반영된다. 쿡스의 경우 위와 같이 표현된 브랜드 포부는 '관계 구축하기'와 '음식으로 사람과 사람을 연결하기'라는 목적으로 발전한다.

여덟 번째 활동: 브랜드 자산 검토 발견하기 과정을 종합적으로 마무리하는 활동이다. 이제까지 작성한 모든 재료, 곧 브랜드 자산을 취합한다. 여기에는 브랜드에 대한 정의와 목적, 브랜드의 가치와 속성 그리고 포부, 기존의 미션(쿡스의 경우 '음식을 발견하는 과정 공유하기'), 핵심 통찰("우리는 요리학교가 핵심이에요. 추가로 매장을 한두 개 운영할 뿐이죠.") 그리고 로고가 포함된다. 참가자들은 각자 수집한 브랜드 자산 컬렉션을 훑어보면서 전체적인 주제나 내용, 분위기 면에서 눈에 띄는 공통점이나 차이점을 찾아보았다.

자신이 도출한 객관적인 표현이 주관적인 현실에 부합하는지 알아보는 최고의 방법은 바로 다른 사람의 피드백을 구하는 것이다. 이를 위해 참가자들은 파트너와 함께 브랜드 자산을 다시 한 번 검토했다. 파트너는 자신이 동의하는 부분에서 찬성의 의사를, 동의하지 않는 부분에서는 반대 의사를 표했다.

발견하기

발견의 공간ZoD 과정의 정의하기 단계에서 참가자들은 일련의 구조화된 활동에 참여했다. 7장에서도 언급했지만 "나는 누구인가?"라는 질문에 대한 답을 찾기 위해 설계된 이 활동의 목적은 마치 네 살짜리 아이가 쿡쿡 찌르면서 묻듯이 가장 기초적이고 구체적인 수준에서 정체성을 정의하는 것이다. 이어지는 발견하기 단계에서는 정의하기 단계에서 우리 자신에 대해 알게 된 지식을 토대로 한층 더 무의식적인 수준을 탐험할 것이다. 이 단계에서는 정신분석학자 칼 융의 연구가 매우 유용하기 때문에 우선 융이 제안한 열두 가지 원형을 소개한다.

―――――

일반적으로 원형이란 보편적으로 수용되는 상징이나 용어, 행동 양식을 의미한다. 원형은 신화나 이야기 속에 흔히 등장한다. 영웅이나 현자, 치유자, 무법자, 연인 등이 그러한 원형의 예다. 융에 따르면 원형은 "모든 인간의 공통된 토대를 이룬다. 각 개인은 원형을 토대로 저마다 삶의 경험을 축적하며 그 과정에서 각 개인만의 독특한 심리적 특성의 조합이 발달한다."[3] 원형을 통해 우리는 모든 개인의 독특한 성격과 동기, 삶의 이야기를 보편적인 삶의 목적이나 가치, 성취에 대한 이야기로 바꾸어 이해할 수 있다. 비유하자면 우리는 저마다 인생에서 넘어야 할 산이 있으며, 각자가 지닌 고유한 철학과 성향은 앞에 놓인 산을 넘어가는 방식에 영향을 미친다. 그리고 산을 오르는 전략에는 열두 가지 종류가 있다. 어떠한 수단을 활용해 어떠한 방식으로 정상에 오를지 전략을 정하면 자신과 비슷한 도전에 직면한 사람들과 공감대를 형성할 수 있다. 그리고 칼과 마리가 깨달았듯이 바로 이러한 공감대가 브랜드의 근간을 이루며, 고객에게서 "바로 내 얘기야!"와 같은 반응을 일으키는 힘이 된다.

발견의 공간ZoD 워크숍의 발견하기 단계에 접어들면 제일 먼저 참가자들에게 융이 제시한 원형 그리고 각 원형과 관련된 가치와 브랜드를 나열한 표를 나누어 준다.(도표10.1) 그리고 나서 참가자들에게 "내가 생각하기에 나는 누구인가?"라는 질문에 대해 생각하면서 이 질문과 관련된 통찰을 한두 가지 찾아보라고 이야기 한다. 자신을 발견하는 과정에서 스스로가 어떠한 원형에 속하는지 판단할 때에는 스스로가 어떠한 일을 하는 사람인지 고려하는 대신 자신이 누구인지 고려하는 것이 매우 중요하다. 우리는 종종 행위와 존재를 헷갈려한다. 특히 비즈니스 세계에서는 더욱 그렇다. 그러나 원형은 자신의 세계관과 욕구를 표상하는 것으로, 자신의 행위가 아닌 자신의 가장 근본적인 존재 방식을 의미한다.

나의 경험에 따르면 우리는 일차원적인 존재가 아니기 때문에 1순위와 2순위 원형을 파악하는 것이 현실적일뿐 아니라 다음 단계에서 이루어지는 활동에 더욱 깊이를 더할 수 있다. 그에 따라 참가자들은 정의하기 단계에서 수집한 자료(브랜드 정의, 목적, 가치, 속성, 포부, 기존 미션, 슬로건 그리고 로고)를 염두에 둔 채 스스로에 대해 성찰해본 다음 자기 자신과 자기 회사의 브랜드를 가장 잘 기술하는 원형을 두 가지 선택한다.

예를 들어 버진의 근본적인 성향은 미개척지를 대담하게 개척하는 정신이다. 어떠한 산업이든 버진이 벌이는 모든 일에서 그러한 성향이 드러나며, 이러한 성향으로 인해 버진이 새로운 사업을 시작하면 사람들은 버진이라는 브랜드를 즉각적으로 알아보게 된다.(버진은 현재 200개가 넘는 기업을 거느린 거대한 그룹이 되었다.) 버진의 성격을 한 마디로 정의하면 건방지다는 것이다. 버진은 슬쩍 윙크를 지으면서 기존의 관습을 거꾸로 뒤집기를 즐긴다. 그렇다면 버진의 원형은 무엇일까? 일차적인 원형은 버진의 지향성이나 목적과 비슷한 성향을 지닌 탐험가일 것이며, 이차적인 원형은 버진의 유쾌한 성격을 반영하고 있는 광대일 것이다.

도표10.1

원형	가치	브랜드
순수한 아이	신념, 경외, 순결	디즈니Disney, 아이보리Ivory, 네이처스 게이트Nature's Gate, 헬로키티Hello Kitty, 아베다Aveda
치유자	공감, 관용, 박애, 신뢰	AT&T, 캠벨Campbell's, 볼보Volvo, 밀크오브 마그네시아Milk of Magnesia, 올스테이트Allstate
통치자	책임감, 효율성, 체계성, 성취, 럭셔리	샤퍼이미지The Sharper Image, 렉서스Lexus, 아메리칸 익스프레스American Express, 랄프로렌Ralph Lauren, 〈월스트리트저널Wall Street Journal〉

10장 나는 누구인가?

원형	가치	브랜드
광대	재미, 쾌락, 오락	벤 앤 제리Ben & Jerry's, 모틀리 풀Motley Fool, 〈더 데일리 쇼The Daily Show〉, 버진
평범한 남자 혹은 여자	평등, 품위, 사회, 신뢰성, 상식, 건전함	〈피플People〉, 갭Gap, 새턴Saturn, 조지 부시George W. Bush, 월마트Walmart
연인	사랑, 아름다움, 성, 여성성·남성성	게스Guess, 홀마크Hallmark, 재규어Jaguar, 빅토리아 시크릿Victoria's Secret, 베르사체Versace
영웅	용기, 정의, 훈련, 성취	나이키Nike, "리브스트롱Livestrong", 긱 스쿼드Geek Squad, 뉴욕소방국FDNY
무법자	혁명, 반항, 파괴, 카타르시스	할리데이비슨Harley-Davidson, MTV, 폭스Fox, 더티걸Dirty Girl, 마돈나Madonna, 잭 다니엘스Jack Daniels, 타바스코Tabasco
마법사	변혁, 영성, 자기결정	마스터카드MasterCard, 칼곤Calgon, 보톡스Botox, 다논Dannon, 레드불Red Bull
창조자	혁신, 자기표현	마사 스튜어트Martha Stewart, 애플, 모바도Movado, 타겟Target
탐험가	진정성, 모험, 개인주의	스타벅스, 아마존Amazon, 리바이스Levi's, 웰스파고Wells Fargo
현자	지혜, 교육, 진리, 전문성	CNN, 조셉 캠벨Joseph Campbell, MIT, 오프라 윈프리Oprah, 〈뉴욕타임스New York Times〉

출처: 마가렛 마크Margaret Mark & 캐럴 S. 피어슨Carol S. Pearson, 《영웅과 무법자: 원형을 토대로 탁월한 브랜드를 구축하는 법The Hero and the Outlaw: Building Extraordinary Brands Through the Power of Archetypes》 (뉴욕: 맥그로힐, 2001)

원형은 많은 신화와 이야기의 근간을 이루는 요소이기 때문에 매우 유용하게 활용될 수 있다. 각 유형은 모두 세상에서 무엇인가를 달성하고자 하며, 그렇기 때문에 저마다의 목표를 이루어가는 여정이 담긴 이야기 구조를 자동적으로 내포하고 있다. 워크숍 참가자들은 자신이 선택한 두 가지 원형에 함축된 이야기를 생각해 보았고, 참가자들에게 다음과 같은 요소를 고려해볼 것을 주문했다.

간단히 말해서 이야기는 갈등을 해결하는 구조를 가지고 있으므로 이야기의 등장인물에게는 저마다 나름의 목적과 방향성이 있다. 자신이 직면한 갈등을 파악하고 해결하는 과정이 곧 이야기의 내용이다. 바로 지금이 "나는 누구인가?"라는 질문의 핵심에 접근할 수 있는 또 다른 기회다. 자신의 두 가지 원형을 활용하면 자신의 이야기 속에 존재하는 문제와 그에 대한 해결책을 발견할 수 있다. 그리고 그 과정에서 자신이 누구인지 좀 더 구체적으로 정의할 수 있다. 어떠한 갈등이 존재하는가? 그에 대한 해결책은 무엇인가? 이야기 속 주인공은 누구인가?

바로 자기 자신이다. 그렇다면 이야기 속에서 나의 목적은 무엇인가?
참가자들은 각자가 대표하는 브랜드에 어떠한 역사가 숨겨져 있는지 살펴보는 데서부터 시작했다. 창립자의 이야기는 무엇인가? 통상 사업가들은 다음의 세 가지 요인이 조합되었을 때 기업을 창립한다. (1) 고객들의 욕구 가운데 아직 충족되지 않은 부분이 있음을 발견한다. (2) 이를 충족하기 위해 무엇을 할 수 있는지 여러 가지 가능성을 따져본다. (3) 자신의 아이디어를 실행할 수 있는 기회를 발견한다. 창립자의 이야기는 곧 기업의 목적을 그대로 보여주는 원형적 이야기다.

칼과 마리가 발견의 공간ZoD 워크숍에 참여하고 있을 당시 쿡스 오브 크로커스 힐의 창립자인 마사 캐머Martha Kaemmer는 여전히 회사에서 주도적인 역할을 맡고 있었다. 마사는 요리에 대한 사람들의 경험과 생각을 "제대로 바꾸어 놓겠다."라는 일념으로 1973년에 회사를 창립했다. 그녀가 가지고 있던 비전과 비즈니스모델의 핵심에는 바로 요리학교가 있었다. "요리에 대한 사람들의 태도를 바꾸려면 사람들을 교육하는 것보다 더 효과적인 일이 있을까?"라고 마사는 질문했다. 그때부터 교육은 쿡스라는 회사의 목적을 구성하는 본질적 요소가 되었다.

칼과 마리가 쿡스에 합류하게 되었을 때 마사는 기쁜 마음으로 두 사람을 환영했다. 칼과 마리에게는 쿡스의 미션을 실행하는 데 필요한 유쾌한 에너지와 열정이 있었다. 기업가정신으로 무장한 칼은 사람들과 어울리기를 좋아했고, 마리는 쿡스라는 브랜드에 견실한 기반을 마련하고 섬세한 뉘앙스를 더했다. 세 사람은 서로에게 깊은 감사를 느끼고 있었다. 칼과 마리는 마사가 창조한 성과에 대해서, 마사는 칼과 마리가 에너지와 리더십을 발휘하여 쿡스를 현재의 위치에 올려놓은 것에 대해 고마운 마음을 가지고 있었다.

다시 워크숍으로 돌아가면, 참가자들은 충분한 시간을 들여 융의 열두 가지 원형을 살펴보았다. 통상 사람들은 서너 개의 선택지를 두고 고민하게 되는데, 자신에게 가장 잘 맞는 유형을 고르기 위해서는 각 원형을 구분 짓는 특성이 무엇인지 자세히 살펴보아야 한다. 우리는 참가자들에게 브랜드의 이미지나 스타일은 신경 쓰지 말고 창립자의 이야기에 담긴 동기와 갈등 그리고 문제 해결 방식을 살펴보라고 권했다. 그러고 나서 그것이 현재 기업의 비전과 목적에 얼마나 부합하는지 생각해보면서 브랜드에 가장 적합한 원형을 고르라고 안내했다.

쿡스 오브 크로커스 힐의 경우 마사의 이야기에는 창조자(창조하고 표현하는 행위는 쿡스라는 브랜드의 핵심적인 요소임)와 탐험가(사람들에게 새로운 경험을 소개하려는 욕구), 현자(사람들을 변화시키기 위한 도구로서 교육을 활용하려는 태도) 그리고 치유자(가정을 중시하는 정신)의 모습이 담겨 있었다. 쿡스는 주방을 놀이터라고 본다는 측면에서 창조자가 가장 중요한 1차 원형으로 선택되었다. 2차 원형으로는 쿡스가 하는 모든 활동(제품 개발부터 컨설팅과 요리 수업 진행까지) 가운데 교육이 핵심적인 위치를 차지한다는 이유로 현자가 선정되었다.

쏟아붓고 휘젓기

쿡스라는 브랜드의 원형이 창조자와 현자라는 것을 파악하면서 칼과 마리는 "나는 누구인가?"라는 질문에 한 발짝 더 다가설 수 있었다.

더 심층적으로 브랜드 목적을 살펴보기 위해 감각회로 활동이 이어졌다. 감각적 자극은 뇌의 회로를 일시에 활성화한다. 그러면 특별한 경험이 담긴 기억과 감정, 맥락, 상상 등이 뒤얽히면서 직접적으로 감각이 자극된다. 참가자들은 각자 '말할 수 없이 좋은' 감각적 자극을 주는 물건을 골랐다. 칼과 마리가 참여한 워크숍 참가자들은 다음과 같은 자극을 골랐다.

- 분위기, 이야기, 인물, 시각적 자극: 영화 〈필로우 북The Pillow Book〉
- 강렬한 이미지: 잡지 〈아트 인 아메리카Art in America〉와 기타 예술 서적
- 말과 구절: 문학과 시
- 환경과 디자인 미학: 라이프스타일 잡지와 디자인 서적
- 청각: 다양한 장르의 음악이 담긴 아이팟 나노
- 촉각: 스트레스볼, 보드라운 양말, 점토, 암석, 솔방울, 3D핀 임프레션패드, 물이 가득 찬 고양이 정수기

이외에도 감각적 자극은 무수히 많이 떠올릴 수 있을 것이다. 예를 들어 냄새나 맛, 꽃을 활용할 수도 있고, 비디오 게임이나 다양한 촉각(차가운, 뜨거운, 따가운, 간지러운······), 소리(카페에서 사람들이 나누는 대화, 흐르는 강물 소리, 새의 지저귐, 도시 소음, 부엌에서

달그락거리는 소리, 아이들의 울음, 스포츠 행사나 결혼식장에서 들리는 소리……), 색채, 신체적 활동(줄넘기, 사방치기 놀이, 스트레칭, 근력운동……) 등이 있다.

감각회로 활동의 목적은 합리적인 판단이나 이유 없이 그저 본능적으로 이끌리는 대상을 찾는 것이다. 칼과 마리를 비롯한 참가자들은 자극을 하나씩 선택하여 3분간 이를 탐험하는 시간을 보냈다. 그 시간 동안 참가자들은 자신이 경험한 반응을 공책에 기록했다. 3분이라는 시간은 하나의 자극에 너무 오래 머무르지 않고 계속해서 다양한 자극을 탐험할 수 있을 정도로 짧은 시간이고, 각각의 자극을 가지고 충분히 유희할 수 있을 정도로 긴 시간이다. 3분이 지날 때마다 알람이 울린다. 참가자들은 추가적으로 1분을 할애하여 3분 동안 생각하고 성찰한 내용을 정리했다. 다음 자극으로 넘어갈 준비를 하는 데는 30초가 주어진다.

마리는 다양한 자극에 노출되었을 때 경험한 느낌을 다음과 같이 기록했다.

- 조경을 다룬 잡지를 읽고: "좋지도 않은 가구에 대한 광고가 너무 많아서 싫음. 내 취향보다 지나치게 '상업적'이다." 그래도 마리는 펜실베이니아 주에 있는 식물원을 찍은 오래된 사진만은 좋게 평가했다.
- 영화 〈필로우 북〉 속 한 장면을 보고: 마리는 피부에 붓질(캘리그래피)하는 장면과 삶의 이야기를 몸 위에 풀어놓는 것, 사랑과 예

술에 대한 찬사 그리고 엔딩 크레디트의 타이포그래피가 마음에 든다고 기록했다.

- 잡지 〈표면Surface〉을 읽고: "좋은 광고들이 실림. 마치 잡지 〈월페이퍼Wallpaper〉 같다." 마리는 잡지가 세련됐다고 생각하면서도 "내가 갈색 유리를 좋아하는지는 잘 모르겠다."라고 덧붙였다. 그녀는 마음에 들었던 건물의 외부 계단에 대해 메모했고, 플라스틱이 다시 인기 있는 재료가 되고 있다는 사실을 반기면서 "이 잡지는 내가 좀 전에 봤던 건축 잡지보다 훨씬 흥미롭다."라고 평했다.

- 13세기 페르시아 시인이자 수피교 신비주의자인 루미Rumi의 작품을 읽고: 마리는 우선 책의 겉표지에 대한 인상을 기술하는 데서부터 시작했다. "표지에 실린 여러 색실로 만들어진 태피스트리 그림이 좋음. 오래된·낡은·익숙한 것들을 생각하게 됨. 시라서 다행이다. 도움이 된다." 그 다음 마리는 자신에게 인상적이었던 구절을 몇 가지 인용했다. 그 가운데에는 "걱정에서 벗어나라"와 "상자 밖에서 생각하기"가 있었다.

- 〈아트 인 아메리카〉를 보고: "이 잡지를 골라서 매우 다행이다. 노랑은 언제나 옳다. 그림을 그리고 싶어진다. 시간과 노력을 충분히 기울이면서 자유롭게 그림을 그리고 싶다. 5쪽에 있는 그림이 마음이 든다. 소름 돋을 정도로 좋다. 아버지는 늘 킴 노박Kim Novak이 유망한 예술가라고 생각했다. 1963년 런던의 골디락스Goldilocks(뜨겁지도 차갑지도 않은 이상적인 경제 상황을 의미 - 옮긴이). 시각

적 이미지가 뇌에 많은 자극을 주는 것 같다. 바르셀로나의 그 가이드가 기억나는지?"

감각회로 활동을 마친 참가자들은 무엇을 느꼈는지 그 가운데 어떠한 테마가 주를 이루었는지 그리고 이 과정이 종합적으로 어떠했는지 정리했다. 이 시간에 마리는 "시간이 너무 부족했다. 나는 생각이 너무 많다. 예술과 건축이 주요 테마임. '싫어하는' 것들에서 시작해서 점차적으로 내가 좋아하는 것들로 관심이 옮겨갔음."이라고 적었다.

사실 마리가 기록한 내용은 마리를 제외한 다른 사람에게는 큰 의미가 없을 것이다. 그러나 독자로서 우리는 마리의 메모를 통해 우뇌의 연상 작용이 어떻게 작동하는지 살펴볼 수 있다. 마리 또한 이 과정의 목적이 무엇인지 깨달으면서 자신이 끌리는 것과 끌리지 않는 것이 무엇이고 어째서 그러한지에 대한 통찰을 얻을 수 있었다.

고객들이 회사에서 제공하는 제품이나 서비스를 훑어볼 때에도 (말 그대로든 비유적으로든) 고객의 머릿속에는 정확히 이와 똑같은 현상이 일어난다. 온갖 반응이 촉발되는 가운데 고객의 우뇌에서는 다양한 기억과 연상이 얽히면서 제품이나 서비스에 숨겨진 의미를 찾아낸다. 브랜드는 고객의 머릿속에서 일어나는 기억과 연상 작용을 한 방향으로 정렬하는 역할을 한다. 그리고 그렇게 정렬하기 위해서는 융이 제안한 원형이라는 개념이 매우 유용하게 쓰일 수 있다. 칼과 마리는 창조자-현자 조합이 쿡스에 가장 적합하다고 생각했다. 그렇다면 이들의 임무는 선택한 원형이 쿡스라는 브랜드에 실제로 반영되도록 만드는 것이다.

2003년에 에모리대 의과대학의 신경과학자인 클린턴 킬츠Clinton Kilts는 뇌영상 실험을 진행했다. 연구 결과에 따르면 사람들에게 자신이 정말로 좋아하는 제품을 제시했을 때 자기 이해 및 성격과 관련된 뇌 영역(중앙의 전두 피질)이 활성화되었다. 결과적으로 우리는 스스로에 대해 가지고 있는 자아상에 부합하는 제품을 선택한다.

출처: 론 프랭크Lone Frank, 〈우리 뇌가 우리의 구매 행동에 대해 말해주는 것How the Brain Reveals Why We Buy〉(사이언티픽 아메리칸Scientific American) 2009년 11월 2일, http://www.scientificamerican.com /article.cfm?id=neuromarketing-brain.

이제는 감각회로 활동을 마무리할 차례다. 참가자들은 빈 종이의 맨 위에 자신이 그전에 기술했던 브랜드 목적과 자신이 선택한 두 가지 원형을 적었다. 그 다음 참가자들은 감각회로 활동을 통해 얻은 자료를 검토하면서 각 자료를 다음의 네 가지 범주로 분류했다. (1) 직접적으로 관련 있음, (2) 간접적으로 관련 있음, (3) 관련은 없지만 그냥 좋음, (4) 싫음.

여담이지만 대기업에서 이 워크숍을 진행할 때면 참가자들은 "이 활동을 할 때 나라는 개인에게 초점을 맞춰야 하나요? 아니면 조직에 초점을 맞춰야 하나요?"라는 질문을 종종 한다. 대답은 당연하지만 둘 다에 관심을 기울여야 한다는 것이다. 이 경우 "나는 누구인가?"라는 질문에서 자신은 곧 조직의 브랜드를 의미한다. 그렇지만 이 책에서 소개한 활동을 수행하면서 각 참가자는 (조직의 목적과 원형에 대한 관련성을 유지하는 선에서) 개인적인 관점에서 자극에 반응해야 한다. 이때 워크숍에 참여한 각 개인의 목적은 브랜드를 자신만의 주관적인 형식으로 표현하는 것이며, 각자 나름의 연상 작용을 거쳐 얻은 결과물은 브랜드를 정의하기 위한 집단적 노력을 더욱 풍부하게 만든다. 워크숍이 끝날 때 사람들은 각자가 수집하고 도출한 내용을 취합하여 브랜드의 목적과 원형, 자산에 대한 합의를 도출하게 된다.

쏟아붓고 휘젓기 단계에서 "바로 그거야!"를 되도록 많이 수집하고 분류한다. 다음 단계는 이 자료를 구조화해서 "나는 누구인가?"라는 질문에 대한 최종적인 답을 찾는 것이다.

놀면서 창조하기

"나는 누구인가?"라는 질문에 대한 발견의 공간ZoD 워크숍의 궁극적인 목표는 내적 경험과 외적 표현을 일치시키는 것이다. 놀면서 창조하기 단계에서는 이제까지 발견한 통찰을 콜라주나 조형물 등 실제적인 결과물의 형태로 창조함으로써 주관적인 발견을 객관적인 형식으로 변환하는 작업을 수행한다.

"나는 누구인가?" 참가자들이 이제까지 모은 재료를 가지고 콜라주를 만들기 시작하자 워크숍이 진행되는 방 안에는 잡지를 잘라내고 뜯어내는 소리가 요란히 울렸다. 감각회로 활동을 거치면서 참가자들은 다양한 비유와 경험에 개방된 태도를 갖추게 되었고, 그에 따라 콜라주에 활용할 재료를 폭넓게 고려할 수 있었다.

이렇게 제작한 콜라주 혹은 '브랜드 세계brand world'는 워크숍 다음 날 다른 참가자들과 함께 공유될 예정이었다. 다음 날 참가자들은 브랜드의 목적을 시각적으로 표현한 소품을 발표하거나 사람들이 직접 경험할 수 있는 작품을 가져와야 했다. 이 활동의 목적은 참가자들이 어떠한 통찰을 얻었는지 서로 이해할 수 있도록 공유하는 것이다.

다음 날 참가자들은 각자 준비한 작품을 가지고 다시 모였고, 칼과 마리 또한 쿡스의 "브랜드 세계"를 발표했다. 자신들이 꾸민 무대를 보여주겠다는 열의에 가득 찬 두 사람은 주방용 카트를 끌고 앞으로 나왔다. 카트에는 음식과 주방용품이 가득했고 철판도 보였다. 칼과 마리의 뒤로는 다음과 같은 내용이 담긴 단어와 이미지가 조화롭게 어우러진 콜라주가 전시되어 있었다.

- 주방용테이블
- 마늘
- 열풍선
- 〈라이온 킹The Lion King〉
- 엄마와 아기
- 마돈나
- 다리
- 토마토
- 오래된 책상
- 책
- 끓는 냄비에서 나오는 증기
- 닭고기 스프
- 스톡홀름과 바르셀로나의 시장
- 리무Limoux 지방의 농장

- 아이들
- 작은 부엌
- 온고지신
- 농산물 직판장
- 유칼립투스 오일의 향기
- 독특한 건축물
- 놀람과 유머
- 지역사회
- 빈 그릇
- 오트밀
- 시칠리아 Sicily
- 스포츠카
- 프랑스
- 잠
- 푹신푹신하고 오래된 소파
- 투박함
- 밝은 조명
- 유리그릇
- 접시돌리기
- 자연
- 친밀함

칼과 마리는 쿡스라는 브랜드의 본질을 담은 유쾌한 발표를 선보였다. 두 사람은 영화 〈벨라 마샤 Bella Martha〉의 한 장면을 보여주면서 발표를 시작했다. 〈벨라 마샤〉는 독일의 로맨틱 코미디 영화로, 직업의식이 투철한 완벽주의 주방장 마샤가 삶의 여유와 재미를 사랑하는 부주방장을 만나 사랑에 빠지는 이야기를 다룬다. 두 주인공의 사랑은 소박한 부엌에서 음식을 만드는 과정에서 싹튼다. 칼과 마리도 바로 그러한 소박한 분위기의 부엌을 구현하고 싶어 했다. 칼이 말했듯이 음식은 그 음식을 준비하는 환경의 영향을 받는다. 그렇기 때문에 쿡스의 브랜드 정체성은 자연적 재료로 먹는 이의 감각을 일깨우고 자연스럽게 창의성을 촉발하는 따뜻하고 편안한 분위기의 부엌으로 대변된다. 칼은 이러한 부엌의 모습이 얼마나 중요한지 이야기했다. "쿡스는 비상업적인 부엌의 상징이에요. 우리는 가정이나 레스토랑에서 흔히 사용하는, 스테인리스강으로 만든 세련된 주방용품을 만들려는 게 아니에요. 그리고 대다수 사람들도 우리와 비슷한 생각을 하고 있을 것입니다. 우리는 부엌이라는 공간을 사람들이 삶과 사랑을 공유하기 위한 자연스러운 방법의 하나로서 음식을 함께 나누는 공간으로 재탄생시키고자 합니다."

마리와 칼이 발표하는 내내 이탈리아 가수 파올로 콘테Paolo Conte가 부른 〈벨라 마샤〉의 주제곡, 'Via Con Mi'가 흘러나와 관능성과 단순성을 찬미하는 유럽적인 분위기를 조성했다. 나는 나도 모르게 미소를 짓고 있었고, 발표를 듣는 다른 참가자들은 발로 박자를 맞추고 있었다(운동감각). 나와 함께 워크숍을 진행한 동료는 소리 내어 웃기도 했다. 칼이 냄비를 달구고 기름을 떨어뜨리자 지글지글하는 소리가 들려왔으며(청각), 마늘과 양파, 버섯을 썰어 기름에 볶자 맛있는 냄새가 났다(후각). 그동안 마리는 쿡스의 요리학교에서 가져온 신기한 조리 기구를 나누어 주면서 참가자들에게 직접 만져보도록 했다(촉각).

칼과 마리는 새로운 맛을 새로운 방식으로 경험할 수 있는 도구를 보여줌으로써 다른 참가자들이 자연스럽게 요리에 대한 호기심을 느끼도록 만들었다. 계속해서 이어진 두 사람의 발표, '부엌에서의 발레'는 너무도 조화롭게 구성되어 있어서 흡사 공연에 초대받은 것 같은 느낌을 주었다. 두 사람은 다른 참가자들에게 새로운 주방기구의 용도를 추측해 보도록 한 뒤(놀이), 칼이 맛있는 스크램블드에그를 준비하자 다 함께 나누어 먹었다(미각).

정교하게 구성된 두 사람의 발표는 굉장히 재미있었고, 발표가 끝나자 두 사람은 주체할 수 없을 정도로 흥분된 상태에 있었다. 칼은 몸을 청중 쪽으로 기울이면서 한 마디라도 더 할 기회를 노리고 있었고, 마리는 빠르게 손짓을 하면서 거의 춤을 추듯 무대를 돌아다녔다. 그들은 자신이 발표하는 내용이 쿡스의 정체성을 온전히 담고 있다고 느꼈다. 두 사람은 계속해서 "이거에요! 이게 쿡스에요! 바로 그게 우리입니다!"라고 말했다.

그런데 여기서 '그것'이란 무엇을 뜻하는 말일까? 조금 더 인내심을 가지고 들여다보자. 콜라주나 연극 등을 통해 브랜드를 다른 사람에게 전달하는 활동을 하는 과정에서 우리의 머릿속에서는 주관적인 우뇌 대신 객관적인 좌뇌가 활발히 작동하기 시작한다. 결국 이 활동의 목적은 '그것'이 무엇인지 파악해서 '그것'을 다른 사람들도 함께 경험할 수 있는 객관적인 형식으로 변환하는 일이었다. 그리고 '그것'은 피드백을 통해 다른 사람들의 관점과 의견을 통합하는 과정을 거치면서 더욱 풍부해질 수 있다. 이를 위해 우리는 모든 발표가 끝난 다음 참가자들이 서로에게 "당돌하고 과감하면서도 관대한" 피드백을 주도록 했다. 참가자들은 각 발표에 대해 다음과 같은 측면을 평가했다.

1. 발표 스타일: 발표하는 방식과 솜씨, 느낀 점

2. 발표 주제: 관심사와 이슈. 발표자는 무엇이 중요하다고 생각하고 있는가?

3. 이야기: 어떠한 문제를 해결하고 있으며(원형과 이어지는 부분임) 어떠한 측면에서 사람들에게 변화를 일으키는가?

4. 활동: 변화를 향한 길. 사람들이 어떠한 활동을 통해 당신의 브랜드와 상호작용할 것인가?

마지막으로 각 발표자는 다른 참가자들로부터 받은 피드백을 검토하면서 자신이 누구인지를 가장 잘 정의한다고 느껴지는 단어나 의견을 골랐다. 칼과 마리가 피드백을 선택하는 기준은 간단했다. '쿡스가 요리사로서 정체성을 유지하기 위해서 무엇이 필요한가?'였다. 아래의 표에는 그들이 선택한 내용이 담겨 있다.

도표10.2 쿡스의 스타일, 주제, 이야기 그리고 활동

스타일	주제	이야기	활동
상호작용적	세계적인	"부엌에서의 발레"	전문가적, 참여적
즐거움을 주는	교육	관리되는 혼란 가운데서 발휘되는 창조성	사람들의 창의성을 촉발하는 열정
감각적	다양한 요소와 사람, 욕구 사이의 균형	음식을 준비하고 공유할 때 비로소 피어나는 창조성	

스타일	주제	이야기	활동
예술적, 능숙하고 정교하지만 난해하지 않은, 야단스럽지 않은 촉각적 놀이	풍요 호기심		

이제 드디어 브랜드의 목적을 다시 한 번 기술할 차례다. 칼과 마리는 브랜드의 스타일과 주제, 이야기 그리고 활동을 살펴보면서 새롭게 발견한 단어를 활용하여 다양한 표현을 시도했다.

"쿡스는 대중에게 미식 경험을 전파하고자 한다."
"쿡스는 음식과 지역사회에 대한 의식을 높이고자 한다."
"쿡스는 음식과 경험의 가치를 고취하고자 한다."
"쿡스는 ……을 소통한다."
"쿡스는 교육·제품·환경을 통해 사람들에게 훌륭한 미식 경험에 대해 알리기 위해 존재한다."

그러고 나서 마리는 이전에 기술했던 브랜드 목적을 다시 꺼내 들었다.

우리의 목적은 음식과 요리를 사랑하는 사람들을 위한 도구와 교육을 제공하는 것이다. 음식을 새로운 차원에서 경험하기를 바라는 사람들의 손에 근사한 도구를 안겨주고, 음식과 관련된 교육을 제공하는 것. 진정으로 음식을 사랑하는 이들의 마음에 다가서고, 우리가 음식과 음식사에 대해 아는 모든 것을 공유하는 것. 음식에 대한 지식이 바로 이곳에서 표현되고 공유된다. 단지 음식을 먹을 뿐 아니라 감상하고, 맛보고, 귀를 기울이는 것. 요리사와 작가, 박식한 친구, 학생들이 음식에 대한 서로의 경험을 교환하는 것. 사람들이 음식에 흥미를 갖도록 유도하고, 음식에 무관심한 사람들을 끌어들이는 것. 음식을 먹지 않고 사는 사람은 없다. 음식은 우리 모두의 심장·영혼의 핵심에 자리한다. 우리는 다른 사람들의 미식 경험을 공유하고 싶다.

독자도 이 글의 흐름이 어느 순간 바뀌었다는 점을 눈치 챌 수 있을 것이다. 머릿속에 떠오르는 내용을 그대로 기술한 첫 번째 문장은 마치 뇌를 활성화시키기 위한 준비 운동과 비슷하다. '근사한'이라는 표현을 떠올리면서 마리는 쿡스의 존재 목적을 보다 개인적인 관점에서 접근하기 시작했다. 그 뒤로는 쿡스가 제공하는 경험의 혁신적인 측면이 보다 중점적으로 탐구되었다.

칼과 마리가 발표를 마친 다음 "이거에요! 이게 쿡스예요! 바로 그겁니다!"라고 내뱉었던 순간을 기억하는가? 그때 두 사람은 쿡스의 존재 목적을 이미 거의 정확한 언어로 표현하고 있었다. 정의하기와 발견하기 단계를 거치면서 이제까지 수행한 모든 활동을 토대로 쿡스의 존재 목적을 기술하려고 하자 어느 순간 놀랍게도 다음과 같은 문구가 마법과 같이 떠올랐다.

"우리의 목적은 음식과 미식 경험을 통해 즐거움과 유대를 창조하는 것이다."

존재 목적에 대한 문구는 거의 대부분 언제나 미완의 상태로, 시간이 지나면서 더욱 구체적이고 함축적인 문구로 발전한다. 여기서 중요한 점은 어떠한 단어를 선택하든 브랜드를 상징하는 변함없는 가치가 명료하게 담겨야 한다는 것이다.

슬로건. 슬로건은 고객과 직접적으로 소통하는 상황에서 브랜드의 존재 목적을 전달하기 위해 사용되는 문구다.[4] 슬로건에는 브랜드가 제공하는 서비스와 가치가 함축되어 있다. 다음은 좋은 슬로건의 사례다.

긱 스쿼드 고객은 편안히, 기술은 엄격히, 세계는 안전히.[5]
페덱스FedEx 전 세계 어디든 정시에.
타겟 더 많은 것을 더 저렴한 가격에.
샤퍼이미지 모든 것을 다 가진 이에게, 그 모든 것을 제외한 모든 것을.
사우스웨스트 항공 이제부터 어디로든 자유롭게 떠날 수 있습니다.

히브루 내셔널Hebrew National 우리는 더 높은 품질로 보답합니다.

클럽매드Club Med 문명에 대한 해독제.

참가자들은 위와 같은 기존의 슬로건에서 힌트를 얻어 각자 도출한 브랜드 목적을 최소한의 단어로 축약했다. 참가자들은 브랜드 목적을 다섯 단어로 줄였다가 다시 세 단어, 두 단어, 마지막으로는 단어 하나로 축약했다. 이처럼 적은 수의 단어에 과연 얼마나 많은 의미를 함축할 수 있을까?

칼과 마리는 다음과 같은 결과를 내놓았다.

"요리사 양성이라는 숭고한 예술"
"마침내 아이디어를 실현하다."
"요리 좀 건네주세요."
"울랄라!"
"와아."
"짠!"

그러나 쿡스라는 브랜드의 본질을 제대로 함축한 구절, 그래서 두 사람을 기쁨에 날뛰게 만들었던 구절은 다음의 다섯 단어짜리 슬로건이었다.

"삶의 모든 기쁨은 부엌에서 탄생한다."

꿈꾸고 구상하기

이 시점에서 칼과 마리는 쉬어갈 필요가 있었다. 힘든 작업을 많이 수행하여 만족한 성과를 거둔 두 사람은 아마 소파에 드러눕고 싶은 심정이었을 것이다. 다행히도 다음 활동인 꿈꾸기는 두 사람이 원하던 대로 한결 느긋한 분위기와 딱 들어맞는다.

"나는 누구인가?"라는 질문에 대한 답을 찾는 과정이란 결국 "아하!"라는 반응에 이름을 붙이는 과정이라고 할 수 있다. 최초의 "바로 그거야!"에서 시작해서 최종적으로 콜라주를 만들고 워크숍 활동을 일단락하기까지 모든 과정은 그 전 단계에서 발견한 결과물을 토대로 이루어진다. 이제까지 새로운 재료를 탐구하고 수집하며 분류하는 활동을 통해 자신이 찾고 있던 답이 눈앞에 놓여 있다는 것을 깨닫게 된다. 지금부터는 관심의 초점을 바꾸어서 이제까지 발견한 통찰을 신중하게 통합할 차례다.

이 활동은 다음과 같은 순서로 이루어진다.

지금까지 수행한 작업에서 한 걸음 물러난 다음 일관되게 나타나는 테마를 선별한다. 그로부터 어떠한 의미를 끄집어낼 수 있는지 생각해 본다. 그 다음 지금까지 머릿속에 불쑥 떠올랐던 모든 질문과 통찰, 즉 '와,' '아' 그리고 '아하!' 목록을 통합해 보자. 그러고 나서 이 목록을 10개의 테마와 10개의 통찰(다수의 통찰이 두세 개의 거대한 통찰로 합쳐지는 경우가 종종 있기 때문에 10개보다 적은 수의 통찰을 얻을 가능성도 충분하다.)로 함축해본다. 무엇이 보이는가?

각자 정리한 테마와 통찰을 나란히 펼쳐놓고 "나는 누구인가?" 그리고 "나는 어디로 가고 있는가?"라는 질문을 염두에 둔 채 아이디어를 생성하기 시작한다. 이 시점에서 아이디어는 자연스럽게 쏟아져 나오겠지만, 만일 아무리 생각해도 구체적인 아이디어가 떠오르지 않는다면 대략적인 느낌에 대해 메모하고 이를 최종 아이디어 목록에 포함시키자.

가장 마음에 드는 아이디어를 세 개 고른 다음 마구 뒤섞어 본다. 세 아이디어를 통합했을 때 어떠한 '빅' 아이디어가 나타나는가? 현재 처한 상황이 어떻든 일단 제쳐놓고 마음껏 상상의 나래를 펼치면서 풍선 불듯이 아이디어를 잔뜩 부풀리자.

아이디어를 부풀린다는 의미는 떠올릴 수 있는 모든 것이 가능하다고 가정했을 때 어떠한 모습의 미래가 펼쳐질지 상상해 본다는 뜻이다. 자기 자신이나 브랜드의 존재 목적을 가장 대담하고 우아한 방식으로 표현해보라. 나의 비전 그대로 세상을 바꿀 수 있다면 어떠한 모습일까? 그 속에서 나는 어떠한 역할을 맡고 있을까?

쿡스의 꿈은 사람들에게 미각 경험을 공유함으로써 즐거움과 유대로 통하는 문이 되는 것이다. 마셜 필즈와의 파트너십은 쿡스가 가

정용품 전반으로 사업 영역을 확장하여 자신이 꿈꾸던, 즐거움과 유대로 통하는 문이 될 수 있는 기회였다. 칼과 마리는 부엌이 영감과 몰입으로 통하는 메카이자 가정용품 매장의 중심이 되어야 한다고 생각했다. 마셜 필즈의 가정용품 매장 한가운데 부엌을 마련하면 장화 한 켤레나 샤워 커튼 등을 구입하러 마셜 필즈를 방문한 고객들은 모두 부엌이라는 공간에 이끌릴 것이다. 그곳에서는 요리사가 따뜻하게 고객들을 맞아주면서 입맛을 돋우는 맛과 향으로 고객들을 새로운 여정에 초대할 것이다. 그 과정에서 음식과 식재료, 요리수업, 주방용품은 모두 고객들에게 창의성을 촉발하기 위한 수단으로 활용될 것이다.

이것은 단지 마셜 필즈와의 파트너십에만 국한된 꿈이 아니다. 칼과 마리는 전 세계의 사람들이 음식을 둘러싼 풍부한 경험 속에서 자라는 모습을 꿈꾸었다. 그 꿈속에서 아이들은 어렸을 때부터 음식을 준비하는 과정에 동참할 것이며 비만을 비롯해 식습관과 관련된 질병 또한 사라질 것이다. 쿡스의 핵심 신념에 따르면 자신의 음식을 직접 만들어 먹는 사람들은 비단 더 건강할 뿐만 아니라 현재 삶에 더 충실하며 즐거움과 유대를 더 많이 경험한다. 칼과 마리는 세계 각지의 사람들이 요리를 배우고 공유하기 위해 한 자리에 모여 창의성을 발달시키는 모습을 상상했다. 그곳에서는 관용과 풍요가 모든 이를 감화시킬 것이다.

칼과 마리는 또한 이탈리아 토스카나Tuscany 지방의 농장에서 가족과 친구들이 포도덩굴 밑에 둘러 앉아 신선한 치즈와 갓 딴 토마토, 와인과 함께 로즈마리와 마늘로 양념한 고기를 석쇠에 구워먹는 모습을 상상했다. 해가 떨어지면 촛불을 밝히고 밤늦게까지 웃음을 터트리며 이야기를 나눌 것이다. 그리고 이 모든 음식은 그동안 친구들로부터 선물 받거나 여행 다니면서 수집한 각양각색의 접시와 잔에 담겨 나올 것이다.

토스카나의 농장과 같은 따뜻함을 톨레도Toledo의 뒷마당, 토론토Toronto의 골목, 토피카Topeka의 테일게이트 피크닉tailgate picnic(야외에서 차의 트렁크에 음식을 펼쳐 놓고 먹는 바비큐 파티 - 옮긴이)혹은 트라이베카Tribeca에 있는 작은 스튜디오의 부엌과 같은 공간으로 전파하면서 건강하고 창조적으로 음식을 나누는 것이 바로 쿡스의 철학이자 비전이다.

걸러내기

칼과 마리가 처음 발견의 공간ZoD 과정을 시작했을 때만 해도 두 사람은 쿡스라는 브랜드의 목적을 분명히 느끼기는 했지만 이를 명료하게 표현할 수 없었다. 쿡스의 정체성이 그처럼 모호했기 때문에 두 사람은 미래를 내다보는 데 어려움을 겪었다. 그러나 정의하기 단계에서 좌뇌를, 발견하기 단계에서 우뇌를 활용하면서 칼과 마리는 쿡스의 정체성과 목적을 다듬어 가기 시작했다. 발견하기 단계의 마지막에서 브랜드 슬로건을 만드는 작업은 우뇌에서 다시 좌뇌로 넘어가는 연결고리가 되었으며, 지금부터 시작할 걸러내기 작업의 토대가 된다.

이번 장의 시작에서 언급했듯이 칼과 마리가 워크숍에 참여할 당시 쿡스는 마셜 필즈의 시카고 매장에서 주방용품 부문을 재편성하는 역할을 맡을 예정이었다. 쿡스가 제안할 새로운 디자인은 시카고의 매장을 첫 타자로 해서 총 열다섯 개 매장에 적용될 계획이며 쿡스만의 제품 라인도 개발해야 한다.

걸러내기 단계에서 마리와 칼의 목표 가운데 하나는 쿡스의 본질을 그대로 유지하면서 이를 보다 큰 규모로 적용할 수 있는 방법을 찾는 것이었다. 그러나 이제까지의 발견의 공간ZoD 과정을 통해 분명해진 쿡스의 비전은 단지 규모를 확장하는 것만이 아니라 사람들이 음식을 나누는 곳이라면 어디서든 어떻게 해서든 음식의 힘에 대한 교육과 전도를 거쳐 생명력 넘치는 유대가 쌓이도록 돕는 것까지 포함하고 있다는 점이다.

사실 쿡스의 진정한 꿈은 컨설팅 사업을 성공적으로 운영하는 것이었다. 쿡스가 가장 잘 하는 일이란 결국 부엌이라는 공간에서 사람들에게 영감을 주고, 신선하고 기분 좋은 경험과 환경을 창조하는 일이다. 칼과 마리는 그러한 전문성을 다른 기업이나 학교, 매장, 레스토랑으로 전파하고 싶었다. 사람과 음식이 어우러지는 곳이라면 어디든 가능성이 있었다.

쿡스의 현재에서 미래까지 포트폴리오

칼과 마리는 자신들의 커다란 꿈을 쪼개어 다음과 같은 프로젝트로 구성된 포트폴리오를 구성했다.

단기 프로젝트

- 부엌은 언제나 매장의 중심에 있어야 한다.
- 요리학교에서 팀워크를 강화하는 프로그램을 실시한다.(바로 이것이 우리가 늘 하는 일 아니던가? 음식을 사이에 두고 사람들 사이의 관계를 강화하는 일 말이다.)
- 마셜 필즈의 현장 직원들이 쿡스의 가치와 서비스를 제공할 수 있도록 훈련시킨다.(우리의 성공은 음식과 유대에 대한 우리의 열정을 다른 사람도 느끼도록 영감을 불어넣는 데에 달려 있다. 디자인과 고객 서비스에 대한 명확한 가이드라인도 마련한다.)
- "요리사를 활용할 것!" 이 말은 마리의 공책에 커다랗게 쓰여 있던 글귀다. 마리는 예전부터 쿡스의 일부 마케팅 자료에서 사용되어 온 요리사 이미지를 현대적으로 재해석해서 브랜드 정체성을 함축하는 상징물로 활용하고자 했다.

중기 프로젝트

- 제품 개발(우리의 브랜드가 새겨진 한정판 식료품을 출시하면 어떨까?)
- 비공식 신제품 발표회(쿡스는 집안 대대로 경영하는 최고급 주방용품 제조업체들과 친밀한 관계를 유지해오고 있다. 패션업계에서 하듯이 비공식 신제품 발표회를 열어서 '디자이너'들이 자

신이 만든 제품을 직접 소개하면 좋을 것이다.)

장기 프로젝트
- '라이프레시피LifeRecipe' 프로그램 만들기. 요리가 얼마나 쉽고 재미있는지 보여주면서 사람들에게 직접 요리해 볼 기회를 마련해 주고, 개개인의 건강 문제에 딱 맞는 영양 프로그램을 제공하는 전국적 규모의 프로그램을 개발한다.(와우! 얼마나 거대한 프로젝트가 될지는 모르겠지만 이것이야말로 쿡스가 정말로 이루어야 하는 올바른 일이다.)

거대한 꿈을 쪼개어 구체적인 프로젝트로 나누었다면 이제는 9장에서 설명했듯이 시간, 사람, 돈이라는 기본적인 범주에 따라 실행 계획을 세울 차례다.

거꾸로 계획하기

9장에서도 소개한, 아이디어를 거꾸로 계획하는 과정은 한 마디로 표현하면 회계 활동이라고 할 수 있다. 이 활동에서는 각 단계에서 필요한 자원, 곧 시간과 사람 그리고 돈을 구체적인 목표와 함께 충분히 고려한다. 현재에서 미래까지 포트폴리오를 구성하는 각 프로젝트에 필요한 자원을 계산하고 적응력과 타당성, 수익을 평가하면 혁신 수익률을 측정할 수 있을 것이다. 거꾸로 계획하기 활동은 혁신 프로젝트를 추상적인 수준에서 실행 가능한 활동으로 변환하기 위해 거쳐야 하는 필수 단계다.

거꾸로 계획하기 활동은 장기 프로젝트를 가장 먼저 고려한 다음 시간을 역으로 산정하는 과정을 거친다. 그 과정에서 중기와 단기 프로젝트가 하나둘씩 포함된다. 사실 모든 프로젝트는 본질적으로 하나의 거대한 목적을 실현하기 위한 수단이기 때문에 이 활동을 수행하다 보면 차차 능숙해질 것이다. 각 프로젝트에 시간과 사람, 돈이 얼마나 필요한지 묻는 일련의 간단한 질문을 따라가면서 프로젝트를 실행 계획으로 조직화해보자.

시간. 현실적으로 판단했을 때 '비전을 실현하는 데에 얼마나 오랜 시간이 걸릴 것인가?'라며 항상 시간이라는 요인을 출발점으로 삼아야 한다.

물론 정확히 얼마나 많은 시간이 걸릴지 계산하기는 불가능하겠지만 적정한 수준에서 추정해본다. 어떠한 프로젝트는 거대하거나 모호해서 이를 달성하려면 최소한 10년은 걸리리라고 생각할 수도 있다. 사실 10년이라는 시간 자체가 매우 긴 시간인 것은 아니지만, 구체적으로 실감하기 어렵기는 하다. 그렇지만 대략적으로라도 시간을 추정해보면 프로젝트가 한결 가깝게 느껴질 것이다.

쿡스의 경우에도 그랬다. 칼과 마리가 보기에 마셜 필즈와의 협업이 본격적으로 이루어져 안정화되기까지는 모든 일이 부드럽게 흘러갔을 때를 가정한다 하더라도 수년이 걸릴 것이 분명했다. 최소한

3년은 예상되며 예기치 못한 장애물에 직면한다면 5년도 걸릴 수 있다. 그때서야 비로소 쿡스는 새로운 사업을 추진할 여력이 생길 것이다. 라이프레시피라는 장기 프로젝트가 바로 그들의 10년짜리 계획이었다.

사람. 물론 쿡스가 라이프레시피 프로그램을 주도적으로 계획하고 그에 필요한 교육도 제공하겠지만, 쿡스의 비전을 실행하기 위해서는 다른 기관과의 파트너십이 필요했다.

칼과 마리는 여러 질문을 던졌다. 어떠한 조직들이 라이프레시피와 같은 유형의 프로그램을 필요로 할까? 어떠한 조직이 이러한 프로그램을 실행할 수 있는 기반을 갖추었을까? 그중에서도 전국적인 규모의 조직이 있을까? 라이프레시피 프로그램의 핵심 요소는 건강과 교육이었기 때문에 칼과 마리는 쿡스에게 최고의 파트너란 이미 이러한 두 요소에 주력하고 있는 조직이라 생각했다. 의료 기관이나 학교, 피트니스 프로그램, 식료품점, 레스토랑 등이 후보에 올랐다. 그 가운데서도 가장 가능성이 높고 자원을 가장 많이 갖춘 조직은 바로 의료 기관이었다.

이 단계에서 구체적으로 파트너를 선정할 필요는 없다. 일단 파트너에게 필요한 자격요건을 마련하는 것으로도 충분하다.

돈. 프로젝트를 수행하는 데 필요한 비용을 어떻게 마련할 것인가? 그리고 프로젝트를 통해 얼마나 많은 수익을 창출할 수 있을까?

라이프레시피 프로젝트를 개발하는 데 드는 주요 비용은 바로 칼과 마리의 시간이다. 프로그램을 설계하는 작업에는 직접적으로 돈이 필요하지 않겠지만 지적재산권 보호를 신청하기는 해야 할 것이다. 그 외에도 웹사이트 구축을 비롯해 홍보 자료를 만드는 데 약간의 비용이 필요할 것이다.

파트너와의 관계를 구축하고 관리하거나 홍보 이벤트를 준비하는 등 라이프레시피 프로그램을 운영하기 위한 인력도 필요하다. 만일 특수한 소프트웨어가 필요하다면 이를 개발하기 위한 비용도 추가될 것이다.

수입을 계산하기 위해서는 몇몇 기존의 "바로 그거야!" 사례를 검토하면서 다른 사람들이 어떻게 수입을 올리는지 살펴본 다음 대략적인 액수를 계산하는 것이 최선의 방법이다. 라이프레시피의 경우 다음과 같은 질문을 던져볼 수 있다. 프로그램을 독점적으로 운영할 것인가? 사람들이 서비스를 구독하는 형태로 제공할 것인가? 파트너에게는 어느 정도 수익을 배분할 것인가? 이러한 변수들을 고려하면 수입 흐름이 어떠한 식으로 일어날지 대략적으로 짐작할 수 있다.

최선을 다한 계획

칼과 마리를 비롯한 쿡스의 구성원들이 세 번째 매장을 내고 마셜 필즈의 주방용품 매장에 쿡스의 경험을 녹여내기까지는 2년이라는 시간이 소요되었다. "삶의 모든 기쁨은 부엌에서 탄생한다."라는 슬로건이 새로운 매장을 설계하는 데 방향성을 제공했다. 칼과 마리는 이 문구에 쿡스라는 브랜드의 본질이 너무도 완벽하게 담겨 있다고 생각했기 때문에 '부엌에서의 발레' 쇼를 마셜 필즈와 쿡스의 매장에서 직원이나 요리사를 교육할 때 종종 재연했다.

새로운 비즈니스모델에 따라 두 사람은 마셜 필즈의 가정용품 매장 입구에 부엌을 설치했다. 고객들이 쇼핑을 하기 위해서는 먼저 부엌이라는 "메카"를 통과해야만 했다. 새로운 비즈니스모델은 고객에게 무엇인가를 팔기 전에 고객 개개인의 내면에 존재하는 미식가적 측면을 자극한다는 점에서 장사라기보다는 혁신이었다.

그리고 이러한 시도에 대한 반응은 대단했다. 마셜 필즈에 매장을 낸 지 2년이 지났을 때 주방용품 매장은 마셜 필즈의 어느 매장보다 높은 성장률을 보였다! 게다가 이러한 성과는 주방용품 매장이 15년 만에 처음으로 성장세로 돌아섰다는 점에서 더욱 뜻 깊었다. 마셜 필즈와의 파트너십은 기대 이상의 성과를 거두었다.

―――――

그 다음해에 마셜 필즈는 타겟 코퍼레이션Target Corporation에 매각되었다. 그 뒤 2005년에는 메이시즈Macy's가 마셜 필즈의 매장과 부동산을 인수했고, 곧 마셜 필즈의 이름뿐 아니라 모든 것이 바뀌었다. 쿡스가 새로 연 매장에도 이와 비슷한 변화의 바람이 불었다. 고급화 전략의 일환으로 쿡스 매장을 입점시켰던 쇼핑센터가 갑자기 모든 계획을 취소했다. 이러한 충격은 백화점과의 관계가 시들해지던 2007년에 연이어 닥쳤고, 곧이어 불황이 찾아왔다.

칼과 마리가 발견의 공간ZoD 워크숍에 참석한 이래 몇 년 동안 쿡스는 기하급수적으로 성장했지만, 갑자기 불운이 몰아닥치자 쿡스의 매출은 30퍼센트나 줄어들었다. 그렇지만 칼은 절대로 희망을 버리지 않았다. 그는 쿡스의 매우 특별한 강점, 곧 쿡스 오브 크로커스 힐이 여전히 사람들이 사랑하는 브랜드라는 사실을 잘 알고 있었다.

칼은 쿡스가 누구이고 어디로 가고 있는지 절대 잊어버리지 않았고 이러한 방향성은 쿡스가 사업을 새롭게 설계하는 토대가 되었다. 요리학교로서 정체성이 첫 번째, 그 다음이 소매점이라는 철학은 쿡스가 불황을 견디는 힘이 되었다. 칼과 마리는 계속해서 요리학교를 운영하면서 신제품을 개발했으며 컨설팅 서비스를 제공하기 시작했다.

마셜 필즈와의 협업에서 쿡스가 맡은 역할은 근본적으로 컨설턴트였다고 표현할 수 있다. 그리고 칼과 마리가 꿈꾸던 쿡스의 미래에는 바로 그러한 컨설팅 서비스의 제공이 포함되어 있었다. 쿡스는 다른 기업을 대상으로 디자인과 메뉴를 컨설팅하기 시작했고 라이프레시피 프로그램을 개발하는 데도 박차를 가했다.

마리는 "사업을 다시 일으켜 세우기 위해 한 번에 한 걸음씩 정말 천천히 나아갔어요."라고 이야기한다. 모든 의사결정이 중요했고 모든 시도는 정교하게 설계된 전략적인 움직임이었다. 역경 속에서도 칼과 마리는 '쿡스의 시대'가 오리라고 굳게 믿었다. 두 사람은 늘 그래왔듯이 열정적으로 사업에 몰두했고, 라이프레시피 프로그램은 이들이 반드시 이루어내야 하는 옳은 일이라고 느꼈다.

라이프레시피 프로그램은 2009년에 거대 의료기관과의 파트너십 아래 출범했다. 라이프레시피는 기업 구성원을 위한 건강관리 프로그램으로, 사람들에게 건강하게 요리하고 먹는 방법을 교육함으로써 더욱 풍요롭게 살 수 있도록 지원한다. 칼은 "직접 요리해서 먹는 사람은 절대로 비만이 되지 않아요."라고 말한다. 이러한 믿음에 따라 라이프레시피는 요리가 즐겁다는 사실을 깨닫게 해주는 간편한 맞춤형 체험식 교육으로 설계되었다.

현재 쿡스 오브 크로커스 힐은 자체적인 제품 라인을 보유하고 있으며 매장은 다시 예전처럼 성황리에 영업 중이고 라이프레시피 프로그램은 전국적인 규모로 확대되고 있다. 그동안 칼과 마리가 쿡스를 이끄는 과정에서 보여준 열정과 자신감, 헌신적 노력은 자신이 누구이고 어디로 가고 있는지를 아는 것이 역경을 딛고 일어서기 위한 핵심 요인이라는 사실을 보여준다.

11장

목표를 달성하는 순간
그려보기

나는 어디로 가고 있는가?

　　인생의 모험이 성공할지 여부는 누구도 장담할 수 없다. 다만 각자 가치 있다고 생각하는 아이디어를 추구할 뿐이다. 이때 발견의 공간ZoD 과정을 통해 네 가지 변화의 힘을 분석하면, 아이디어가 가치 있는지 판단할 근거를 얻을 수 있다.

　　발견의 공간ZoD의 목표는 두 가지 본질적인 질문에 대한 답을 구하는 것이다. 그 질문은 바로 "나는 누구인가?"와 "나는 어디로 가고 있는가?"이다. 자신이 누구인지 심층적으로 그리고 온전하게 이해하기 전까지는 자신이 어디로 가고 있는지 알 수 없기 때문에 첫 번째로 답을 구해야 할 질문은 "나는 누구인가?"이다. 10장에서 살펴보았듯이 첫 번째 질문은 본질적으로 자기 자신을 탐구하는 내향적인 분석이다. 반면 자신이 어디로 가고 있는지 분석하는 것은 이와는 또 다른 종류의 작업이다. 이 작업에서는 호기심 어린 시선을 밖으로 돌려

힘차게 세상 밖으로 나아가면서 자신의 궁극적인 목표를 달성했을 때 어떠한 모습일지 상상해 본다.

두 번째 질문에 대한 답을 구하는 데 초점을 맞춘 발견의 공간ZoD 워크숍 사례를 소개하기에 앞서 먼저 언급해야 할 두 가지 사항이 있다.

첫째, "나는 누구인가?"라는 질문을 탐색하는 여정은 그 특성상 질문을 던진 당사자가 모든 활동을 몸소 수행하면서 한 단계씩 나아가야만 한다. 물론 칼과 마리가 나를 찾아왔듯이 안내인을 활용할 수는 있다. 그러나 안내인은 오직 옆에서 거들 뿐 작업을 대신 해줄 수 없다.

반면 "나는 어디로 가고 있는가?"를 탐색하는 과정은 다소 다르다. 이 경우 가장 원칙을 따지는 사람이라도 얼마든지 거리낌 없이 다른 사람의 노력에 편승할 수 있다. 그리고 이때가 바로 내가 본격적으로 개입하는 시점이다. 정장과 구두를 착용한 셰르파Sherpa로서 나는 의뢰인의 짐을 기꺼이 대신 들어준다. "나는 어디로 가고 있는가?"를 탐색하는 발견의 공간ZoD 워크숍은 대학원생 수준의 연구를 마치고 나서야 비로소 본격적으로 시작되기 때문에 그러한 자료조사는 나와 같은 안내인을 고용하는 편이 더 효율적일 수 있다. 그래서 내 고객들은 발견의 공간ZoD 활동에 착수하기 전에 이러한 연구 조사를 먼저 의뢰하는 경우가 많다. 이 조사의 목적은 네 가지 변화의 힘이라는 틀을 토대로 앞으로 5년, 10년, 15년 뒤 시나리오를 탐색하는 것이다. 당연하지만 발견의 공간ZoD 활동을 정통으로 경험하고 싶은 사람이라면 네 가지 변화의 힘을 분석하는 단계부터 주도적으로 참여해도 된다.

다만 그러지 않는다고 해서 패기가 없는 사람이라고 생각할 필요는 없다.

둘째, "나는 어디로 가고 있는가?"를 다루는 발견의 공간ZoD 과정을 통해 사람들은 실제로 자신이 어디로 가고 있는지 발견하게 된다. 일부 기업은 발견의 공간ZoD를 통해 찾은 비전과 통찰을 브랜드 마케팅의 일환으로 대중에게 공개하기도 한다. 예를 들어 플레이보이Play-boy는 미래학자들을 고용해서 우주에서 플레이보이 클럽을 차리겠다는 비즈니스모델을 개발한 다음 2012년 3월호에 이러한 장기 전략을 자세히 공개했다.(그중에는 무중력 상태를 이용해서 온갖 종류의 성인용 오락을 개발한다는 전략도 포함되었다.)

그러나 대다수 기업들이 "나는 어디로 가고 있는가?"라는 질문을 탐색하는 이유는 다른 경쟁자들이 알지 못하는 귀중한 통찰과 독점적 정보를 얻음으로써 미래에 비교 우위를 확보하기 위해서다. 그렇기 때문에 "나는 누구인가?"에 초점을 맞추는 워크숍의 경우 마리와 칼의 사례를 이들이 경험한 그대로 책에 실을 수 있었던 반면, "나는 어디로 가고 있는가?"를 다루는 발견의 공간ZoD 워크숍의 경우에는 내 의뢰인들의 독점적 정보를 보호하기 위해서 가상의 사례를 대신 소개할 것이다. 이 가상의 사례는 과거 몇몇 의뢰인의 사례를 조합해서 만든 것으로, 비록 가상의 사례이긴 하지만 그럼에도 귀중한 통찰과 교훈을 얻을 수 있을 것이다.

자, 그럼 이제부터 클릭스Clicks라는 기업을 소개한다. 수십억 달러 규모의 대형 전자제품 유통업체인 클릭스는 "나는 누구인가?"와

"나는 어디로 가고 있는가?"라는 질문에 대해 현재 가지고 있는 답이 미래에도 여전히 유효한지 살펴보고 비즈니스모델을 처음부터 새롭게 살펴보기를 원했다. 이처럼 장기적 계획을 고려한다는 것은 "5년, 10년, 20년, 50년 뒤에 인간의 삶이 어떻게 달라질 것인가?"를 질문한 다음 그때의 시나리오가 기업에 어떠한 영향을 미칠지 살펴보겠다는 의미다. 이러한 프로젝트가 늘 그렇듯이 클릭스 또한 네 가지 변화의 힘을 분석하는 활동에서부터 시작했다. 그리고 예상했겠지만 클릭스는 이 활동을 나에게 위임함으로써 손쉽게 다음 단계로 넘어갈 수 있었다. 그렇다면 클릭스가 어디로 가고 있는지 본격적으로 다루기에 앞서 클릭스가 어떠한 기업인지부터 살펴보자.

클릭스의 역사

클릭스는 1980년대에 설립된 대형 전자제품 매장으로, 시작부터 시대에 앞서 있었다. 클릭스의 창립자인 맥스 베일리Max Bailey는 토머스 에디슨Thomas Edison이 전동 타자기와 축음기를 발명한 이래 모든 통신 제품은 모든 사람에게 보급되는 정점의 순간을 거친다는 사실을 이해하고 있었다. 전화기나 라디오, TV만 해도 어느 순간 우리의 생활 깊숙이 침투하여 삶의 필수품이 되었다. 1975년에 첫 개인용 컴퓨터가 나타났고, 1980년대가 되자 애플의 매킨토시Macintosh 컴퓨터, 마이크로소프트Microsoft 소프트웨어 그리고 CD-ROM이 등장했다. 그러면서 컴퓨터가 곧 미래의 필수품이 되리라는 사실이 분명해졌다. 맥스는 전자제품에 대한 수요가 오직 한 방향으로, 즉 위로 상승하리라고 보았고 이 흐름에 편승하기로 마음을 먹었다.

1983년에 맥스는 샌디에이고San Diego의 군 기지 주변에 첫 매장을 냈다. 당시 군에서는 컴퓨터 구입을 신청한 가정에 컴퓨터를 한 대씩 보급해 주고 있었다. 이는 곧 두 가지를 의미했다. 첫 번째는 컴퓨터를 다룰 줄 아는 잠재적 소비자들이 꾸준하게 존재하리라는 것이었고, 두 번째는 이들의 소득이 제한되어 있었기 때문에 전자제품을 합리적인 가격에 구입할 기회를 늘 찾고 있으리라는 점이었다. 맥스는 정부에 전자기기를 납품하는 도매업체들과도 관계를 구축할 수 있을 것이라고 예상했기 때문에 이 지역에서 전자제품을 저가에 판매하겠다는 아이디어는 좋은 전략처럼 보였다.

결과적으로 이 전략은 탁월했다. 맥스는 도매업체들과 관계를 형성할 수 있었다. 게다가 도매업체들은 재고를 떨어야 할 시점이면 맥스에게 할인된 가격으로라도 대거 처분할 수 있게 되어 오히려 기뻐하기까지 했다. 맥스는 그렇게 구입한 대량의 전자제품을 주말에 거대한 주차장에서 파격 세일을 기획해 모두 팔아버렸다.

다양한 소비자 전자제품을 저렴한 가격에, 그것도 한 매장 안에 모두 갖추어 팔겠다는 클릭스의 초창기 비즈니스모델은 성공적이었다. 5년이 흐르자 클릭스는 그 지역을 선도하는 전자제품 소매점으로 자리 잡았다. 이후 대형 할인매장으로 비즈니스모델을 바꾼 클릭스는 10년이 지나자 수십억 달러 규모의 상장 기업으로 성장했다.

미래의 전자기기가 무엇이 될지는 몰랐지만 맥스는 새로운 제품들이 등장하고 있음을 확신했고, 새로운 기기들이 모두에게 보급되는 정점의 순간을 놓치고 싶지 않았다. 클릭스는 모두가 팩스기와 이메일 계정을 필요로 하는 순간을 놓치지 않았고, 다른 모든 필수 전자기기가 보급될 때에도 마찬가지였다. 클릭스는 그동안 사람들이 자신에게 맞는 휴대폰과 VCR, CD, DVD, MP3 플레이어, 디지털 카메라, 티보TiVo, 엑스박스, 와이파이 그리고 태블릿 컴퓨터를 찾도록 도왔다.

그러나 새로운 전자기기를 점점 더 짧은 간격으로 시장에 내놓는 추세는 업계의 지형 자체를 바꾸고 있었다. 아마존Amazon과 같은 온라인 매장이 소매업 판도를 뒤엎었다. 아이러니하게도 당시 클릭스는 미국을 비롯한 세계 각지에 오프라인 소매점을 확장하는 데 크게 투자하고 있었고, 부동산 임대비나 직원 임금과 같이 매장을 유지하기 위한 막대한 비용을 감당해야 했다. 이렇게 드는 고정비용 때문에 클릭스는 온라인 쇼핑몰과는 경쟁 상대가 될 수 없었다.

온라인 쇼핑몰이 점점 더 성장하고 있던 와중에 때마침 발생한 2008년 금융 위기는 클릭스에 또 다른 충격을 안겨주었다. 가계 소득과 지출이 감소했고 실업률과 폐업률, 경제적 불확실성이 증가했다. 이는 곧 소비자들이 돈 한 푼 한 푼을 아껴 쓰게 되리라는 의미였다. 맥스는 클릭스가 소매업체로서 역할을 완전히 재편성하지 않으면, 3D 프린터를 비롯해 이 책의 서론에서 언급한 새로운 기기들이 등장할 때 어쩌면 시장에서 사라져 있을지도 모른다는 사실을 깨달았다.

대형 전자제품 할인점이라는 개념은 클릭스가 사업을 시작할 때만 해도 혁신적인 비즈니스모델이었지만 더 이상은 성공 요인이 될 수 없었다. 맥스는 무엇이 문제인지는 알고 있었지만 이를 어떻게 해결해야 할지는 알지 못했다. 그는 회사의 앞날을 진지하게 고민하면서 차세대 소매점이 어떠한 모습일지 궁금했다.

이처럼 성숙기에 도달한 대형 기업이 던질 법한 질문이 바로 "나는 어디로 가고 있는가?"이다. 클릭스는 비즈니스 이론이 복잡하게 발달하기 전에 설립된 기업이었다. 1980년에는 비즈니스모델이 훨씬 단순했다.

경기가 좋을 때나 나쁠 때나 TV와 컴퓨터가 필요한 젊은층에게 전자제품을 값싸게 공급하는 것은 불황에도 끄떡없는 좋은 아이디어인 것처럼 보였다. 그러나 갈수록 경쟁이 치열해졌다. 오늘날에는 사람들에게 좋은 제품을 좋은 가격에 제공하는 것만으로는 충분하지 않다. 각 개인의 독특한 취향과 개성을 담아내는 경험을 제공해야 한다. 다른 기업처럼 클릭스 또한 이러한 트렌드에 민첩하고 창조적으로 반응할 필요가 있었다. 그러나 클릭스와 같이 오래된 거대한 기업이 민첩하고 창조적으로 대처하기란 쉽지 않다. 특히 조직의 문화나 시스템, 리더십은 안정적으로 유지되는 관성이 있기 때문에 변화를 유도하기(그리고 변화에 대응하기)가 훨씬 힘들다.

맥스는 앞으로 클릭스에 영향을 끼칠 수 있는 요인을 예측하고 그로 인한 변화에 미리 대비하고 싶었다. 그러기 위해서 맥스는 스스로에게 매우 간단한 질문을 던졌다. "소매업의 미래는 어떻게 될 것인가?"

정의하기

맥스가 사업을 시작한 계기는 앞으로 더 많은 사람들이 더욱 더 많은 삶의 영역에서 더 많은 전자기기를 사용하리라는 트렌드를 알아챈 것이었다. 좋은 사업 기회였다. 그러나 맥스가 클릭스를 창립한 과정을 더 자세히 들여다보면 클릭스라는 기업의 목적을 발견할 수 있다. 맥스는 (기술이 언제나 그래왔듯이) 삶의 수준을 향상시키는 전자제품의 강력한 힘을 보다 많은 사람들이 누릴 수 있어야 한다고 믿었다. 고객의 욕구와 예산을 최대한으로 고려하여 고객이 가장 만족스러운 제품을 선택하도록 돕는 것도 그러한 노력의 하나였다. 클릭스의 이 믿음은 클릭스만의 최고의 질문을 도출하는 과정에서 핵심적인 요소가 되었다.

최고의 질문을 정의하기 위해서는 우선 두 가지 변수를 설정해야 한다. 첫 번째는 시간적 범위로서 얼마나 먼 미래를 내다볼 것인지에 대한 부분이고, 두 번째는 발견의 공간$_{ZoD}$의 최종적인 결과물을 어떻게 활용할 것인지에 대한 측면이다.

정의하기: 범위

내년을 계획하든 20년 뒤를 계획하든 미래를 연구할 때에는 두 가지 요소에 초점을 맞추어야 한다. 바로 환경적 조건과 사람들의 욕구 변화다. 미래 환경은 네 가지 힘의 영향을 받아 변화하며 그 결과 우리의 직장이나 가정, 사회 생활 또한 달라진다. 앞으로(프로젝트에서 설정한 시간적 범위 내에서) 삶의 방식이 어떻게 달라질지 고려하여 사람들의 욕구와 욕망이 어떻게 변화할지도 살펴보아야 한다. 그러고 나면 비로소 모든 혁신적 시도가 항상 실현하고자 했던 목표, 곧 사람들의 삶을 개선하겠다는 약속을 어떻게 이룰 수 있을지 상상할 차례다.

시간적 범위. 정보기술이나 에너지, 농업, 교육 및 건강관리를 비롯한 사회복지 서비스 등 네 가지 변화의 힘과 직접적으로 관련이 있는 분야의 경우 혁신 프로젝트의 시간적 범위는 대체로 10년 정도로 길다. 클릭스처럼 사업을 재창조하려는 기업의 경우 시간적 범위는 통상 5년에서 10년 사이를 잡는다. 반면 특별한 제품 라인을 개발하는 등 변화 내용이 구체적인 경우 흔히 예상하는 소요 시간은 18개월에서 5년 정도다.

기대. 발견의 공간ZoD 프로젝트에서 얻은 정보를 어떻게 활용할 것인지 미리 검토하는 일은 매우 중요하다. 마치 기업이 위기에 처하면 동기부여를 통해 이를 극복할 것인지 아니면 그저 마비된 채 가만히 있을 것인지를 사전에 준비하는 일과 마찬가지다.

발견의 공간ZoD 프로젝트를 미래 탐색이나 기업 전략 수립을 위해 수행한다면, 얻은 결과를 기업 내부에서 더욱 심도 있는 논의를 자극하기 위해 사용할 것인지 아니면 대담한 변화를 시도할 촉진제로 삼을 것인지 미리 고민해야 한다.

쿡스의 사례에서 최종적인 목표는 "나는 누구인가?"라는 질문에 대한 답을 포착해서 이를 명료하게 표현하는 것이었다. 발견의 공간 ZoD 과정을 통해 얻은 통찰을 '부엌에서의 발레'라는 극적인 형식으로 표현한 것은 이러한 목적을 달성하기 위한 강력한 의사소통 수단이 되었다. 물론 그 형식이 유일무이한 수단은 아니겠지만, 프로젝트의 핵심 관계자와 쿡스의 구성원에게 최적의 선택이었다.

"나는 어디로 가고 있는가?"에 초점을 맞추는 발견의 공간ZoD 프로젝트의 경우 일반적으로 최종 목적은 강력하게 행동을 촉구하는 것이다. 프로젝트의 핵심 관계자가 누구인지에 따라 다르지만(이사회, 브랜드팀, 고객, 임직원 등) 최종적인 결과물은 3D 모형이나 짧은 영상, 이벤트, 탁자용 소책자 등과 함께 제공되는 보고서인 경우가 많다.

정의하기: 탐구주제

미래란 간단히 말해서 변화하는 환경과 사람들의 선택(행동) 간 상호작용에 의해 결정된다고 말할 수 있다. 그러므로 미래학자처럼 생각하기 위해서는 두 요소를 움직이는 동력이 무엇인지 고민해야 한다. 환경을 움직이는 동력은 네 가지 변화의 힘이며, 사람들의 행동을 움직이는 동력은 바로 뇌다. 각각에 대해서는 많은 연구가 이루어져 왔다.

환경

'미래를 새로운 방향으로 나아가게' 만드는 아이디어와 인물, 기술을 파악하기 위해 가장 먼저 해야 할 일은 네 가지 변화의 힘을 분석하는 것이다. 이 조사 활동은 대개 관련 논문이나 학회지, 업계에서 발간되는 잡지, 블로그, 보고서, 전문가 인터뷰, 인류학적 자료 등을 토대로 이루어진다. 이때 자료를 선택하는 기준은 하나다. 바로 자료를 통해 얻는 지식이나 발견, 현상이 미래에 영향을 미칠지 여부다. 클릭스를 예로 들어 살펴보자.

자원. 천연 자원과 관련된 변화는 당연히 경제에 영향을 미친다. 유가가 앞으로 얼마나 상승 또는 하락할까? 물 부족이 얼마나 심각하며 이 현상이 클릭스의 제품 공급망에 어떠한 영향을 미칠까? 에너지나 식량, 물 공급량의 변화가 우리의 일상생활에 필수적인 물건이나 서비스를 생산하는 비용에 어떠한 영향을 끼칠까? 혁신적인 기술 개발을 통해 석탄이나 석유 기반의 에너지를 대체하거나 보완할 수 있는 안정적이고 효율적인 에너지원(더그 캐머런이 개발 중인 합성연료가 한 가지 예다.)이 도입될 가능성이 얼마나 될까? 식량 공급은 충분할까? 홍수나 가뭄은 어떠한가? 이와 같은 요소들이 앞으로 5년에서 10년 사이 우리 삶과 행동, 가치에 어떠한 영향을 줄 것인가?

기술. 당연하지만 기술 발전은 우리 삶의 방식에 거대한 영향을 미친다. 기술 발달로 인해 우리의 가정은 어떻게 달라질까? 직장에서의 삶은 어떠할까?(예를 들면 '원격'으로 작업하거나 재택근무를 하는 사람들이 증가할까?) 차세대에 필수품으로 여겨질 전자제품에는 무엇이 있을까?

인구. 우리의 '가정'은 앞으로 어떠한 변화를 겪게 될까? 베이비붐 세대가 신기술에 열광하기보다는 오히려 압도된다고 느낀다는 점을 고려했을 때, 이들 세대가 노년기에 접어드는 현상은 신기술 개발에 어떠한 영향을 미칠까? 전자기기를 받아들이고 사용하는 데 문화적 차이가 존재할까? 우리가 갈수록 다문화적 삶을 살고 있다는 점이 쇼핑하는 방식에 영향을 미치지는 않을까?

거버넌스. 앞으로도 소셜네트워크가 시장을 주도할까? 창업 활동이 계속해서 성장세를 유지할 것인가? 공공서비스가 지속적으로 축소되는가? 그렇다면 이 사실이 사람들의 생활수준이나 기업 활동, 혁신에는 어떠한 영향을 미칠까? 사회 복지를 민간 부문에서 주도적으로 맡게 되면 기업의 사회적 책임이 더욱 무거워질까?

행동

비즈니스에서 흔히 하는 말로 "사람들이 원하는 것은 5밀리미터짜리 드릴이 아니라 5밀리미터짜리 구멍이다!"라는 이야기가 있다. 다시 말해 사람들은 제품을 구입할 때 제품 자체를 원하는 것이 아니라 그 제품을 통해 물리적으로 혹은 정서적으로 경험할 결과를 원한다. 소비자 행동을 살펴볼 수 있는 방법이 많이 존재하지만 나는 다음 질문으로 탐구를 시작하기를 좋아한다. 특정 제품이나 서비스로 인해 사람들의 삶이 결과적으로 어떠한 측면에서 더 나아졌는가?

클릭스의 경우 개인용 전자기기가 사람들의 삶을 어떻게 변화시켰는지 살펴보고자 했다. 신기술이 가정이나 직장, 대인관계와 관련된 욕구나 가치, 열망을 어떠한 방식으로 얼마나 충족하였는가?

기술이 우리 삶에 미치는 영향에 대해 알아보기 위해서는 사회학과 심리학뿐만 아니라 다양한 분야를 살펴볼 필요가 있다. 경제학이나 인지·사회적 발달, 예술적 발전은 물론이고 학교나 관계, 직장, 놀이를 비롯한 삶의 다양한 측면을 두루 고려해야 한다. 클릭스의 경우에 탐구 조사의 초점은 기술을 통해 사람들의 행복과 성공을 증진할 수 있는 조건과 환경이 무엇인지 알아보는 것이다. 그러려면 과학적 연구, 각종 일화, 트렌드 외에도 인간의 욕구와 충동에 대한 본질적인 진리를 탐구하는 분야를 살펴보아야 한다. 기술이 인간의 삶에 미치는 영향에 대한 통찰을 얻는 것이 목적이기 때문에 다양한 종류의 정보를 검토함으로써 우리 뇌의 연상 작용을 촉진할 수 있는 밑바탕을 마련할 필요가 있다.

정의하기: 최고의 질문

프로젝트의 범위가 명확해진 다음 클릭스는 다음과 같은 최고의 질문을 도출할 수 있었다. 10년 뒤에 사람들이 개인용 전자기기를 사용하고 구매하도록 어떠한 방식으로 동기를 부여할 수 있을까? 사람들이 개인용 전자기기를 보다 쉽게 사용하고 구매할 수 있도록 도울 수 있는 방법에는 어떠한 것들이 있을까?

발견하기

클릭스는 나와 내 동료들을 이 여정의 셰르파로 선택했고 우리는 클릭스의 발견의 공간ZoD 과정을 처음부터 끝까지 함께 했다. 우리는 참여자라기보다 안내인에 가까웠지만 여정의 매 순간을 함께 나누었다. 앞서 말했지만 나는 내 의뢰인들의 독점적 정보가 공개되는 것을 방지하기 위해 몇몇 의뢰인들의 사례에서 본질적으로 의미 있는 측면만 조합해서 클릭스라는 가상의 기업을 구상했다. 이 사실을 염두에 두고 다시 클릭스의 사례로 돌아가면, 내가 이끄는 팀은 디자이너 두 명, 인류학자 한 명 그리고 나까지 총 네 명으로 구성되었다. 발견의 공간ZoD 워크숍에 참가한 클릭스 측 구성원은 다섯 명으로 이들은 각각 신생 플랫폼, 신기술 비즈니스 관계 관리, 매장 디자인, 마케팅 그리고 사업 전략팀 소속이었다. 워크숍에는 또한 박물관장, 인지 신경 과학자, 디즈니의 창조적 디렉터, 스마트홈 건축가 그리고 소셜미디어 및 청년 문화 전문가가 초빙되었다.

쏟아붓고 휘젓기

이 단계에서는 나와 내 팀이 네 가지 변화의 힘을 분석했다. 우리의 연구는 두 부분으로 나뉜다. 첫 번째 파트는 변화하는 환경에 초점을 맞추었으며, 두 번째 파트는 신기술의 등장이 사람들의 행복과 성공에 미치는 영향을 중점적으로 다루었다. 우리는 이러한 조사에서 일관되게 나타난 테마나 통찰과 더불어 무척 특이하거나 유독 강렬해서 눈을 뗄 수 없던 아이디어나 데이터를 수집했다. 이 발견은 워크숍의 재료로 활용되었다.

조사를 마친 후 연구 방법과 결과를 나머지 참가자들에게 간단히 발표하였다.

파트1. 환경

우리는 다음과 같은 방법으로 정보를 수집했다.

- 우선 네 가지 변화의 힘(자원, 기술, 인구, 거버넌스)과 최신 저널을 심층적으로 분석했다.
- 기술이 경제학이나 세계화, 의료, 교육, 인지적 발달, 사회적 상호작용, 비즈니스 등과 어떻게 상호작용하는지 다룬 연구를 살펴보면서 관련 전문가들을 인터뷰하였다.
- 비공식 인류학 세미나를 개최해서 은퇴 시설이나 대학 캠퍼스, 가정, 전문가 집단, 온라인 학습을 개시한 학교 등에 대한 이야기를 들었다.

우리는 워크숍 참가자들에게 첫 번째 파트에서 축적한 조사 결과를 소개하면서 다음 질문을 계속해서 염두에 둘 것을 부탁했다.

앞으로 10년 동안 미국이 어떻게 변화할까? 그 결과 가정이나 직장 생활에 어떠한 변화가 생길까?

파트2. 행동

첫 번째 파트와 비슷하게 우리는 아래의 방식을 거쳐 정보를 수집했다.

- 교육 및 의료와 관련된 다양한 분야에서 신기술을 어떻게 활용하고 있는지 연구하는 전문가들을 인터뷰했다.
- 소매 시장을 포괄적으로 검토하면서 소매업에서 고객과 유대감을 창조하는 "바로 그거야!" 사례를 수집했다.

두 번째 파트에서는 참가자들에게 다음의 몇 가지 질문에 대해 고민해볼 것을 권했다.

- 어떠한 요인이 고객과 유대감을 형성하는가?
- 유대감은 소속감과 어떻게 다른가?
- 기술이 행복과 성공을 증진하는 방식에는 어떠한 독특성이 있는가?
- 유독 사람들에게 만족감을 주는 기술의 사례가 있는가?

놀면서 창조하기

지금부터는 이제까지 수집한 정보를 머릿속에 쏟아붓고 휘저으면서 정보와 정보 사이의 연결고리를 찾을 때다. 10장에서 살펴본 "나는 누구인가?" 워크숍처럼 이제까지 수집한 재료를 가지고 놀면서 전략을 수립하기 위한 통찰을 얻고 최고의 해결책을 도출할 차례다.

클릭스의 경우 참가자들은 이틀 동안 일상과 직장 생활에서 벗어나 발견의 공간ZoD 활동에 몰입할 수 있었다. 이처럼 조직에 거대한 영향을 미칠 프로젝트에 착수할 때에는 참가자들이 일상적인 틀에서 벗어날 수 있는 여건을 조성하는 것이 필수적이다. 워크숍을 통해 모든 퍼즐 조각이 맞춰지기 때문에 그처럼 결정적인 기회를 놓쳐서는 안 된다. 정의하기 단계를 통해 워크숍에 필요한 모든 정보를 수집한 지금이 비로소 우뇌가 개입할 차례다. 큰 그림을 보고 새로운 연결고리를 찾으며, 그 속에서 통찰을 얻고, 온갖 가능성과 그로부터 예상되는 결과를 상상하며, 복잡한 시나리오를 처음부터 끝까지 세밀히 따져봐야 한다. 이를 통해 모든 것이 큰 그림 속에 어떻게 들어맞는지 충분히 이해할 수 있어야 한다.

준비

클릭스의 사례와 같이 거대한 비전을 도출하는 프로젝트의 경우, 프로젝트를 상시 관리하는 핵심 팀이 필요하며 그 외에 특별한 관점과 재능을 구하기 위해 때때로 전문가들로 구성된 좀 더 확장된 차원의 팀이 필요하다. 이러한 구조는 워크숍을 진행할 때 특히 유용하다. 문제를 해결하기 위해서는 문제와 직접적으로 관련되어 있어 사안을 잘 아는 사람들도 필요하지만, 사안에서 한 발짝 떨어져서 부족한 점을 찾아내 보완해 주는 '외부인'도 필요하기 때문이다.

발견의 공간ZoD 워크숍을 본격적으로 시작하기에 앞서 비디오 영상이나 사진, 인터뷰, 연구 결과 등 우리가 이제까지 수집하고 만든 모든 자료를 확장된 팀에도 공유하는 과정을 거쳤다. 이들이 워크숍에 참여하기 전에 우리가 지금까지 이룬 성과에 대해 충분히 인지하도록 만드는 것은 매우 중요하다. 또한 이들에게 워크숍에 직접 기여하면서 책임도 나누어 가질 기회를 제공하는 것도 똑같이 중요하다. 예를 들어 클릭스 프로젝트의 경우 우리는 특정 분야 전문가 12명과 나눈 한 시간짜리 인터뷰를 녹음한 자료를 가지고 있었다. 우리는 워크숍에 참여할 모든 참가자들에게 인터뷰 자료를 하나씩 나누어주면서 전체 참가자들 앞에서 각자 맡은 인터뷰를 요약해서 발표해달라고 요청했다.

이러한 방식을 활용하면 새로운 사고를 촉발하는 정보를 집단 전체에 전파할 수 있다. 그러면 어렵게 얻은 귀중한 지식과 정보가 오직 인터뷰를 실제로 수행했거나 프로젝트와 직접적으로 관련된 사람들에게만 제한적으로 공유되는 일을 피할 수 있다. 이 방식은 워크숍에 일종의 재미와 기대감을 부여하기도 한다. 각 참가자는 특정 분야의 전문가가 됨으로써 해당 분야에 한해 워크숍을 이끌어 나가는 리더가 될 수 있기 때문이다.

이와 같이 정보를 공유하는 방식의 또 다른 장점은 쏟아붓고 휘젓기 단계에서 얻은 지식을 모든 참가자가 맛볼 수 있다는 점이다. 인지 발달이나 경제학, 사회학, 신경과학, 컴퓨터공학, 디자인, 문화 기호학, 소매업, 인구통계학 분야를 선도하는 사상가들의 심도 있는 이야기를 들을 기회는 흔치 않다. 그렇기 때문에 참가자들은 인터뷰에 대한 발표를 통해 얻는 지식을 흥미롭게 받아들이며 자연스럽게 더 깊이 탐구하려는 마음가짐을 갖게 된다.

참가자들이 문제에 대해 더 깊이 탐구하고 이를 다른 참가자들과 공유할 준비가 되면 스튜어트 브라운이 조율attunement이라고 부르는 활동을 할 차례다. 푸시 콘퍼런스에서 스튜어트는 조율이라는 개념을 소개하면서 이것이 다른 사람과 연결될 때 "즉흥적으로 흘러나오는 감정, 곧 즐거움"이라고 말했다. 또한 스튜어트는 이러한 감정이 '놀이를 하기 위한 토대'가 된다고 설명했다. 그러나 나는 이번 발견의 공간ZoD 워크숍에서 더욱 강렬한 몰입 상태를 조성하여 삶을 변혁시키는 기술의 영향력을 참가자들이 실제로 경험하도록 만들고 싶었다. 클릭스라는 기업의 목적 자체가 기술을 통해 사람들의 행복과 성공을 증진하는 것이었기 때문에 워크숍 참가자들은 그러한 느낌을 직접 경험해봄으로써 자신이 경험한 것과 같은 변혁적인 미래를 상상할 필요가 있었다.

워크숍

그와 같은 분위기를 조성하기 위해 '다시 태어난'이라는 한 학생이 만든 6분짜리 비디오 영상으로 워크숍의 포문을 열었다. 이 학생은 고등학교와 대학교를 다니는 내내 C학점 이상을 받은 적이 없지만, 두 번째 학사 학위를 따기 위해 템플대Temple University 전자공학과에 진학했다. 그는 템플대에서 보낸 첫 해에 미적분과 화학에서 만점을 받는 등 학점을 4.0점으로 유지하는 성과를 거두었다. 이 영상은 그러한 소기의 성과를 기념하기 위해 제작되었다. 그는 모든 것이 칸 아카데미Khan Academy 덕분이라고 말했다.

칸 아카데미는 전 학문 분야에서 초등학교 수준에서부터 박사과정 수준까지 포괄하는 무료 강의 영상을 3천 개 이상 제공하는 웹사이트다. 각 강좌에는 수강생이 직접 실습해볼 수 있는 활동이 포함되어 있으며 수강생들 간 코칭도 장려된다. 이 학생은 "고등학교 때 학점이 2.0점대였던 제가 4.0이라는 학점을 받게 된 것은 전적으로 칸 아카데미 덕분입니다."라고 말하면서 "칸 아카데미는 저에게 굉장한 도움을 주었어요. 칸 아카데미가 저에게 미친 영향은 앞으로 20, 30년에 걸쳐 더욱 증폭될 것이라고 믿어요."라고 덧붙였다.

영상이 끝나갈 즈음 워크숍이 진행되는 방 안의 에너지와 분위기는 확연히 달라져 있었다. 깊은 감동을 안겨준 이 학생의 이야기는 무척 진솔했기 때문에 워크숍 참가자들은 미래에 대한 학생의 부푼 기대감에 쉽게 공감할 수 있었다.

방 안에는 침묵이 흘렀다. 깊은 정서적 경험을 한 상태에서는 언어가 아득하고 불필요하게 느껴질 때가 있다. 그래서 나는 영상에 대해 이야기하는 시간을 갖는 대신 사람들에게 자리에서 일어나서 서로 멀찍이 떨어져 커다란 원을 그리며 서도록 했다. 나는 일련의 질문을 했고 참가자들은 이 질문에 대해 동의하면 한 발짝 앞으로 나오고 동의하지 않으면 한 발짝 뒤로 물러서는 방식으로 자신의 의사를 표현했다.

무엇인가에 대해 공부하기 위해서 기술을 주요한 수단으로 활용한 경험이 있다면 한 발짝 앞으로 나오십시오. 만일 기술을 활용한 덕분에 획기적인 학습 효과를 얻었다면 다시 한 발짝 더 앞으로 나오고, 만일 기술이 학습을 방해했다면 한 발짝 뒤로 물러나십시오. 온라인으로 만난 사람과 의미 있는 관계를 형성했던 경험이 있다면 한 발짝 앞으로 나오세요. 기술을 통해 외로움을 덜었다면 한 발짝 더 나오고, 만일 기술로 인해 외로움이 더욱 심화되었다면 뒤로 물러나십시오. 온라인상의 인적 네트워크가 직업적으로 상당한 도움이 되었다면 그 횟수만큼 앞으로 나오세요. 기술로 인해 더 생산적으로 일할 수 있었다면 앞으로, 그 반대라면 뒤로 한 발짝 움직여 주세요. 여러분의 삶에서 달리 표현하지 않는 모습이나 감정, 의견을 디지털 통신을 통해 표현한 경험이 있다면 앞으로 나오십시오. 창의성이나 개념적 사고, 감사, 희망, 두려움, 친밀함과 같은 측면을 생각해 보세요. 마지막으로 기술이 가정과 직장, 사회적 관계라는 측면에서 삶을 더 개선했는지 아니면 악화시켰는지 생각해보면서 한 발짝씩 움직여주세요.

이 활동이 끝나면 우리는 기술이 삶을 변화시키는 힘이 표현된 일종의 인간 산점도를 얻게 된다. 이 활동은 직전에 시청한 영상의 여운이 아직 남아 있는 가운데서 기술이 우리 삶에서 하는 역할에 대해 조용히 고민해볼 수 있는 훌륭한 기회였다. 동시에 이 활동은 단체 활동이라는 점에서 참가자들의 머리와 가슴을 환기시킴으로써 워크숍을 계속해서 이어나가기 위한 분위기를 조성하는 역할도 했다.

다음으로 참가자들은 벽 위에 부착한 커다란 종이 위에 영상을 보면서 가장 인상적이었던 장면과 구절을 옮겼다. 방금 보고 들었던 것들 가운데 기술이 삶을 변화시키는 힘을 표현할 수 있는 "바로 그거야!"에는 무엇이 있는가?

방 안에는 각각 "와", "아" 그리고 "아하!"를 기록하기 위한 세 장의 종이가 마련되어 있었다. 이 종이 위에 참가자들은 워크숍이 이루어지는 동안 인상 깊게 다가온 구절이나 통찰, 경험을 기록할 수 있었다. 다른 사람의 동의나 검열을 거치지 않고서 각자가 생각하기에 적절하고 인상적인 내용을 메모하고 수집하는 것은 모든 발견의 공간ZoD 활동의 중요한 측면이다. 다양한 활동을 통해 사고와 감정을 자극하는 일은 매우 중요하며, 이 과정에서 "바로 그거야!"를 계속해서 추가할 수 있다. 워크숍을 마무리할 때 참가자들은 다 같이 세 장의 종이를 검토하면서 기술이 우리 삶에서 하는 역할을 대표하는 테마를 찾아냈다.

또한 워크숍이 진행되는 내내 우리는 그때그때 논의하고 있던 주제와 관련된 영상을 활용했다. 휴식 시간이 끝날 때마다 앞으로 다룰 내용과 관련된 영상을 틀면 참가자들은 다시 한 번 워크숍에 몰입할 태세를 갖추었다. 또한 영상은 언어가 아닌 감각을 통해 정보를 전달하기 때문에 문자와는 다른 방식으로 지각된다. 이처럼 우리가 지각하는 방식을 다양하게 뒤섞는 것은 아이디어와 통찰, 관점을 생성하는 데에 굉장히 중요하다.

이 시점에서 참가자들은 사람들이 전자제품에 애착을 느끼는 이유를 충분히 이해하고 있었다. 기술을 통해 새로운 사람이나 아이디어, 기회와 연결할 수 있는 능력을 갖추는 것이 왜 그토록 많은 사람들의 행복에 중추적인 역할을 하는지 이해할 수 있었다. 이어지는 활동에서 그러한 이해를 바탕으로 전자기기를 사용함으로써 더욱 행복하고 성공적인 삶을 누리는 사람들의 모습을 구체적으로 그려보았다. 그렇게 함으로써 클릭스가 해결해야 할 최고의 질문에 대한 답을 발견하고자 했다. 10년 뒤에 사람들이 개인용 전자제품을 사용하고 구매하도록 어떠한 방식으로 동기를 부여할 수 있을까? 사람들이 개인용 전자제품을 좀 더 쉽게 사용하고 구매할 수 있도록 도울 수 있는 방법에는 어떠한 것들이 있을까?

―――

감각 회로 활동처럼 시나리오 회로 활동Scenario Circuit은 우뇌를 직접적으로 활성화시키기 위한 일련의 자극들로 이루어진다. 쿡스의 사례에서 감각 회로 활동의 각 자극은 다양한 종류의 감각들로 구성되었다. 이번 워크숍에서도 참가자들은 그와 비슷하게 저마다 스스로에게 특별히 인상적인 감각적 재료를 선택하고 이를 활용한 콜라주를 창작했다.

시나리오 회로 활동과 감각 회로 활동은 모두 우뇌의 반응을 자극하는 활동이라는 점에서 동일하지만 그 목적이 약간 다르다. 시나리오 회로 활동은 미래에 대한 대안적 관점을 구성하는 것이 목표다. 다시 말해 시나리오 회로 활동을 통해서 우리는 미래의 특정 시점에서의 시나리오를 다양하게 구상하고자 했다. 참가자들은 다양한 측면에서 삶의 모습이 어떠할지 상상하면서 그 시나리오에서 나타나는 사람들의 욕구나 욕망, 행동을 살펴보았다. 시나리오는 극도로 고차원적인 기술이 관여되는 경우에서부터 저차원적 기술로도 충분한 경우에 이르기까지 다양하다. 여기서 중요한 점은 미래의 삶을 충분히 느낄 수 있는 가장 생생한 시나리오를 골라야 한다는 것이다.

시나리오는 종종 가설을 검증하거나 최고와 최악의 경우를 고려하기 위해서 사용된다. 그러나 클릭스의 경우에는 시나리오를 활용하는 목적이 그처럼 뚜렷하지 않았다. 아직 발견하기 단계에 있었기 때문에 참가자들이 곧장 최종적인 결론에 이르도록 만들기보다는 각 시나리오에서 발생할 수 있는 문제를 이해하고 이를 해결할 수 있는 통찰을 자극하는 것을 목표로 했다.

클릭스의 시나리오에는 고차원적 기술이 필요 없는 환경이기 때문에 워크숍이 이루어지는 물리적 공간을 활용해서 살펴보고자 하는 네 가지 상황을 직접 연출할 수 있었다. 이 시점까지 진행한 연구와 활동을 통해 통신 기술이 네 가지 측면에서 사람들을 더 행복하게 만든다는 점을 알게 되었다. 바로 사랑, 배움, 자기계발 그리고 성취다. 우리는 이 네 가지 영역을 '자아의 차원Domains of Self'이라고 명명했다. 기술을 통해서 사람과 사람 혹은 아이디어와 아이디어를 연결하는 데서 오는 이득은 개인적이고 주관적으로 경험한다는 점에서 이러한 이름이 적절하다고 생각했다. 자아의 각 차원에 대응하는 네 종류의 공간이 참가자들의 감각을 일깨우기 위한 가구와 그림, 인용문, 비디오 영상, 음악, 인공품 그리고 기술로 꾸며졌다.

당연하지만 자아의 차원은 서로 다른 생애 주기에 속한 사람들에게 각기 다르게 경험된다. 클릭스의 고객은 전 연령대를 아우르기 때문에 우리는 다양한 연령대에 속한 사람들의 행동과 동기를 살펴보아야 했다. 이 활동에서 나는 각기 다른 생애 주기에 속한 사람들을 대표하는 여덟 가지 사례를 제시했다.

초등학생인 8세 소녀
대학 입학을 앞둔 17세 청소년
구직 중인 26세 여성
결혼 상대를 찾는 31세 남성
두 아이를 돌보며 직장 생활을 하는 43세 여성
이혼한 56세 남성
네 명의 성인 자녀를 둔 62세 과부
일곱 명의 손자를 둔 70세 여성

워크숍 참가자들은 각자 한 사례씩 맡아서 시나리오 회로 활동에 돌입했다. 참가자들은 자신이 그 사람이라고 생각하면서 사랑, 배움, 자기계발, 성취라는 자아의 영역을 따라가며 미래 시나리오를 검토했다.

이 활동을 진행하는 내내 참가자들의 머릿속에는 워크숍 초반에 공유한 어느 인터뷰 속 한 구절이 계속해서 맴돌았다. 시나리오 회로 활동을 마치고 난 참가자들은 심리학자 헤리엇 골도르 러너Harriet Goldhor Lerner가 우리 삶에서 통신 기술이 하는 역할을 너무도 아름답고 명료하게 포착했다고 말했다. "다른 사람과 연결된 관계를 통해서만 우리는 자아를 진정으로 이해하고 강화할 수 있습니다. 그리고 자아를 이해함으로써 우리는 다른 사람들과의 관계를 강화할 수 있습니다."

수집한 모든 데이터에서 사람들이나 아이디어 간 유동적인 연결, 특히 그 가운데서도 기술을 통해 가능해진 연결은 삶을 더욱 풍요롭게 만드는 데에 기여한다는 점을 보여 주었다. 일상에서 사용하는 여러 종류의 전자기기로 인해 사람과 사람 그리고 아이디어와 아이디어가 연결됨으로써 관계나 학습, 생산성, 협업, 금융, 자신감 그리고 자기인식이 모두 좀 더 풍부해졌다. 이것이 바로 워크숍에서 발견한 통찰로, 참가자들은 이러한 발견을 "연결된 삶이란 곧 더욱 풍부한 삶이다."라는 표현으로 걸러냈다.

이 슬로건은 클릭스의 소매 사업을 재구상하기 위한 전략의 뼈대가 되었으며, 꿈꾸고 구상하기 단계에서 미래를 그려볼 때 사용하는 렌즈가 되었다.

꿈꾸고 구상하기

워크숍에서 참가자들은 새로운 기술을 사용하는 데 익숙한 사람들이 그렇지 않은 사람들보다 더욱 행복하고 긍정적이라는 사실을 발견했다. 또 이러한 사람들은 실제로도 더욱 효과적으로 소통했고 세계적인 사건이 발생했을 때 더욱 강한 유대감을 느꼈으며 자신감 있게 문제를 해결할 뿐 아니라 좋은 학생이기도 했다. 그리고 이들은 자신이 다른 사람이나 아이디어와 연결되어 있기 때문에 직업적으로든 경제적으로든 더욱 성공적이라고 확신했다.

컴퓨터를 정기적으로 사용하고 인터넷이나 게임을 즐기며 대인관계를 유지하기 위해 소셜미디어를 자주 활용하는 사람들에게는 연상 능력의 발달이라는 또 다른 이득이 있었다. 비록 일부 사람들은 갈수록 기술에 의존하는 것이 (자극과 정보의 과다로) 우리를 바보로 만들까봐 걱정하지만, 알고 보면 그 모든 자극은 또 다른 종류의 지능을 발달시킨다. 바로 다양한 아이디어로부터 새로운 통찰을 생성하는 능력이다.

꿈꾸기

클릭스가 꿈꾸는 미래는 앞으로 필수품이라고 여겨질 전자제품에 대한 접근성이 누구에게나 보장되는 세계다. 그러한 미래에 전자기기는 사용 설명서가 굳이 필요하지 않을 정도로 사용자 친화적으로 개발될 것이다. 사람들이 자신의 관심과 능력, 예산에 적합한 전자기기를 손쉽게 선택하게 되면서 전자기기를 구입하고 활용할 때 경험하곤 했던 불안감이나 무력감은 사라질 것이다. 기술을 통해 사람들은 더욱 똑똑하고 안전해지며 사랑받고 생산적으로 일하면서 보다 건강

해질 뿐 아니라 공감과 영감을 더욱 더 자주 경험할 것이다. 전자기기는 새로운 가능성을 향한 문으로 간주될 것이며 우리의 자존감과 건강, 대인관계, 지역사회를 강화함으로써 더욱 건강한 사회를 만드는 데 기여할 것이다.

이미 기술을 적극적으로 사용하고 있는 사람들에게는 빤한 내용이라고 생각될 수도 있다. 그러나 기술에 저항해온 사람들이나 최첨단 장비나 최신 기기를 보면 위협감과 불안을 느끼는 사람들에게는 그렇지 않다. 워크숍에서 도출된 통찰, 곧 연결된 삶은 더욱 풍부한 삶이라는 비전은 바로 이러한 사람들을 위한 것이다.

그리고 바로 이 지점이 클릭스가 주도적인 역할을 맡아야 할 때다.

기술이 더 풍부한 삶을 향한 문이라면 클릭스는 그러한 기술을 향한 문이다. 이러한 통찰을 얻은 참가자들은 클릭스가 그러한 가교의 역할을 하면서 사람들이 더욱 더 연결된 삶을 살도록 안내하는 모습을 상상할 수 있었다. 나아가 이 비전속에서 사람들에게 필수적인 전자제품을 제공하는 사업자로서 클릭스의 비즈니스모델을 구상하기 위한 최고의 해결책을 그려볼 수 있었다.

구상하기

25년이 넘도록 업계에서 활동하면서 전 세계로 사업을 확장한 (클릭스는 비록 소규모이지만 멕시코와 캐나다, 인도, 중국에 진출해 있었다.) 클릭스에게는 세 가지 중요한 자산이 있었다. 거대한 매장 공간과 브랜드 인지도 그리고 주요 전자제품 제조업체와의 파트너십이다. 이 세 가지 요소는 클릭스를 더욱 연결되고 풍부한 삶을 향한 문으로 재창조하는 과정에서 활용할 자원이 되었다.

한편 워크숍 참가자들은 자아의 각 차원이 기술을 매개로 어떻게 달성되는지에 대한 멋진 통찰을 얻었다. 자아의 각 영역에 사랑, 배움, 자기계발 그리고 성취라는 이름을 붙임으로써 참가자들은 사람들이 가장 큰 의미를 느끼는 활동이 무엇인지 파악할 수 있었다. 바로 그러한 활동이야말로 사람들이 좀 더 풍요로운 삶을 누리기 위해 적극적으로 추구하는 시도이기 때문이다. 참가자들은 또한 그저 전자기기를 판매만 하는 사업은 점차 설 곳을 잃어버리고 있다는 사실을 이미 알고 있었다. 소비자들은 얼마든지 다른 수단을 통해 자신이 원하는 것을 더 싸게 구입할 수 있는 방법을 알고 있었다. 그래서 다음 질문을 던져볼 필요가 있었다. "클릭스는 무엇을 판매하고 있는가?"

그들은 이렇게 답했다. 클릭스는 기술이라는 수단을 통해 더 풍부한 삶을 위한 경험의 문을 여는 열쇠를 판매한다. 그렇다면 다음 질문은 "경험의 문을 여는 열쇠를 판매함으로써 어떠한 수익을 창출할 것인가?"와 "클릭스의 비즈니스모델은 무엇인가?"였다.

우리가 구상한 대략적인 계획은 다음과 같았다. 모든 매장 공간을 네 가지 자아의 차원과 관련된 경험을 연출하는 연극 무대로 간주한다. 그에 따라 매장을 네 가지 구역으로 구분한다. 네 가지 차원 자체는 본질적이며 변하지 않는 개념이므로, 비록 새로운 트렌드에 따라 각 차원을 연출하는 무대의 세부적인 디자인은 달라지겠지만 전체적인 구조는 그대로 유지할 수 있을 것이다. 이것이 바로 클릭스 재창조 전략의 핵심이었다.

이때 클릭스가 동원할 수 있는 강력한 도구는 바로 전자제품 제조업체와의 오랜 파트너십이다. 새로운 구상에 따르면 이 파트너십은 '독점적 프로모션'을 재정의함으로써 재창조될 수 있다. 독점적 프로모션은 주차장에서 풍선이나 현수막으로 잔뜩 치장해서 벌이는 행사가 아니라 가치에 초점을 맞춘 행사가 될 것이다. 예를 들어 새로운 영화가 개봉하면 모든 클릭스 매장에서 독점적으로 시사회를 개최할 수 있다. 영화를 상영할 때에는 제조업체들로부터 새로 출시된 3D 모니터를 협찬 받을 수 있을 것이다. 만일 이 신제품에 대해 한 달 가량 독점적 배포 권한을 얻을 수 있다면 행사가 진행되는 동안 고객들은 할인된 가격으로 모니터를 구입할 수 있게 된다. 다른 업체와의 파트너십을 활용하면 여행, 마케팅, 광고, 신제품 출시, 전자기기 게임이나 장난감 등과 관련된 다양한 행사를 개최할 수 있다.

클릭스가 소비자에게 선사할 수 있는 또 다른 경험으로는 3D 프린터나 인간의 사고로 조종하는 전자기기, 로봇 비서 등 미래 기술을 보여주는 '미래 기술 전시회'를 들 수 있다. 매년 개최되는 국제전자제품 박람회Consumer Electronics Show(세계에서 가장 큰 가전 기술 전시회)와 비슷하지만 더 작은 규모로 개최되는 이 전시회는 기술 기업들이 혁신가로서 대중에게 입지를 굳힐 기회가 될 것이다.

클릭스는 기술을 매개로 사랑과 배움, 자기계발, 성취가 일어나는 더욱 풍요로운 삶을 여는 열쇠로서 사람들에게 흥미진진하고 매혹적인 미래를 제시할 것이다. 미래 기술 전시회와 같은 프로그램을 통해 클릭스는 미래 기술의 안내인이 되어 기술이 안겨다 줄 이득을 가장 의미 있는 방식, 곧 경험을 통해 제시할 것이다.

걸러내기

변화하는 소매업에 대응하기 위해 클릭스의 사업을 재구상하는 과정에서 우리는 매장 경험이 고객에게 지속적으로 유효하도록 만들 수 있는 핵심은 바로 소비자 전자제품의 진정한 가치를 홍보하는 데 있다는 사실을 발견했다. 다시 말해 전자제품을 통해 관계를 넓히고 아이디어를 활발하게 교환하게 되면 사람들의 삶에서 사랑과 생산성, 건강, 동기, 공감이 증진된다는 점을 좀 더 적극적으로 알릴 필요가 있었다.

"새로운" 관점

클릭스의 새로운 꿈은 발견의 공간ZoD 과정을 통해 발견한 "와," "아" 그리고 "아하!" 반응에서 도출되었다. 이 모든 발견은 "연결된 삶이란 더욱 풍부한 삶"이라는 핵심 통찰을 도출하는 데 기여했다. 각종 조사와 인터뷰, 전자 매체(비디오 영상, 사진, 논평)를 살펴보면서 기술을 매개로 이루어진 연결과 유대의 강력한 힘에 감탄했다. 온라인을 통해 외로움이나 위험에서 벗어나고, 일자리와 사랑을 찾았으며 오직 온라인에서만 만날 수 있는 사람 사이에서 코칭을 받고 지지와 유머 오락 그리고 영감을 빈번하게 발견할 수 있었다.

이렇게 얻은 통찰은 대형 전자제품 할인매장으로서 클릭스가 사업을 재구상하는 토대가 되었다. 참가자들은 이러한 통찰을 진작부터 어렴풋이 지각하고 있었지만 이를 구체적인 단어로 표현할 방법을 찾지 못했다. 이를 표현할 수 있는 언어를 찾는 과정은 클릭스의 비전을 구체화하는 과정이었다는 점에서 굉장한 의미가 있었다. 이로써 클릭스는 앞으로 나아가야 할 방향에 대해 알 수 있었고 프로젝트의 모든 구체적인 부분까지 계획할 수 있었다.

최대 가치 시나리오: 클릭스의 R^3OI

클릭스의 최대 가치 시나리오를 도출하기 위해서 우선 다음과 같은 질문을 던졌다. 어떻게 하면 클릭스만의 고유한 자산과 관점에 부합하도록 클릭스의 미래를 설계할 수 있을까? 그렇게 설계한 전략이 클릭스의 R^3OI(적응력, 타당성, 수익)를 증가시키리라는 근거는 무엇인가? 이러한 질문에 대한 답을 찾기 위해 꿈꾸고 구상하기 단계에서 얻은 결과물을 구체화한 다음 이를 R^3OI라는 기준에서 평가했다.

적응력. "나는 어디로 가고 있는가?"를 다루는 모든 발견의 공간 ZoD 프로그램은 네 가지 변화의 힘을 분석하는 것부터 시작하기 때문에 적응력은 이미 비전을 도출하는 과정에 통합되어 있다. 인류학적 연구나 기술, 경제학, 소매업을 선도하는 전문가들과 나눈 인터뷰를 포함해 워크숍 초기에 수행했던 조사를 통해 우리는 전자기기가 개인적이고 공적인 삶의 모든 부분에 녹아 들어가 있음을 확신할 수 있었다. 다음은 그러한 트렌드 가운데 일부다.

> 현대 사회에서 소비자가 최신 기술을 받아들이는 속도는 인류 역사 상 가장 빠르며, 이러한 트렌드는 앞으로도 지속될 것으로 보인다.
> 전자제품의 생산 비용과 판매 가격이 지속적으로 하락하고 있다.
> 교육과 건강관리, 연애, 고용, 연구, 출판, 오락 등의 서비스를 제공하는 과정에서 기술이 점점 더 중요해지고 있다.
> 세계경제가 연결성에 의존하고 있다.

이러한 각 트렌드는 앞으로 다가올 10년 간 소비자 기술을 진보시키는 강력한 동력이 될 것이다.

타당성. 이러한 트렌드에서 볼 수 있듯이 우리 삶의 모든 측면에서 연결성은 갈수록 강화되고 있다. 우리 삶의 각 측면은 다른 측면과 더욱 깊이 소통하게 될 것이다. 예를 들어 생체 인식 센서(가령 심장 박동이나 호흡, 수면 등을 측정하는 센서)를 통해 우리의 의료 기록을 업데이트하면 이 정보는 건강관리 프로그램이나 장보기 목록에 자동으로 반영될 수 있다. 우리 삶이 불과 5년이나 10년 사이에 실제로 이렇게 변화한다면 우리에게는 어떠한 전자제품이 필요할까?

물론 소비자는 그러한 기능이 모두 포함된 전자기기를 원할 것이다. 그리고 오늘날과 마찬가지로 그런 제품을 쉽게 발견할 수 있기를 바라는 동시에 가능하다면 합리적인 비용에 세련된 디자인까지 원할 것이다. 이와 같이 소비자의 욕구는 오늘날과 비교했을 때 크게 달라지지 않겠지만 영업과 마케팅, 교육, 서비스를 비롯하여 판매를 촉진하기 위한 모든 방식은 끊임없이 진화할 것이다. 오늘날 소매업계는 바로 이러한 모든 변화에 주목하고 있으며 이는 미래에도 마찬가지일 것이다.

여기서 기술이 더욱 풍요로운 삶을 향한 문이라는 개념을 중요하게 받아들일 필요가 있다. 하지만 보다 중요한 것은 클릭스가 바로 그러한 기술을 향한 문이라는 개념이다. 더 이상 소비자는 제품을 비교하거나 구입하기 위해서 매장을 직접 방문할 필요가 없다. 그러나 오늘날 소비자에게 필요한 것은 바로 제품을 통한 삶의 변화를 직접적으로 체험할 수 있는 기회다. 소비자는 다른 곳에서는 경험할 수 없는 독특하고 의미 있는 상호작용을 원하고 있다. 이 사실은 달리 말해 매장의 역할이 더 이상 영업의 첫 단추가 아니라 소비자가 떠날 여정의 시작이 되어야 한다는 의미다. 그러기 위해서 앞으로의 매장은 소비자를 교육하고 영감을 주며 즐거운 경험을 선사하는 역할을 담당해야 한다. 그리고 영업은 바로 그러한 상호작용의 결과 최종적으로 발생하는 단계가 될 것이다.

요컨대 소비자가 진정으로 원하는 것은 우뇌적인 몰입 경험이다! 소비자들 또한 "와," "아" 그리고 "아하!"라고 뱉을 수 있는 영감의 순간에 강력하게 반응한다. 소비자들은 새로운 것, 곧 새로운 브랜드나 제품, 기능에 열광한다. 또한 독점적 혜택과 마음껏 즐길 수 있는 행사에 참여하기를 원한다.

흥미롭게도 온라인 소매업체들도 갈수록 물리적 경험의 가치가 중요하다는 사실을 인지하면서 실제로 매장을 내기 시작했다. 애플이 그렇고 아마존도 같은 길을 따르고 있다. 오늘날처럼 모든 것이 극도로 연결된 사회에서 사람들은 온라인과 오프라인 세상의 완전한 통합을 원하고 있다. 클릭스와 같은 소매업체가 업계에서 퇴출되지 않으려면 매장 경험을 처음부터 끝까지 뜯어고쳐야 한다.

수익. 1962년에 사회학자 에버렛 M. 로저스Everett M. Rogers가 제안한 '얼리어답터early adopter'라는 개념은 오늘날 비즈니스에서 흔히 통용되는 언어로 뿌리 내렸다.

새로운 기술과 혁신이 사회에 수용되는 과정을 다룬 저서《개혁의 확산Diffusion of Innovations》에서 로저스는 지식, 설득, 결정, 실행 그리고 확정이라는 다섯 단계로 이루어진 혁신의 확산 과정을 제안했다. 클릭스의 수익은 이러한 과정에 따라 매장 경험을 구조화할 때 발생할 것이다.

예를 들면 각종 이벤트나 전시는 소비자들에게 기술의 힘으로 더욱 풍요로운 삶을 경험할 수 있다는 사실을 알려준다는 점에서 1단계인 지식 서비스라고 볼 수 있다. 새로운 기술을 교육하고 컨설팅하는 프로그램은 2단계부터 4단계(설득, 결정, 실행)에 걸쳐 이루어지며,

마지막 5단계에서 최종적으로 매출이 발생할 것이다.

이 과정은 더욱 풍요로운 삶을 향한 문으로 클릭스의 역할을 새롭게 정의하는 접근을 뒷받침한다. 다섯 단계에 걸쳐 이루어지는 혁신의 확산 과정은 자아의 네 가지 차원에서 영감을 받아 클릭스에 적절하게 응용될 수 있다. 수익을 창출하고 파트너십을 강화할 기회는 그 과정에서 얼마든지 마련할 수 있을 것이다.

> 새로운 기술의 수용 속도는 사회 체계의 구성원들이 혁신을 수용하는 상대적인 속도로 정의된다. 이는 사회 체계의 구성원 가운데 특정 비율이 혁신을 수용하는 데에 소요되는 시간으로 측정된다.
> ─ 에버렛 M. 로저스,《개혁의 확산》(뉴욕: 프리프레스, 1983), 221쪽.

클릭스의 현재에서 미래까지 포트폴리오

우리는 클릭스가 누구이고 어디로 가고 있는지를 심층적으로 이해함으로써 클릭스의 비전을 도출할 수 있었다. 클릭스의 목적은 창립 때부터 한결 같았지만, 이제야 비로소 비즈니스모델과 전략의 명시적인 부분으로 통합되었다.

이제까지 클릭스는 대형 할인 매장으로만 인지되어 왔다. 지금부터는 더욱 연결된, 그럼으로써 더욱 풍부한 삶을 향한 문으로서 인식될 것이다. 그리고 이러한 변혁은 단기, 중기, 장기 프로젝트로 구획된 구체적인 혁신 방안을 실행하여 달성될 것이다. 이번 워크숍에서는 클릭스의 변혁에 시동을 걸 수 있는 프로젝트를 도출했으며, 클릭스의 현재에서 미래까지 포트폴리오는 앞으로 운영될 연례 워크숍을 통해 지속적으로 업데이트될 것이다.

단기 프로젝트

단기 프로젝트는 지금 당장 실행할 수 있는 활동들로 구성된다. 클릭스의 경우 기업의 사회적 책무와 지속가능성을 위해 현재 수행하고 있는 프로그램을 재구성하는 작업이 포함되었다. 이러한 변화는 우선적으로 조직 내부의 구성원을 대상으로 시도될 것이며, 이는 클릭스의 비전에 걸맞게 조직 문화를 정렬하기 위한 첫 걸음이 될 것이다.

곧바로 실행에 옮길 수 있는 또 다른 프로젝트는 첫 번째 팝업 프로그램(이벤트와 전시 등)을 조직할 팀을 구성하는 작업이다. 사랑, 배움, 자기계발, 성취라는 네 가지 자아의 차원에 따라 설계될 팝업 프로그램은 첫 해에는 몇몇 매장에 한해 제한적으로 시도될 것이다.

중기 프로젝트

두 번째 해와 세 번째 해에는 파트너십 구축과 매장 디자인을 개선하는 데 초점을 맞추어야 한다. 클릭스의 구성원들은 매장을 과도하게 바꾸지 않는 선에서 매장 환경을 재구조화할 것이다.

매장 디자인 계획과 이를 실행하기 위한 구체적인 전략을 도출하는 데는 다소 시간이 소요되겠지만 두 가지 모두 종합적인 전략의 토대가 될 것이다.

장기 프로젝트

클릭스의 비전을 최종적으로 달성하기 위한 장기 프로젝트를 실행하기 위해서는 우선 매장 환경과 전체적인 사업 기능을 점검할 필요가 있다. 제조업체나 언론사와의 파트너십은 새로운 비즈니스모델의 핵심을 구성할 것이다. 매장은 끊임없이 변화하는 '쇼'를 연출할 수 있도록 몰입도가 높고 유연한 환경으로 재탄생할 것이다. 브랜드와 마케팅도 개선해야 하고 제품 판매 과정은 완전히 재구조화해야 한다. 또 당연하지만 임직원 교육과 조직문화 개선은 변혁을 뒷받침할 수 있는 든든한 토대가 될 것이다.

거꾸로 계획하기

만일 자신이 처한 상황에 적절한 실행 계획을 이끌어내지 못한다면, 이제까지 워크숍을 통해 도출한 통찰과 비전은 그다지 가치 있거나 공유할만한 거리가 되지 못할 것이다. 따라서 발견의 공간ZoD 워크숍의 마지막 단계에서는 비전을 구체적인 프로젝트로 분해하여 역으로 설계하는 과정을 거친다. 다시 말해 최대 가치 시나리오를 분석하는 데서 시작하여 이를 이루기 위한 과정을 단계별로 쪼갬으로써 시간과 사람, 돈이라는 측면에서 프로젝트를 측정하고 관리할 수 있도록 만드는 것이 목표다. 그러기 위해서는 역으로 계획하기 활동을 수행해야 한다.

시간. 클릭스의 경우 우리가 최초에 설정했던 시간적 범위는 상당히 정확했던 것으로 드러났다. 우리가 예측했던 환경과 행동은 10년이라는 시간에 정확히 맞아 떨어졌다. 워크숍 참가자들은 클릭스가 새로운 미래를 위해 제대로 궤도에 올라서기까지 약 5년이라는 시간이 필요하리라고 예상했으며, 클릭스가 최종적으로 비전을 달성하기까지는 총 6년에서 10년이 걸리리라고 판단했다.

사람. 새로운 비즈니스모델에는 파트너십이 핵심적 역할을 하기 때문에 파트너십을 구축하고 관리하는 데는 숙련된 팀이 필요하다고 생각했다. 또 소비자를 대상으로 하는 교육 프로그램을 관리하기 위해서도 전시와 관련된 팀과 이벤트 기획과 관련된 팀, 두 팀이 필요하다.

돈. 이러한 팀을 구축하는 데 얼마나 많은 비용이 들까? 투자 규모를 판단하려면 팀의 역할을 배분하고 운영비용을 고려해야 한다. 그렇다면 수익은 얼마나 창출할 수 있을까? 클릭스와 같은 마케팅 조직에서 일반적으로 고객 유치 비용은 고객생애가치와 같다. 우리는 클릭스에게 새로운 프로그램을 시작할 때 유입된 신규 고객을 추적 조사하여 투자 대비 수익이 얼마나 되는지 정확히 계산해보라고 권했다.

또 다른 간단한 방법은 'x에 대한 방정식'을 푸는 것이다. 즉 클릭스의 새로운 기능을 운영하기 위해 필요한 총 비용이 주어졌을 때,

손익분기점을 맞추기 위해서는 얼마나 많은 수의 고객을 모집해야 할까? 우리가 이 계산을 직접 해보면서 클릭스가 현재 새로운 고객을 유치하는 데에 드는 비용과 비교했을 때 클릭스의 새로운 비즈니스모델이 월등한 승자였다.

이제 당신은 미래학자처럼 생각하는 데 필요한 지식과 도구를 갖추었다. 1부에서는 미래를 예측하기 위한 모형, 곧 네 가지 변화의 힘을 소개했다. 2부에서는 "나는 누구인가?"와 "나는 어디로 가고 있는가?"라는 근본적인 질문에 대한 답을 창의적인 문제 해결 방법을 통해 얻었다. 통찰의 과학을 토대로 하는 발견의 공간$_{ZoD}$ 방법론은 좌뇌에서 우뇌로, 다시 좌뇌로 초점을 움직임으로써 창조적 성과를 극대화하도록 했다.

이제 남은 문제는 한 가지다. 시간과 성과에 대한 압박이 강한 비즈니스 세계에서 이처럼 새로운 사고방식을 어떻게 적용할 수 있을까? 3부에서 바로 그 답을 찾을 수 있다.

3부
5퍼센트 규칙 실행하기와 시행착오 과정

장비만 주면 일은 해결될 것이다.
― 윈스턴 처칠 Winston Churchill

12장

시간과 인력, 돈의 5퍼센트만
미래를 위해 투자하라

5퍼센트 규칙

지금 우리는 과거 어느 때보다도 더 세계를 이해하는 관점을 정기적으로 점검하고 업데이트해야 하는 시점에 와 있다. 이는 무시해서는 안 될 중대한 변화지만 대다수 사람들은 크게 개의치 않는다. 왜 그럴까? 우리 뇌가 변화에 잘 대처하지 못하는 것도 하나의 이유지만(그렇기에 뇌에 정기적으로 새로운 정보를 주입하는 것이 중요하다.), 우리가 미래와 변화에 저항하도록 만드는 두 가지 환경적 요인이 존재하기 때문이다.

첫 번째 요인은 장기적인 계획과 전략보다는 단기적인 생산성을 우선시하게 하는, 숨 가쁘게 돌아가며 급변하는 사업 환경이다. 우리는 매일 지금 당장 해결해야 하는 긴급한 일들을 직면하며 이를 해결하기 위해 최선을 다한다. 하지만 그 결과 우리의 뇌는 실행(좌뇌)에만 지나치게 집중하느라 그로부터 한 발짝 물러나 상황이나 환경을 점검하는 활동(우뇌)에는 시간을 쏟을 여유가 없다.

과연 우리의 단기 목표가 장기 비전과 어떤 연결선 상에 있는가? 우리가 지금 결정하는 행동이 어떻게 하면 미래의 기회로 이어질 수 있을까? 우리의 귀중한 시간과 재능이 최종적으로 R^3OI(적응력, 타당성, 수익)로 이어질 수 있도록 적절한 질문을 던지고 적절한 프로젝트를 추진하고 있는가? 오늘날 우리가 처한 환경에서 이러한 것들을 신중하게 고민할 수 있는 여유는 감당할 수 없는 사치로 느껴진다. 그렇기에 대다수 조직은 단기 생산성과는 직접적으로 관련이 없는 활동, 즉 미래에 대한 통찰이나 창조성과 관련된 활동은 '전문가'에게나 맡겨두는 편이 낫다고 판단한다.[1]

이는 굉장히 위험한 전략이다.

사고 활동을 다른 사람에게 맡겨두는 순간 우리는 스스로의 미래를 포기하는 위험에 빠진다. 우리는 얼마든지 더 잘할 수 있으며 반드시 그래야만 한다.

이러한 논의는 우리가 수평선 너머를 미처 바라보지 못하고 눈앞에 있는 것들에만 집중하도록 만드는 두 번째 요인으로 이어진다. 대다수 조직은 생산성을 희생하지 않고서는 두 가지 사고방식을 통합할 수 있는 방법을 알지 못한다. 그렇기에 이제부터는 5퍼센트 규칙을 소개한다. 5퍼센트 규칙은 미래학적 사고를 표준적인 조직 체계에 통합할 수 있는 방법이다. 그러기 위해서는 조직의 시간과 자원을 최대 5퍼센트만 사용하면 충분하다는 내용이다.

5퍼센트 규칙은 스트레스가 높은 환경에서 매일 항해해 나아가는 과정에 미래학자처럼 생각하는 기술을 기를 수 있는 표준 원칙이다. 5퍼센트 규칙은 장기적 프로젝트와 단기적 프로젝트를 연계함으로써 우리의 삶을 더 편안하게 그리고 업무를 똑똑하고 효율적으로 처리할 수 있도록 해줄 것이다.

―――――

상상력을 촉발하고 발휘하거나 새로운 꿈을 꾸거나 복잡성을 탐구하거나 기회를 탐색하여 이전까지 한 번도 도전하지 못했던 과제에 대한 새로운 해결책을 창조하려면 어떻게 해야 할까?

또는 과연 얼마나 많은 기업들이 사업 전반에 걸쳐 문제 해결에 착수할 때 혁신 프로세스를 사용하고 있을까? 과연 얼마나 많은 기업들이 (단순히 아이디어를 공유하기 위한 목적에서의 혁신을 넘어선) 혁신을 정의하고 그 목적과 프로세스, 보상 방법을 규정하고 있을까?

우리는 결과물을 평가하고 보상하며 비정할 정도로 실행을 중시하는 세상에 살고 있다. 만일 그 가운데서 새로운 사고와 관점, 행동을 위한 시간을 정기적으로 확보한다면 어떨까? 발견의 공간 ZoD이 숨 쉬며 살아있는 독립체로서 조직 안에 존재한다면? 그래서 모든 프로젝트나 과제가 매우 초기부터 '발견의 공간으로 던져져' 프로젝트가 진행되는 첫 해 동안 계속해서 그 공간이 진화한다면 어떻게 될까? 만일 전략이나 프로젝트에 새로운 관점을 더하며 나아가 그로부터 통찰을 도출해내는 우뇌 활동에 적절한 보상을 한다면? 발견의 공간 ZoD

활동에 매주 두 시간씩 할애하도록 정한 다음 대부분의 시간을 쏟는 좌뇌 활동에 적용하는 엄밀한 잣대를 우뇌 활동에도 적용한다면?

5퍼센트의 규칙은 단기적 결과에 혈안이 된 오늘날 기업 환경에서 어쩌면 양립 불가능한 것처럼 보이는 미래학적 사고를 조직에 통합시킬 수 있는 대안을 제공한다. 미래에 대해 사고하고 미래를 창조하는 데 자신이 가진 시간과 자원의 오직 5퍼센트만 투자하라.

이것이 바로 "실천하는 근면성Do diligence"이다. 자신이 바쁘게 보내는 시간은 최고의 질문을 던져 얻은 답을 토대로 좌뇌-우뇌-좌뇌의 발견하기 과정을 거쳐서 최대 가치 시나리오에 따라 도출한 구체적이고 전략적인 미래를 창조하는 활동과 연계되어야 한다. 이어지는 장에서 5퍼센트의 규칙을 따라 제너럴 밀스General Mills가 거둔 놀라운 성공을 살펴볼 것이다. 이런 성과는 단지 5퍼센트만 정기적으로 시간을 할애하는 것만으로도 충분하다.

13장

**반복적인 개선을 통해
가치 있는 아이디어를 찾아내기**

시행착오 과정

　　제너럴 밀스의 소비자 통찰Consumer Insights, CI 부문에서 일하는 미셸 설리번Michelle Sullivan은 세 명의 동료와 함께 2004년 푸시 콘퍼런스에 참석했다. 그 해 콘퍼런스에는 두 명의 인류학자(그랜트 매크레켄Grant McCracken과 로비 블링코프Robbie Blinkoff)와 더불어 미래학자와 예술가들, 독창적인 마케터들과 기술업계의 구루들이 모였다. 미셸이 인류학을 전공했던 덕분에 이처럼 다각적인 경험에 매우 깊이 공감했는지도 모르겠지만, 이유야 어찌되었든 미셸은 푸시 콘퍼런스에서 결정적인 "바로 그거야!" 경험을 했다. 바로 그런 종류의 창조적이고 미래지향적인 사고, 바로 그런 종류의 영감과 사람들, 바로 그런 종류의 세계관, 바로 그런 종류의 혁신에 대한 접근……. 미셸은 '우리 조직에서 내가 하고 싶은 것, 제너럴 밀스에서 더 필요한 것이 바로 그거야!'라고 생각했다.

그래서 그 다음해 제너럴 밀스가 CI 부문 구성원 몇 명을 푸시 콘퍼런스가 아니라 다른 어느 소매업 트렌드 콘퍼런스로 보내겠다는 결정을 내리자 미셸은 반대 의사를 표현했다. 미셸은 당시 CI 부문 산하의 미래 통찰력Future Insights 팀에서 민속학자로 일하고 있었다. 그녀는 푸시 연구소에서 장려하는 폭넓은 관점(제너럴 밀스 사람들은 이를 '외적 투입물'이라고 부른다.)이 그녀의 업무에 특별히 더 부합한다고 느꼈다. 그리고 더욱 중요하게도 푸시 콘퍼런스에 참가했던 경험은 미셸에게 영감과 아이디어의 풍부한 원천이 되어 그 해 내내 활용할 수 있는 자원이 되었다.

푸시 콘퍼런스에 참여했을 때 엄청나게 놀라운 경험을 한 미셸은 자신의 업무에 필수적인 영감과 미래지향적 사고를 확장하기 위해 다시 한 번 푸시 콘퍼런스를 찾고자 했다. 미셸은 큰 그림을 그리는 푸시 연구소의 사고방식이 CI 부문 동료들에게 큰 가치가 있다고 강력하게 느꼈고, 그에 따라 직원들을 트렌드 콘퍼런스 대신 푸시 콘퍼런스로 보내도록 최선을 다해 노력했다.

푸시PUSH: 촉매제

결과적으로 그 해 미셸의 동료들은 소매업 트렌드 콘퍼런스에 참석하게 되었지만, 미셸의 상사는 그녀가 보여준 열의를 보고 그녀에게 원하는 동료 한 명과 푸시 콘퍼런스에 다시 한 번 참석하라고 허락했다. 미셸은 존 오벌라이Jon Overlie를 선택했다. 그는 미셸과 비슷한 성향을 가진 CI 부문 동료였다.

콘퍼런스 도중 휴식 시간에 미셸과 존이 흥분한 몸짓으로 열띤 대화를 나누는 모습을 보았던 기억이 아직도 선명하다. 어쩌면 두 사람은 이크발 콰디어의 발표에 대해 이야기를 나누었는지도 모른다. 혹은 에스토니아의 전 총리인 마르트 라르Mart Laar 나 아이로봇iRobot 의 창립자인 헬렌 그라이너Helen Greiner 의 발표에 대해서 대화했을 수도 있다. 또는 티나 블레인Tina Blaine 이 카네기멜론대의 엔터테인먼트 기술센터Entertainment Technology Center 에서 개발한 협동적 음악기기인 재모드럼Jam-O-Drum 에 대한 발표에서 강조된 협업의 가치에 대해 논의하고 있었을지도 모른다.

콘퍼런스가 끝나자 머리와 가슴이 영감으로 가득 찬 미셸과 존은 나를 찾아와서 콘퍼런스에서 얻은 경험에 대해 흥분 어린 감사의 말을 전했다. 푸시 콘퍼런스에서 얻은 정보가 한 데 섞이면서 리더십과 혁신에 대한 두 사람의 생각은 전혀 예상하지 못했던 방식으로 뻗어나갔다. 콘퍼런스에서 얻은 정보의 출처도 예상을 뛰어넘기는 했다. 콘퍼런스에는 가상 세계 건축가, 심해 탐험가, 아프리카에 투팍 샤커Tupac Shakur 가 미친 영향을 추적하는 인류학자, 게임 디자이너, '오픈 소스 철학자' 그리고 파키스탄과 에스토니아, 콜롬비아의 외교관들이 강연자로 참석했다. 미셸은 전년도에 경험한 느낌이 옳았음을 확신했다. 미래에 대한 이러한 접근이 바로 제너럴 밀스의 CI 부문이 채택해야 할 접근임이 분명했다.

미셸과 존은 이렇게 말했다. "제너럴 밀스에 다각도로 미래를 모색하는 혁신 연구소를 만들고 싶어요. 통찰을 생성하는 저희만의 엔진을 창조하고 싶습니다. 직책이 아니라 진정한 열망과 열정에서 우러나는 구성원들의 참여를 원해요. 저희만의 "바로 그거야!"를 수집한 다음 CI 부문에 변화를 일으킬 수 있는 구심점을 만들고 싶어요."

두 사람이 들려주는 이야기에 귀를 기울이자 이들의 목적의식이 이미 타오르고 있음이 확실해 보였다. 푸시 콘퍼런스에서 영감을 얻은 "바로 그거야!"를 토대로 두 사람은 직업 생활에서 갈망하던 꿈을 날카로운 관점에서 바라볼 수 있었고, 자신들이 누구이며 어디로 가고 있는지 명료하게 의식할 수 있었다. 콘퍼런스에 참석했던 사람들이 모두 돌아가고 난 이후에도 미셸과 존은 복도에서 대화를 이어갔다. 신선한 자극을 받은 두 사람은 바로 그 때 그 자리에서 제너럴 밀스의 변화를 끌어낼 구심점을 창조하기 위한 계획을 수립하고 싶었다. 두 사람은 푸시 콘퍼런스를 떠나서 익숙한 일상으로 돌아가는 순간 모든 꿈이 무너질 수 있다는 사실을 깨닫고 있었다. 그들은 푸시 콘퍼런스에서 받은 영감을 동료들과 어떻게 나눌지 고민했고, 더욱 중요하게도 변화의 구심점을 창조한다는 아이디어를 제너럴 밀스의 글로벌 소비자 통찰 본부장이자 부사장인 게일 퍼깃Gayle Fuguitt에게 전달할 계획을 명확히 세우기 전까지는 자리를 뜰 수 없었다.

그 당시 미셸은 선임 사원이었고 존도 중간 간부에 불과했기 때문에 변화의 구심점을 만들겠다는 거대한 프로젝트를 게일에게 제안하는 아이디어는 대담한 시도였다. 통상 새로운 아이디어를 제안하는 일은 리더십 팀이 맡지만, 두 사람은 이내 게일이 직책은 전혀 따지지 않는 사람이라는 사실을 알게 되었다. 부사장으로서 게일은 자신의 주된 책임은 어디서든 누구에게서든 리더십 자질을 발견하고 육성하는 일이라고 생각하고 있었다. 그래서 미셸과 존에게는 기쁘게도 게일은 믿을 수 없을 정도로 호의적인 반응을 보였다. 두 사람은 심지어 새로운 프로젝트에 대해 구구절절 설명을 늘어놓지 않아도 되었다. 게일은 무엇인가를 창조하고 싶다는 두 사람의 용기만으로도 충분하다고 생각했다. 게일은 두 사람이 아이디어를 설득력 있게 전달할 수 있는 발표를 준비하면 몇몇 핵심 임원을 초대해서 발표를 들어보겠다고 말했다.

몇 주 뒤 미셸과 존은 발표를 마쳤다. "혁신에 더욱 의지하라."는 기업의 경영방침과 더불어 글로벌 전략, 성장 및 마케팅 혁신 본부장이자 부사장인 마크 벨턴Marc Belton의 "CI 부문은 조직 내 변화를 주도할 책임이 있네."라는 말과 게일의 "CI 부문은 사업 전반에 걸쳐 트렌드를 선도할 필요가 있어요."라는 말을 듣고 미셸과 존은 자신들이 제안한 변화의 구심점이라는 아이디어가 조직의 기대를 충족할 수 있는 적절한 수단이라는 믿음을 굳혔다.

임원들은 두 사람의 아이디어가 흥미롭다고 판단했고, 미셸과 존에게 구체적인 실행 계획을 제시하라는 임무를 주었다. 미팅은 성공적으로 끝났고 두 사람은 아이디어에 뼈대를 갖추기 위한 작업에 착수했다.

에디슨이 말했듯이 "천재는 1퍼센트의 영감과 99퍼센트의 노력으로 이루어진다." 미셸과 존은 거대한 아이디어를 가지고 있었고 이제부터는 이를 실현할 방법을 구체적으로 도출하는 노력을 쏟을 차례였다. 두 사람은 아예 맨땅에서부터 프로젝트를 설계하려면 엄청난 고민과 시간이 필요하다는 사실을 이내 깨달았다.

99퍼센트의 노력

천재를 구성하는 요소에 대한 에디슨의 명언은 1929년 기자회견에서 나온 말이다. 에디슨은 "제 발명품 가운데 우연히 얻은 것은 하나도 없습니다. 저는 우리에게 필요한, 가치 있는 아이디어를 찾아내고 이를 실현하기 위해 끊임없이 시행착오를 반복합니다."라고 덧붙였다.[1] 여기에 우아함이라곤 찾아볼 수 없다. 혁신은 근본적으로 굉장히 단조로운 노력으로 이루어진다. 끈덕지게 헌신하면서 시행착오를 반복한 끝에 마침내 아이디어는 현실이 된다. 혁신은 일련의 소규모 실험을 통해 무엇인가를 시도해보고 그 과정에서 얻은 교훈을 토대로 아이디어를 수정하면서 무엇이 효과적이고 무엇이 그렇지 않은지 발견하는 과정에서 이루어진다.

과학에서 이러한 시행착오는 과학적 방법scientific method이라는 이름으로 잘 알려져 있다. 《옥스퍼드 영어사전Oxford English Dictionary》에 따르면 이 방법은 "체계적인 관찰과 측정, 실험 그리고 가설의 수립과 시험, 수정으로 구성"된다. 과학자들이 실험실에서 바로 이러한 방법에 따라 연구를 수행하며, 이와 비슷한 방식으로 공예가는 작업실에서 화가는 스튜디오에서 요리사는 부엌에서 음악가와 무용수는 연습실에서 혁신을 이루기 위해 노력한다. 새로운 시도를 하고 다시 수정하고 또 다시 시도하는 일을 반복하는 시행착오를 거치면서 우리 뇌는 학습한다. 또한 이 방식을 통해 우리는 한 분야의 탁월한 전문가가 되어 성공할 수 있다.

바이오매스에서 석유 대신 1, 3-프로판디올1,3-Propanediol을 합성하는 공정이 개발된 과정도 이와 비슷했다. 2장에서도 언급했지만 1986년에 더그 캐머런은 이미 대량 생산이 가능할 정도로 수익성이 있는 화학 공정을 성공적으로 수행할 수 있는 방법에 대한 아이디어를 가지고 있었다. 하지만 그는 1991년이 되어서야 생화학 공정을 자세히 다룬 논문을 출간했다. 그리고 나서 1993년에 듀퐁DuPont이 특허권을 사들였고, 다시 10년이 지나고 나서야 듀퐁은 1, 3-프로판디올을 상업적으로 생산하기 시작했다. 그리고 이 성분은 화학업계의 판도를 뒤바꾸어 놓은 획기적인 발명이 되었다.

에디슨과 더그, 이크발 쾨디어, 스티브 잡스, 앨버트 아인슈타인, 볼프강 아마데우스 모차르트를 비롯한 수많은 혁신가들에게서 우리는 아이디어가 처음 머릿속을 스쳐지나가는 순간과 아이디어가 현실로 구현되는 순간 사이에는 끊임없는 노력이 빼곡하게 차 있다는 교훈을 얻을 수 있다.

제너럴 밀스의 미셸과 존 앞에도 이러한 근면한 노력의 길이 펼쳐져 있었다. 변화의 구심점을 창조하기 위해서 무엇이 필요할지 생각하자 두 사람은 이 모든 변화를 이끌어낼 시스템을 어떻게 설계할 것인지 이해하지 못한다면 그들이 꿈꾸었던 혁신의 구심점이 성공할 가능성은 희박하다는 사실을 깨달았다. 변화의 구심점이라는 비즈니스모델은 무엇을 의미하는가?(다시 말해 어떤 자원이 필요하며 어떤 결과를 창출하는가?) 어떤 시스템을 설계해야 조직 전체의 관행과 꼭 들어맞으면서도 새로운 사고와 혁신을 촉진할 수 있을까? 어떻게 하면 사람들의 업무를 방해하지 않으면서도 규칙적인 일과에서 한 걸음 물러나 보도록 유도할 수 있을까? 어떤 시스템을 설계해야 숨 가쁘게 돌아가는, 과업 중심적이고 좌뇌 지배적인 현대적 사업 환경 속에서 번영할 수 있을까? 바로 이것이 두 사람이 직면한 중대한 도전 과제였다.

첫 번째 움직임

존과 미셸은 자신들의 아이디어를 조직이 따뜻하게 맞아주고 지원해 주었다는 점에서 기쁨을 느끼면서도 한편으로는 압도된다는 느낌도 받았다.

두 사람이 기뻤던 이유는 변화의 구심점이라는 아이디어가 그동안 두 사람이 해결하고 싶었던 이슈에 대한 해결책이 되리라고 생각했기 때문이었다. 두 사람은 우선 조직 구성원들이 바쁜 업무에서 잠시 시간을 할애해서 오직 사고에 집중하는 '빈 공간'을 창조하고 싶었다. 또 다른 이슈는 직책을 막론하고 조직의 모든 구성원이 아이디어와 생각을 조직에 공유하고 기여하는 메커니즘을 구축하고 싶다는 것으로, 특히 미셸이 관심을 보였다.

한편 두 사람이 압도된다는 느낌을 받은 이유는 변화의 구심점이라는 개념 자체는 옳았지만 그 개념이 지나치게 막연했기 때문이었다. 존은 이렇게 말했다. "모두가 자신의 일을 재창조할 수 있는 방법을 창조할 만한 비전을 아직 구체화하지 못한 상태였어요. (……) 그때까지만 해도 그 비전이 보이지 않았어요."

이처럼 꼼짝할 수 없는 상황에 처했다고 느낄 때 참고하면 좋을 부처님의 멋진 말씀이 하나 있다. "지금 서 있는 그곳에서 시작하라."라는 말씀이다. 이는 다음 걸음을 내딛기 위해 필요한 모든 것은 이미 우리에게 주어져 있으며, 더 낫거나 다른 환경이 필요하다는 생각은 불필요한 환상이고, 행동하기 위한 때는 바로 지금이라는 가르침이다. 부처님도 틀림없이 우리와 마찬가지로 치유와 사랑, 삶의 전환기, 일상생활과 같은 인간적인 문제에 부딪혔을 것이다. 또한 이 말씀은 혁신을 이루는 과정에서 미셸과 존이 처한 상황에 꼭 들어맞는 탁월한 조언이기도 하다.

미셸과 존은 본능적으로 이 말을 이해했다. 변화의 구심점이 어떻게 작동할지 알아내기 위해서 두 사람은 이 아이디어를 충분히 숙고할 빈 공간을 확보한 뒤 더 많은 구성원을 포섭해서 시행착오를 거쳐야 했다. 이 정도는 충분히 할만 했다.

미셸과 존은 자신들이 중요하게 생각하는 두 가지 이슈, 즉 빈 공간의 필요성과 혁신 프로세스의 민주화라는 이슈가 CI 부문 전체에도 중요하다는 사실을 알고 있었다. 가장 최근에 실시한 조직문화 진단 설문 결과에서도 이 점이 드러났다.

두 사람은 이 시점에서 가장 필요한 일은 더 많은 사람을 포섭하는 일이라고 판단했다. 만일 변화의 구심점이 결국 사람들을 대상으로 하는 것이라면 이러한 비전이 오직 두 사람에게만 공유되어서는 안 되기 때문이다. 그래서 미셸과 존은 가장 우선적으로 해야 하는 일, 즉 첫 번째 움직임이 푸시 콘퍼런스에서 경험했던 "바로 그거야!"라는 영감의 순간을 더 많은 사람들과 공유하는 일이 되어야 한다고 생각했다. 비전을 공유하고 확장하고 개선하는 일이 최우선이었으므로 미셸과 존은 다음 해 푸시 콘퍼런스에 더 많은 구성원을 데리고 가기로 했다. 존에 따르면 그 방법은 '우리가 해야 할 일을 확장하고 굳히기 위한' 가장 효율적인 방법이었다.

이러한 결정은 두 사람이 구체적인 목적과 활동을 목표로 하도록 만들었다는 점에서 도움이 되었다. 두 사람은 2006년 푸시 콘퍼런스에 15명의 구성원을 보내기 위한 비용과 지원을 확보하기 위해 노력했다. 한편 제너럴 밀스에서는 CI 부문을 재창조하는 데 초점을 맞춘 또 다른 움직임이 일기 시작했고, 그에 따라 두 사람은 조직 내 변화가 임박했음을 느낄 수 있었다.

또 한 차례의 시행착오

지원군을 구축하기 시작한 미셸과 존은 처음에 상상했던 변화의 구심점이라는 비즈니스모델이 더욱 개방적이고 협력적인 조직 문화를 구축하고 싶다는 두 사람의 비전에 적절하지 않다는 사실을 깨달았다. 변화의 구심점이라는 아이디어는 본질적으로 컨설팅과 관련 있었다. '전문가'로 구성된 특별한 팀이 다른 구성원들을 대신해서 사고와 고민을 전담한다는 아이디어였다. 이런 종류의 아이디어도 물론 좋기는 했지만 두 사람은 직책을 막론한 모든 구성원이 업무를 수행하는 방식에 영향을 미칠 수 있는 포괄적인 모형을 추구했다.

그에 따라 미셸과 존은 게일의 지원 아래 목표를 수정했고, 최근 구성된 "CI 부문 재창조하기Reinventing CI" 프로젝트 팀에 합류했다. CI 부문의 모든 구성원이 자유롭게 아이디어(제품, 새로운 소비자 연구 방법과 플랫폼, 마케팅)를 개진할 수 있는 민주적 시스템을 구축할 방법을 찾고 싶다는 미셸과 존의 열정은 프로젝트에 자원해서 합류한 구성원의 즉각적인 공감을 얻었다. 프로젝트 팀은 이러한 아이디어를 숙고할 수 있는 '빈 공간'을 창조할 방법을 고안하고 그렇게 도출한 아이디어를 적절한 부서와 협력해서 실행할 방법을 찾기로 했다.

프로젝트 팀원들도 푸시 콘퍼런스에 참석하면 이 경험이 촉매가 되어 CI에서 무엇을 '재창조'해야 하는지에 대한 질문을 던지고 고민해볼 수 있는 기회가 될 수 있을 것으로 생각한 미셸과 존은 콘퍼런스에 참석할 사람들과 사전 회의를 통해 어떤 목적으로 콘퍼런스에 다녀올 것인지 논의했다. 두 사람이 논의를 진행하기 위해 사용한 가이드 양식은 다음 페이지에 실려 있다.

결과적으로 푸시 콘퍼런스에서의 경험을 더 많은 사람들과 공유하겠다는 아이디어는 CI 부문을 재창조하기 위해서 필요한 공통된 기반과 관점을 다지는 매우 효율적인 방법이었다. 또한 콘퍼런스를 통해 사람들은 "바로 그거야!"라는 경험을 공유할 수 있었고, 그로써 합심하여 CI 부문의 새로운 비전을 창조하기 위해 헌신하겠다는 마음가짐을 강화할 수 있었다.

콘퍼런스가 끝난 다음 참석자들은 함께 모여서 CI 부문을 재창조하기 위한 프로젝트에 도움이 될 만한 아이디어를 도출하고 후속 단계에 대해 논의했다. 혁신과 협력을 촉진하기 위한 (아직 이름은 미정인) 프로그램이 그 어느 때보다도 더 눈에 보일 듯이 가깝게 느껴졌다. 이들은 콘퍼런스를 통해 얻은 통찰과 아이디어를 통합하여 정리한 다음 CI 부문 임원들에게 발표할 자료를 만들었다. 프로젝트 팀은 15명이나 되는 사람들을 푸시 콘퍼런스에 보내준 데에 대한 보답으로 콘퍼런스가 새로운 프로그램에 대한 기능과 역할을 정의하는 데 도움이 되었다는 사실을 보여주고자 했다.

푸시 콘퍼런스 사전준비

1차 목표 제너럴 밀스 인터내셔널General Mills International, GMI에서 CI 부문이 주도하는 조직 변화를 추진하기 위해 콘퍼런스를 촉매로 활용하기

2차 목표 개인적 변화를 위한 통찰 찾아내기

핵심 단계

1. 팀 정의하기

주로 관리자를 대상으로 다양한 집단으로 팀 구성하기

2. 콘퍼런스 전 아이디어 탐구 – 2시간 미팅

변화의 가능성이 잠재되어 있는 영역 살펴보기

3. 콘퍼런스 – 3일

4. 콘퍼런스 후 아이디어 탐구 – 반나절 미팅

실행할 수 있는 항목 찾기

5. 실행

통찰 도출: 핵심 질문

1. 조직 관점에서 봤을 때 변화의 리더십을 구축하기 위해서 어떤 역량이 필요한가?
2. 변화 경영에서 무엇을 배울 수 있는가?
3. CI 부문으로서 우리는 제너럴 밀스에 어떤 변화를 추구해야 하는가?

기대 결과

- 프로젝트 팀이 즉각적으로 실행할 수 있는 변화 항목을 한 개 발견한다

- 프로젝트 팀이 장기적으로 실행할 수 있는 변화 항목을 한 개 발견한다
- 프로젝트 팀원 각자가 개인적으로 실행할 수 있는 변화 항목을 한 개 발견한다(참고: 업무와 관련되지 않아도 좋음)

"프로젝트 팀에 굉장한 영감이 되어주셔서 고마워요." 내가 게일의 사무실에 들어서자 게일이 나를 맞아주며 말했다. 미셸과 존 그리고 CI 부문 재창조하기 프로젝트 팀은 그들이 구상한 혁신 프로그램을 실행할 계획을 수립하는 과정에서 나에게 도움을 요청했다. 게일을 처음 만나자마자 나는 그녀의 솔직하고 활기찬 성격이 금방 좋아졌고 산하 구성원의 성장과 역량 개발을 위해 헌신하는 모습이 보기 좋았다.

게일은 프로젝트 팀을 든든하게 지원하고 있었다. 그녀는 프로젝트 팀이 보여준 열정과 추진력에 감명 받았고, CI 부문 전반에 걸쳐 참여와 협업, 혁신을 장려하겠다는 이들의 목표를 눈여겨보고 있었다. 누가 됐든 조직의 새로운 니즈를 파악하고 집단을 구성해서 해결책(도구, 방법론, 문화적 변화, 제품 혁신 등)을 창조하려고 할 때마다 게일은 지원군이 되고자 했다.

CI 부문 재창조하기 프로젝트 팀이 제안한 혁신 프로그램은 쉽게 말해서 더 많은 사람들이 혁신에 동참할 수 있도록 장려하는 플랫폼이라고 할 수 있었다. 구성원 모두가 각자의 환경이나 업무에서 충족되지 않은 니즈를 찾아내고 그에 대한 해결책을 창조하도록 만드는 것이 목적이었다. 나에 대한 게일의 유일한 주문은 바로 프로젝트 팀원들이 프로젝트에 주인의식을 가지고 적극적으로 임하도록 뒷받침하는 것이었다.

게일과의 만남은 내가 이제까지 경험한 의뢰인들과의 첫 미팅 가운데서 가장 만족스럽고 활기찬 미팅 가운데 하나였다. 나는 게일의 솔직함과 프로젝트 팀에 대한 헌신적인 태도도 좋았지만 가장 인상적이었던 것은 프로젝트가 성공할 수 있도록 시간이나 예산에 제약을 두지 않겠다는 게일의 방침이었다.

사람들이 처음부터 '올인all-in'하는 경우는 드물다. 통상 익숙하지 않은 새로운 아이디어를 접할 때 사람들은 아이디어에 적응할 시간이 필요하다. 마치 차가운 물에 천천히 몸을 담그거나 두려움이나 기쁨이 너무 클 때 이를 조금씩 나누어 느끼는 것과 비슷하다. 게일이 기꺼이 프로젝트를 전폭적으로 지원하고자 했던 것은 초기에는 미셸이, 그 다음에는 미셸과 존이, 그리고 나서는 업무 방식을 재창조하기 위해 모인 프로젝트 팀이 보여준 성과 때문이었다. 이들이 3년에 걸쳐 일군 성과를 보고 CI 부문 구성원들은 영감을 받아 혁신이 본질적으로 업무의 한 부분이라는 생각을 하게 되었다. 그리고 이러한 모든 변화는 한 사람에서부터 시작되었다. 이 사실이 얼마나 중요한 의미를 담고 있는지 기억해야 한다. 결국 CI 부문의 미래에 대한 미셸의 열정이 이러한 변화를 촉발했다. 푸시 콘퍼런스를 재방문하려는 미셸의 열정과 다른 사람들까지 콘퍼런스에 참가시키려는 의지 덕분에 프로젝트 팀은 신선한 관점과 정신적 모델을 지니고 일에 착수할 수 있었다. 바로 그 순간 변화가 일어나기 시작했고 이는 혁신의 씨앗이 되었다.

이제부터는 조금 더 실질적인 변화를 만들어낼 차례다.

아이디어에서 실행으로

CI 부문 재창조하기 팀은 1년짜리 혁신 프로그램을 설계하는 과정을 도와달라고 나에게 요청했고, 우리는 '아이디어 온실Idea Greenhouse'이라는 시범 프로젝트를 진행하기로 했다. 프로젝트 팀이 염두에 둔 새로운 프로그램의 목표는 이들이 계속해서 추구해온 아이디어의 연장선상에 있었다. 하지만 자신들의 비전이 아직은 다소 막연하다는 사실을 알고 있었다. 이 비전을 구체화해서 아이디어를 관리할 수 있는 명확한 단계와 시스템을 갖춘 프로세스를 구축할 필요가 있었다. 아이디어에서 실행으로 이어지는 마지막 단계가 가장 중요하다. 그리고 때로는 가장 어려운 단계가 되기도 한다.

이 책의 서론에서 나는 실제적인 대안을 찾기에 앞서 철학적인 고민을 먼저 해야 한다고 말했다. 그러기 위해서는 자신이 처한 상황

> **아이디어 온실의 목표**
>
> - 제품, 기능, 훈련에 미래학적 연구와 방법론 적용하기
> - CI 부문의 차세대 리더 양성하기
> - 아이디어 생성과 혁신을 위한 '빈 공간' 만들기
> - 전략적인 소비자 통찰 제안하기
> - CI 부문 구성원들에게 영감을 주고 역량 강화하기
> - 업계 리더로서 제너럴 밀스와 CI 부문의 입지를 확고히 다지기

에서 한 걸음 물러난 다음 자신이 누구이며 어디로 가고 있는지 질문하면서 직면한 문제를 분석해야 한다. 또한 인간이나 조직 환경의 변화를 고려하여 시스템이라는 관점에서 직면한 문제의 맥락을 이해해야 하고, 최고의 질문을 통해 진정한 니즈에 집중해야 한다. 그리고 개방적인 태도로 새로운 사고와 경험에 접근해야 하며 결과적으로 비전을 수립할 수 있어야 한다.

그러한 과정을 모두 마쳤다면, 이제는 실용적인 단계로 넘어가서 구체적인 실행 계획을 도출하기 위해 비전을 굉장히 작은 부분들로 쪼갤 차례다. 이 시점까지 당신에게 감동을 주고 여기까지 이르게 만든 목적의식과 비전은 잠시 미루어두고 아이디어 온실을 조성하

자. 지금이 바로 흙을 파고 씨앗을 심으며 비료를 주고 잡초를 솎아내며 화분을 옮겨 심는 등 아이디어를 육성하기 위한 온갖 실질적인 활동에 착수할 시점이다. 사실 당신의 프로젝트를 일컬어 당신이 기르고 싶은 식물에 꼭 맞는 온실을 설계하는 원예 프로젝트라고 생각해도 좋다. 그러나 온실을 본격적으로 짓기 시작하기 전에 우선 프로젝트의 기대 결과를 정확히 정의할 필요가 있다.

이 작업은 표준적인 사업 계획을 수립하는 활동과 동일하다. 어떤 온실을 짓든 사업을 시작할 때와 똑같은 노력을 들이고 똑같은 과정을 거쳐야 한다. 다음은 아이디어 온실 팀이 고민했던 질문 가운데 일부다.

- 구성원들로부터 어떤 종류의 아이디어를 구하고자 하는가? 아이디어를 모을 때 일정한 기준을 마련할 것인가? 아이디어가 있다면 사업 계획까지 수립해서 제출하도록 할 것인가? 아니면 그저 단순히 제안하기만 해도 되도록 허용할 것인가?
- 수집된 아이디어를 누가 개발할 것인가? 아이디어를 개발하기 위한 워크숍이나 팀을 마련할 것인가? 아이디어를 실현하기 위한 비용은 어떻게 마련할 것인가? 우리 팀이 아이디어 개발 프로젝트를 얼마나 많이 맡을 수 있을까?
- 새로운 프로젝트를 착수하기 위한 절차는 무엇인가? 우리 팀은 조직의 여타 혁신 집단과 어떤 관계를 맺을 것인가? 제너럴 밀스의 전반적인 사업 니즈에 초점을 맞추어야 할까? 아니면 CI 부문

의 이슈에 집중해야 할까?

아이디어 온실: 구조

CI 팀이 아이디어 온실 프로젝트로부터 어떤 결과를 기대하는지 구체적으로 살펴본 우리는 한 자리에 모여 팔을 걷어붙이고서 CI 혁신 프로젝트로 출범시킬만한 아이디어를 수집하고 개발할 절차를 그려나가기 시작했다.

가장 우선적으로 고려해야 할 사항은 CI 부문의 260명이 넘는 구성원들로부터 아이디어를 어떻게 수집할 것인지에 대한 부분이었다. 이 프로그램의 주요 목적은 아이디어가 있다면 누구든지 자신의 아이디어를 귀 기울여 듣고 함께 고민해줄 공간을 찾을 수 있는 적절한 프로세스를 마련하는 것이었다. 그렇기 때문에 아이디어를 제안하는 절차를 쉽고 간단하게 만들 필요가 있었다. 팀원 가운데 몇몇 성실한 이들이 위키피디아Wikipedia(이용자들이 직접 참여해서 만들어가는 온라인 백과사전 - 옮긴이)와 비슷한 내부 웹사이트를 만들어서 구성원들이 브랜드나 연구 도구, 프로젝트, 사업 기회를 비롯해 각자가 열정을 느끼는 주제라면 무엇이든지 그에 관한 아이디어를 공유할 수 있는 공간을 마련했다.

구성원들이 벤처 이사회venture board에 아이디어를 발표하고 아이디어가 프로젝트로 출범하도록 돕는 역할을 맡는 데 관심을 보일만한 사람, 이른바 혁신 에이전트를 찾기는 쉬웠다. CI 부문 재창조하기 팀을 거쳐 갔던 대다수 사람들은 이미 이 프로젝트에 열광적인 태도를 보이고 있었고 프로젝트를 실행하는 데 참여하기를 원했다. 나아가 이 스타트업 프로젝트의 문은 CI 부문 구성원 모두에게 활짝 열려 있었다.

사업 계획 모델에 따라 아이디어 온실 팀은 자원과 재료(구성원들로부터 제안 받은 아이디어)를 확보했고 노동력(혁신 에이전트)을 갖추었다. 다음 단계는 이를 토대로 시장에서 수익성이 있을만한 프로젝트를 만드는 것이다. 그러기 위해서 벤처 이사회가 설립되었다. 벤처 이사회는 게일과 CI 부문의 공동 부문장 그리고 다수의 임원으로 구성되었다. 가령 어느 아이디어가 프로젝트로 발전할 준비가 되었다면 아이디어를 제안한 사람은 혁신 에이전트의 도움을 받아 벤처 이사회를 대상으로 아이디어를 발표한다. 그러면 벤처 이사회는 이 아이디어를 적용할 수 있는 기존 프로젝트를 추천하거나 다른 팀이나 브랜드에 적용할 수 있는 가능성을 검토하거나 필요하다면 자금을 조성하여 아이디어를 실현하기 위한 자원을 확보하도록 도와준다. 벤처 이사회에 선보일 아이디어를 어떻게 선별할 것인지에 대해서도 논의가 이루어졌고 그 내용은 아래 그림에 담겨 있다.

벤처 이사회는 두 가지 측면에서 아이디어 온실이 성공하는 데 절대적으로 중요한 역할을 했다. 첫째, 벤처 이사회는 아이디어 온실에 대한 경영진의 지지를 함축하고 있었다. 아이디어 온실이 직책을 막론하고 누구에게나 열려 있다는 약속을 진정으로 지키려면 사람들

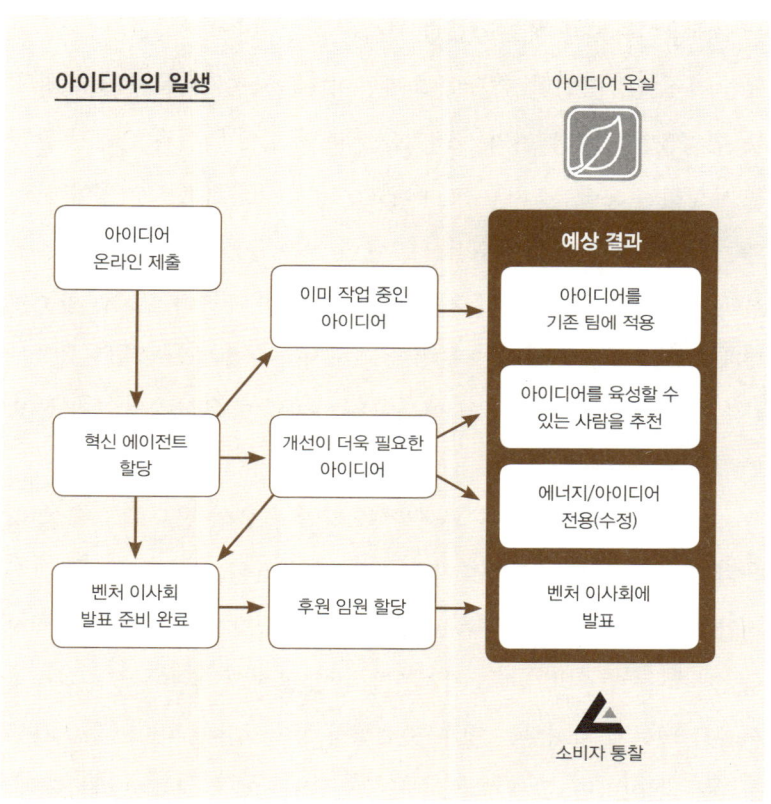

에게 아이디어나 새로운 프로젝트를 고안했을 때 상사들이 지원해주리라는 확신을 주어야 했다. 아이디어 온실이 위가 아니라 밑에서부터 시작한 프로젝트며 이렇게 탄생한 '우리들의 프로그램'이 경영진의 지지를 받았다는 사실은 아이디어 온실의 핵심 가치를 보여준다. 즉, 최고의 통찰은 혁신을 이루기 위한 노력이 개방적으로 그리고 협력적으로 이루어질 때 얻을 수 있다.

벤처 이사회가 매우 중요한 역할을 한 두 번째 이유는 이를 통해 보상 시스템을 마련할 수 있었기 때문이다. 혁신이나 우뇌 사고, 창조성, 협업을 중요하게 여기는 기업은 많지만 정작 혁신과 관련된 활동을 보상하는 모습은 찾아보기 어렵다. 대신 통상적으로 기업이 보상하는 활동은 생산성과 직접적으로 관련 있는 활동들이다. 비즈니스에서 우뇌 활동의 비중을 증가시키기를 원한다면 조직이 그러한 활동에 실제적인 보상을 하겠다는 분명한 메시지를 구성원들에게 전달해야 한다. 그러한 이유에서 벤처 이사회는 아이디어 온실에서 가장 중요한 부분을 담당했다.

결과적으로 아이디어 온실은 두 가지 종류의 성과를 창출했다. 우선 다수의 혁신 프로젝트가 탄생했고, 그러한 프로젝트가 기꺼이 제안될 수 있는 조직 문화가 조성되었다. 제너럴 밀스는 객관적 측정을 중시하는 조직이기 때문에 아이디어 온실 프로그램이 측정 가능한 성과를 내는지 살펴보는 것도 중요했다. 만일 아이디어 온실이 성공을 거둔 것이라면, 그렇게 볼 수 있는 근거는 CI 부문에서 제안된 혁신 프로젝트의 숫자나 그러한 프로젝트가 조직 전체에 미친 명백한 영향력일 것이다. 아이디어 온실이 CI 조직 문화를 변화시켰는지는 또한 연례 조직문화 진단 설문으로 평가할 수 있다. 설문은 조직 구성원들이 업무나 경영, 조직 환경에 대해 어떻게 느끼는지 측정하며, 그를 통해 CI 부문이 위험 감수와 혁신, 협업, 창의성을 비롯한 우뇌 활동에 어떤 태도를 보이는지 확인할 수 있다. 조직 문화 변화를 보다 구체적으로 측정할 수 있는 방법은 리더십 개발을 통해서다. 만일 아이디어 온실 프로젝트가 목표를 달성했다면 혁신 에이전트나 아이디어 생산자로서 집단을 주도하면서 인정을 받고 승진하는 '떠오르는 스타'가 등장할 것이다.

마지막으로 아이디어 온실 팀은 이 프로그램에 필수적으로 요구되는 사고와 배움, 가치를 부문 전체에 전파하기 위한 방법을 고안했다. 다양한 방식이 개발되었다. 가령 아이디어 온실을 통해 탄생한 프로젝트를 부문 전체와 공유하는, 일종의 푸시 콘퍼런스라고 할 수 있는 콘퍼런스가 탄생했다. 또한 과학자나 예술가, 연예인, FBI 프로파일러 등 색다른 분야 출신으로서 CI 부문 구성원의 사고와 관점을 확장시킬 수 있는 인물을 매월 초대하는 '상자 밖에서 생각하기' 강연 시리즈가 만들어지기도 했다.

"포용력"의 한계 고려하기

제자리에·······.
준비·······.
워워, 잠깐만·······.
뭔가 잘못된 것 같아.

이는 새로운 도전을 시도할 때 흔히 발생하는 상황이다. 자신의 가정이 옳았는지 잘못되었는지 즉각적인 피드백이 온다. 그럴 때면 그때그때 상황에 맞추어 자신의 모델을 수정해가면서 시행착오를 반복해가는 수밖에 없다. 계속해서 움직이면서 적응하는 것이 중요하다.

　얼마나 계획을 꼼꼼히 수립하건, 얼마나 좋은 의도를 지녔건 또는 앞으로의 상황을 얼마나 잘 감안했다고 생각하건 새로운 프로젝트의 성공 가능성은 궁극적으로는 변화에 대한 조직의 포용력tolerance에 달려 있다. CI 부문 재창조하기 팀이 나에게 혁신 프로젝트를 설계하는 과정에 합류해 달라고 요청했을 때 팀원들은 야심찬 꿈을 꾸고 있었다. 이들이 꿈꾸던 혁신 프로젝트에는 리더십 개발 훈련, 미래학적 기술과 연구 방법론 적용, 혁신 워크숍 운영, 분기별 리더 모임 등이 포함되어 있었다. 나는 초기에 그러한 꿈을 모두 통합한 1년짜리 시범 프로그램을 제안했지만, 자세히 파고 들어가자 그러한 꿈은 몇 년에 걸쳐 단계별로 이루어 나가야 한다는 점을 이내 알 수 있었다. 일단 토대부터라도 튼튼하게 짓는다면 언제라도 그 위에 무엇이든 지을 수 있다. 또 그러한 변화는 쉽게 흔들리지 않을 것이다.

　그래서 우리는 시범 프로그램을 3개월로 단축시키고 기초적인 아이디어 온실 프로그램 아이디어를 제외한 그 밖의 모든 부가적인 아이디어는 뺐다. 누구든지 아이디어를 제안할 수 있는 체계를 마련하고 아이디어를 개발할 수 있는 '빈 공간'을 조성하며 경영진으로부터 탄탄한 지지를 얻는다는 초기의 목표에 집중하면서 우리는 "일단 핵심적인 아이디어부터 구현하고 토대를 튼튼하게 만들자."라는 결론을 내렸다.

　시범 프로그램이 반쯤 완성되어 갈 때 또 다른 조정이 필요하다는 사실을 깨달았다. 구성원들의 입장에서는 일상적인 업무 외에 추가적인 노력을 기울일 시간을 확보하기가 어려웠다. 이는 해결하지 않고 방치한다면 프로그램을 실패하게 만들 수 있는 굉장히 중요한 문제였다. 즉각적인 해결책은 명백했다. 바로 혁신 에이전트의 역할을 최소화하는 것이다. 매달 하루하고도 반나절씩 이루어지는 교육을 처음에는 하루로 줄였다가 그 다음에는 반나절로 줄였고 최종적으로는 2시간으로 구성했다. 결과적으로 리더십 개발과 관련된 콘텐츠는 프로그램에서 완전히 빠지게 되었다.

그 결과 프로그램에 임하는 사람들의 에너지는 눈에 보일 정도로 증가했다. 그전에도 혁신 에이전트들은 이 프로젝트에 헌신하고 있기는 했지만, 이들이 맡은 역할이 현실적인 삶의 여건과 부합했을 때 이들의 수행은 더욱 효과적이었다. 따라서 아이디어 온실 팀은 당분간은 일부 꿈을 연기한 채 주어진 시간 안에 성취할 수 있는 꿈에 집중하기로 했다.

"지금 서 있는 그곳에서 시작하라."라는 불교의 가르침을 다시 떠올려보자. 어떤 종류든 장애물에 직면했을 때 이러한 불교의 가르침을 취하는 것은 좋은 생각이다. 한계(아이디어 온실의 경우에는 사람들의 빡빡한 일정과 높은 업무 강도)가 주어져 있다면, 이에 저항하거나 이를 바꾸려고 하는 시도는 아무 의미가 없다. 그럴 때면 현실을 있는 그대로 받아들이고 첫 번째 움직임을 어떻게 시도할 것인지에 집중해야 한다.

아이디어 온실 프로젝트를 조직의 '포용력'의 한계에 맞추자 이 프로젝트의 목적을 단순하면서도 굉장히 효과적으로 표현할 수 있었다. 아이디어 온실의 목적은 CI 부문 구성원이 제안한 아이디어를 여과하는 매개체로서 기능하는 것이라고 정의했다. 그에 따라 아이디어 온실의 주요 목표는 (1)아이디어를 제안할 수 있는 민주적이고 평등한 구조 설계하기, (2)상당한 잠재력이 있는 아이디어에 자원 지원하기로 요약할 수 있었다. 두 가지 목표 모두 기존의 CI 부문 조직 시스템에 매우 효과적으로 부합했고 새롭게 통합된 조직 시스템은 아이디어와 프로젝트를 공유하고 개발하는 이른바 "CI 방식CI Way"으로 금방 자리 잡았다.

5퍼센트 규칙

방금 전에 나는 아이디어 온실이 성공할 수 있었던 비밀 하나와 함께 5퍼센트 규칙의 핵심 원리를 하나 소개했다. 내 뜻을 확실히 이해했는지 재차 확인하기 위해 여기서 다시 강조한다. 혁신 에이전트가 공식적으로 투자해야 하는 시간은 매달 2시간으로 줄어들었다. 거대한 아이디어, 거대한 프로젝트, 거대한 조직 문화 변화가 모두 2시간 안에 담겼다!

물론 이처럼 효율적인 프로그램을 설계하는 데는 3년에 걸친 기반 작업이 필요했다. 하지만 요점은 호기심과 실험이라는 우뇌 기능을 프로젝트에 통합하면 궁극적으로 효율성과 생산성을 높일 수 있다는 것이다.

어떤 조직에서는 '우뇌', '혁신', '창의성'과 같은 단어를 입 밖으로 내뱉기만 해도 긴장감이 흐른다. 그러한 조직은 우뇌 활동이 시간 낭비에 불과하다고 생각하며 사람들이 괜한 활동과 아이디어에 꾀여서 비생산적인 꿈의 나라에 갇힐까 봐 두려워한다. 하지만 이러한 생각은 틀렸다.

물론 일반적인 좌뇌 활동에 부합하는 규범과 원칙, 보상이 우뇌 활동에도 똑같이 적용되지 않는 한, 좌뇌-우뇌-좌뇌L-R-L 접근을 혁신과 전략에 연관된 모든 경우에 일률적으로 적용하지 않는 한, 통찰이란 결국 새로운 자극을 토대로 이루어지는 우뇌 활동이라는 점을 이해하지 못하는 한, 통찰이 행동과 목표라는 좌뇌 언어로 변환되지 않으면 통찰에는 거의 아무런 가치도 남아 있지 않다는 점을 이해하지 않는 한 그렇다. 여기서 놀라운 점은 아이디어 온실 사례가 보여주듯이 일단 이러한 구조가 적용되면 그다지 많은 시간과 자원이 필요하지 않다는 점이다.

혁신 에이전트들도 경험했지만, 조직이 '빈 공간'을 만들고 우뇌적 발견의 공간ZoD 활동에 몰입하려고 할 때 시간은 가장 큰 구조적 장벽이 된다. 조직 구성원들에게 더 많은 자율권을 주거나 그저 창의적으로 사고하라고 촉구하는 행동은 조직 시스템에 부담만 가중시킬 뿐이다. 각종 회의와 마감 기한이 빼곡하게 채워진 환경에서 구성원들이 새로운 활동에 몰입할 여지를 찾기란 쉽지 않다.

그러한 환경에 미래학적 사고를 적용하고자 한다면 미래학적 사고를 육성하고 보상하는 구조를 구축해야 하며, 그 다음에는 조직의 포용력의 한계를 고려하면서 이러한 구조가 유지될 수 있도록 만들어야 한다. 불교적 관점에서 접근하여 이를테면 월스트리트Wall Street에서 발표하는 기업의 분기별 수익 보고서를 통제하기란 불가능하다는 사실을 받아들여야 한다. 월스트리트의 보고서를 비롯해서 우리가 통제할 수 없는 구조는 이사회를 비롯해 기업 의사결정의 모든 차원에 퍼져 있다. 시스템은 바로 그렇게 설계된다.

따라서 겉으로 보기에는 미래학적 사고와 양립 불가능한 것처럼 보이는 우뇌적 활동을 조직에 통합하려면, 분기별 수익 보고서 같은 요인에 영향을 받는 조직 환경에 적합하도록 프로그램을 설계해야 한다. 그리고 L-R-L 접근의 네 가지 힘을 탐험하는 프로그램을 설계할 때 5퍼센트 규칙은 좋은 출발점이 된다. 이제부터는 5퍼센트 규칙을 따라가면서 미래학적 사고를 조직에 통합하는 거대한 프로젝트에는 광범위한 기획 연구와 발견(클릭스의 사례처럼), 집중적인 발견의 공간ZoD 워크숍(쿡스 오브 크로커스 힐이 그랬듯이) 그리고 반복적인 개선을 통해 결과물을 완성해가는 시행착오 과정이 필요하다는 사실을 보게 될 것이다.

―――――

발견의 공간ZoD을 위한 물리적 장소를 마련하는 일은 프로젝트가 성공하는 데 중요한 역할을 한다. 발견의 공간을 마련하여 "바로 그거야!"를 수집하고 저장하는 창고로 만들자. 영감과 통찰이 가득한, 살아있으며 끊임없이 성장하는 공간을 구성하자. 그렇게 한다면 그 공간은 꿈꾸고 구상하기 단계에서 발전시킨 자신의 비전, 곧 전략을 도출할 궁극적인 자원이 구현된 공간이 될 것이다. 발견의 공간$_{ZoD}$을 활용해서 네 가지 힘을 재검토하고 최고의 질문을 탐구하며 최대 가치 시나리오를 업데이트하면서 프로젝트 계획을 조정하자.

이상적으로 발견의 공간$_{ZoD}$을 위한 장소는 발견의 공간$_{ZoD}$ 활동을 위해 전용으로 할당된 공간이어야 하며, 가상공간까지 포함할 수 있다. 미래학적 사고를 일상적인 업무 활동의 하나로 편입시키려면 아이디어를 지속적으로 탐험할 수 있는 물리적인 공간이 필요하다. 거대한 그림을 그리는 사고와 연구, 창조성, 협업을 위한 공간을 마련해야 하며, 사람들이 그런 공간에 있을 때 관점과 사고를 확장할 수 있도록 자극을 주어야 한다. 온라인 공간도 중요하다. 온라인 공간에서는 물리적 공간을 초월해서 창조적 활동을 공유하고 수집하며 기록하고 저장할 수 있기 때문이다.(특히 가상공간은 디지털 미디어를 공유하고 아이디어나 "바로 그거야!"라는 반응을 언제 어디서든 기록할 때 매우 유용하다.)

또 물리적 공간은 한 시점에 다양한 프로젝트가 운영될 수 있을 정도로 규모가 커야 하며, 언제든지 이 공간을 방문하는 사람이면 누구나 마음껏 사고하고 탐험할 수 있는 화랑으로서 개방되어 있어야 한다. 게다가 그 공간은 사람들이 워크숍이나 회의를 위해 또는 혼자만의 모험을 위해 예약할 수 있어야 한다. 규모가 작은 기업의 경우 그 공간은 조직 전체의 혁신을 촉발하는 구심점이 될 수 있으며, 큰 조직의 경우에는 팀이나 부문이 될 수도 있다.

만일 그러한 공간을 구축하는 일이 가능하지 않다면, 발견의 공간이라고 부를만한 벽면을 마련하고 게시판이나 파일, 콜라주, 공책을 만든다. 자원이 얼마나 많든 관계없이 자신이 가진 물리적 공간의 5퍼센트를 할당해서 발견의 공간ZoD을 위한 장소를 만들면 된다.

———

도전해보기. 물리적 공간의 5퍼센트 그리고 시간과 예산, 업무 수행의 5퍼센트면 된다. 자원의 95퍼센트는 해야 하는 일에 투자하고, 나머지 5퍼센트는 당신에게 다가올 기회와 도전에 대응하기 위해 현명하게 준비해야 하는 일에 투자하라.

$$R^3OI$$

리더를 양성하는 일 외에 게일의 주요 책임은 제너럴 밀스라는 브랜드가 소비자의 마음을 사로잡는 데 그녀가 이끄는 CI 부문이 기여하도록 만드는 것이다. 게일을 인터뷰한 시점은 2011년으로 아이디어 온실 프로젝트가 출범한 지 4년이 되었을 때였다. 아이디어 온실 프로그램이 CI 부문에 어떤 영향을 미쳤다고 생각하는지 물어보자 게일은 아이디어 온실 프로그램의 성과를 구체적으로 이야기했다. 다음은 게일이 직접 들려준 말이다.

혁신을 위해 조기에 그리고 자주 투자하는 방식을 우리(글로벌 소비자 통찰 부문)는 늘 중요시 여겨왔어요. 만일 적절한 연구 방법으로 소비자의 니즈와 행동을 예측하지 못한다면 우리는 조직의 기대를 저버리는 셈이 됩니다. 우리는 제너럴 밀스에 벤처 투자 모형을 도입했고, 그 결과 우리 브랜드에 굉장히 적합한 통찰을 발견하고 수집할 수 있는 혁신을 이루게 되었지요.

아이디어 온실을 거쳐 제안된 아이디어를 경제적으로 지원해서 시작된 작은 프로젝트가 한 가지 사례예요. 2007년에 파이버 원Fiber One 브랜드는 완전히 새로운 제품인 파이버 원 바Fiber One Bars를 출시하려고 했는데, 마케팅 예산이 너무 적었어요. 그 당시 제품 판매에 소셜미디어가 미치는 효과에 대해서는 아무런 자료가 없었는데, 세 명의 조직원(애덤 기니Adam Guiney, 자비에르 산체스 데 카르모나Xavier Sanchez de Carmona 그리고 크리스 쾀Chris Quam)은 소셜미디어가 파이버 원 바를 성공적으로 출시하기 위한 훌륭한 방법이라고 생각했지요. 세 사람은 이 아이디어를 아이디어 온실에 제안했고, 벤처 이사회 앞에서 발표했어요. 그리고 쉽게 우리의 지지를 얻어냈지요.

프로젝트의 성과는 한 마디로 굉장했다고 할 수 있습니다. 매출이라는 측면만 봐도 그렇지요. 세 사람은 온라인에서 이루어지는 소비자들의 대화가 파이버 원 바의 성공과 결정적으로 연결되어 있다는 점을 보여주는 연구 결과를 내놓았어요. 기니, 산체스 데 카르모나 그리고 쾀은 그들의 핵심 발견을 최종 보고서에 이렇게 표현했어요. "온라인 대화와 매출 간 결정적인 상관관계를 최초로 발견하다."

세 사람은 전통적인 방식의 광고에 막대한 예산을 투자하지 않더라도 신제품이 성공적으로 시장에 출시될 수 있다는 것을 보여주었을 뿐 아니라 입소문이 다른 어떤 요인보다도 매출에 강력한 영향을 미친다는 사실을 발견했어요. 이제 소셜미디어를 활용해서 우리는 소비자와 직접적으로 소통하게 되었고, 더욱 중요하게는 소비자의 반응을 연구할 수 있는 경로를 확보할 수 있었어요.

신제품의 '입소문 마케팅'을 추적하기 위해 세 사람이 개발한 연구 방법은 단지 제너럴 밀스뿐 아니라 소비재 업계에서도 최초라고 할 수 있습니다. 이 방식은 이제는 소비자 통찰을 얻기 위해서 소셜미디어를 연구하는 표준이 되었지요.

파이버 원 바의 매출이 보여주는 성과는 놀라울 정도입니다. 제너럴 밀스의 2011년 기업 실적 보고서에 따르면 파이버 원 바는 간식 부문에서 순매출 증가분의 5퍼센트나 차지했습니다. 2012년 초에는 곡물 시리얼 바 분야에서 10퍼센트의 시장점유율을 보였고요.

혁신에 단지 자원의 5퍼센트만 투자했을 뿐인데도 한 부문 순매출의 5퍼센트를 성장시켰다는 것은 의심의 여지없이 상당한 수익을 거둔 성과라고 볼 수 있다. 게일과 제너럴 밀스는 "이 다음에는?"이라는 질문에 초점을 맞추는 방식이 회사의 브랜드에 훌륭한 기여를 한다는 사실을 확인할 수 있었다. R³OI의 세 가지 준거에 따라 살펴본 파이버 원의 혁신 수익은 다음과 같다.

> **적응력.** 파이버 원 브랜드는 현재 시리얼과 바뿐만 아니라 제빵 믹스, 요구르트, 빵, 코티지 치즈까지 영역을 확장했다.
> **타당성.** 신제품 개발과 마케팅은 '소비자 대화'를 직접적으로 반영하고 있다.
> **수익.** 매출이 증가했고 마케팅 비용은 감소했으며 업계 리더십과 조직 문화가 개선되었다.

파이버 원의 사례는 아이디어 온실이 창출한 투자 수익 가운데 한 사례에 불과하다. 아이디어 온실은 부문 전체를 관통하는 혁신 프로그램으로서 체계와 구조를 갖추었고 폭넓은 지지를 받았다. 아이디어 온실이 성공할 수 있었던 이유는 이 프로그램에 참여했을 때 구체적인 보상이 주어졌기 때문이다. 사람들은 프로젝트를 시작하기 위한 경제적 지원을 받거나 새로운 발견을 CI 부문 전체와 공유할 기회를 누리거나 인정을 받았다. 게일은 구성원 모두가 이 사실을 실감한 순간을 기억한다. "아이디어 온실 프로젝트를 개시하는 콘퍼런스였어요. 아이디어 온실 후원자이자 CI 부문의 선임 사원인 헤더 맥스웰Heather Maxwell이 자리에서 일어나서 이렇게 말했지요. '보세요, 지금 회사가 돈을 뿌리고 있잖아요!' 구성원들의 아이디어에 경제적인 지원이 얼마든지 가능하다는 것을 깨달으면서 사람들은 아이디어 온실이 중대한 프로젝트라는 사실을 알았고 그 뒤로 여세는 꺾이지 않았어요."

"실천하는 근면성"

혁신 프로그램을 개발하고 적용할 때 혹은 그 밖의 새로운 프로그램을 도입할 때는 기업 환경의 일상적인 부담에 민감하게 귀를 기울여야 한다. 또한 프로젝트를 성공시키겠다는 불굴의 의지도 필요하다. 아이디어 온실 프로젝트가 이 사실을 증명한다. CI 부문이 혁신에 대한 새로운 접근을 수용하는 데는 굉장한 집중력과 끈기 그리고 낙천적인 정신이 필요했다. 나는 이를 "실천하는 근면성"이라고 부른다.

변화는 의식적인 행동이라는 점을 기억하자. 시스템이든 문화든 중력은 항상 당신에게 불리하게 작용한다. 마치 뇌가 익숙한 것을 고집하는 경향과 비슷하다. 변혁이란 혁명적인 행동(기존 권력 구조의 근본적인 변화)이라기보다 새로운 사고나 프로세스의 도입(이 책에서 소개하는 것처럼)을 의미하는 경우가 많다. 다시 말해서 당신의 세계를 진정으로 변화시키고 싶다면 기존의 시스템과 융화할 수 있는 프로세스를 설계해야 한다. 그 다음에는 "실천하는 근면성"을 발휘해서 새로운 프로젝트를 적용하고 개발하기 위해 노력하면 된다.

대담한 비전을 가지고 시작하자. 그리고 점진적 변화가 꾸준히 일어나도록 끈기 있는 행동으로 비전을 실행하자. 변화가 쉬우리라고 기대해서는 안 된다. 변화는 쉽지 않다. 그러나 변화를 선택하지 않을 경우를 생각해 보자. 우리는 위대한 성장의 기회를 놓치게 된다. 만일 변화를 피하거나 무시한다면 당신은 도태될 것이다. 당신이 할 수 있는 최고의 선택은 항상 변화를 선택하는 것뿐이다.

이 책의 말미에 실린 '미래학자처럼 생각하는 비법'은 중력과 현상 유지의 파괴력에 저항할 수 있는 유용한 조언과 도구를 소개하고 있다. 이 정보를 성실하게 활용하면 시간과 자원의 단지 5퍼센트만 투자하면서 이미 풍부한 당신의 삶에 발견의 공간ZoD 프로세스를 굉장히 자연스럽게 통합할 수 있을 것이다. 쉽지는 않겠지만 자연스럽게 할 수 있다.

하지만 지금은 제너럴 밀스에서 어떤 일이 벌어졌는지부터 우선 살펴보자.

> 사람들이 대개 기회를 놓치는 이유는 기회가 작업복 차림의 일꾼이라는 모습으로 찾아와 마치 일처럼 보이기 때문이다.
>
> ─ 토머스 에디슨 (존 메이슨, 《크리스천 생활백서 An Enemy Called Average》에서 인용.)

미래학적 문화

CI 부문의 혁명적인 개인들로부터 시작한 움직임은 마침내 미래학적 혁신가들로 가득한 문화로 자리 잡았다. CI 부문 구성원들이 이제는 다르게 생각하게 된 성과는 아이디어 온실 프로젝트의 가장 중요한 투자수익이다. 단지 CI 부문뿐 아니라 CI 부문의 손길이 닿는 제너럴 밀스라는 브랜드 전체에도 그렇다.

아이디어 온실을 조직의 포용력에 맞게 구축한다는 것은 아이디어 온실의 원칙과 프로세스가 CI 부문에서 일어나는 모든 활동에 내포되도록 만든다는 뜻이다. 아이디어 온실 프로그램의 가장 훌륭한 성과 가운데 하나는 게일의 말을 빌리면 "혁신에서 위계를 들어냈어요."라는 점이다. 게일은 "아이디어 온실을 통해 조직 내 어린 친구들도 사고 리더로 성장할 수 있었습니다."라고 덧붙였다. 대표적인 사례가 카이아 케글리Kaia Kegley다. 아이디어 온실 프로젝트가 출범했을 때 카이아는 제너럴 밀스에서 불과 1년밖에 근무하지 않은 상태였다. 카이아는 1세대 혁신 에이전트 가운데 한 명이었고 얼마 지나지 않아 이 프로젝트를 운영하는 데도 직접 참여했다.

카이아는 신규 조직원이라는 이유로 조직이 자신의 노력을 저지하지 않았다는 사실에 놀랐다고 말한다. 프로젝트의 문은 누구에게나 활짝 열려 있었고 유일한 참여 조건은 열정과 열망이었다. 열정과 열망은 곧 CI 문화에서 매우 귀중하게 여기는 가치가 되었다.

아이디어 온실은 또한 제너럴 밀스에 벤처 자본이라는 비즈니스 모델을 도입했다. 보상 체계는 누가 봐도 명백했다. 좋은 아이디어에는 누가 제안하든 관계없이 종자돈이 지원되었다. 아이디어 온실이 도입되기 전에 아이디어에 경제적 지원이 어떻게 이루어졌는지 생각하면 실로 큰 변화라고 할 수 있었다. 과거에는 각 부서의 굳게 닫힌 시스템 앞에서 끊임없이 문을 두드려야 했다. 그리고 부서 예산을 받으려면 우선순위가 있는 다른 프로젝트와 경쟁해야 했다.

아이디어 온실이 성공할 수 있었던 이유는 아이디어를 민주적으로 제안할 수 있는 체계를 마련했으며, 아이디어에 반응(혁신 에이전트와 벤처 이사회)을 보이고 아이디어에 종자돈을 후원한다는 약속을 했기 때문이었다. 2년 사이 혁신의 문화는 더 이상 공식적인 프로그램이 필요하지 않을 정도로 CI 부문에 깊이 뿌리 내렸다.

카이아는 이렇게 표현했다. 아이디어 온실은 "CI 부문 전반에 걸쳐 우리의 사고방식을 재구조화하는 데 성공했어요. 혁신은 이제 일상이 되었지요. (……) 이제 우리가 영감을 얻는 대상은 단지 소비자 시장이나 소매업, 음식 트렌드, 업계 관행을 초월했어요. 우리는 세계의 다른 국가와 문화, 철학을 바라보고 있어요. (……) 우리의 통찰은 더욱 강력해졌습니다."

존 오벌라이는 아이디어 온실이 출범하기 한 해 전 이루어진 조직문화 진단 결과에서 '자유롭게 실험할 수 있는 분위기'의 순위가 낮았던 것을 기억한다. "이제는 당연한 게 되어버렸어요! 새로운 일에 도전하는 시도 아니면 그저 아이디어를 제안하는 행동 자체를 더 편안하게 생각하게 되었습니다. 완벽할 필요도 없어요. 우리의 임무는 문제를 해결하는 것이기 때문에 실험은 그 과정에서 매우 중요한 측면이지요."

처음 아이디어 온실을 추진할 때를 회고하면서 존은 이렇게 말한다. "업무에 대한 접근 방식을 새롭게 설계하고 진정으로 귀중한 가

문항	아이디어 온실 도입 전 (2006) 문항에 동의한 비율	아이디어 온실 도입 후 (2008) 문항에 동의한 비율
혁신적 아이디어가 실패하더라도 아이디어를 제안한 집단에 불이익이 없다.	36	47
구성원은 제너럴 밀스의 기존 관행에 도전할 수 있다.	46	62
제너럴 밀스는 서로 다른 업무 방식을 포용하는 문화를 가지고 있다.	54	69
제너럴 밀스는 경쟁사보다 시장 변화에 잘 대응한다.	28	52

치에 방점을 두기 위한 공간을 확보하기 위해 노력했어요." 계속해서 존의 말을 빌리자면, 아이디어 온실의 목표는 CI를 혁신하면서 "우리는 연구를 하지 않습니다. 우리는 핵심 전략적 통찰을 발견하고 비즈니스 전략을 위한 대안을 구축합니다."라는 점을 보여주는 것이었다. CI 재창조하기 프로젝트 팀은 CI 부문이 마케팅 부서를 위해 자료를 뽑아내는 연구자들 집단이라는 인식을 바꾸는 데 열정적이었다. 팀은 CI 부문이 "연구에 전문성이 있는 사업가"이자 전략적 파트너로서 인식되기를 원했다. 따라서 아이디어 온실 프로젝트는 '미래를 스카우팅'한다는 정신과 실천을 통해 그러한 포부를 충족하고 아이디어가 있는 구성원들이 아이디어를 좇아 실행하도록 장려하는 것을 목표로 했다.

CI 조직문화가 바뀌었다는 사실을 깨달은 게일은 이제는 아이디어 온실 프로젝트의 성과를 밑거름으로 활용하여 다음 단계로 도약할 차례라고 생각했다.

아이디어 온실의 유산

아이디어 온실은 단 한 사람으로 인해 변화가 일어날 수 있다는 사실을 보여준다는 점에서 영감을 주는 사례다. 이 프로그램을 개발하고 실행하는 토대가 된 모형은 사람들에게 권한을 부여하는 변화가 지원 리더십과 강력한 시스템과 결합되었을 때 효과적인 이유를 보여준다. 콰디어도 비슷한 맥락에서 "사람들의 손에 생산 도구를 쥐어주면, 사람들은 자신에게 필요한 변화를 창조할 것이다."라고 말했다.

작은 성공을 쌓아올려 포용력의 한계치까지 끌어올리고 처음에 품고 시작했던 거대한 비전을 향해 시행착오를 겪어 나가면서 변화는 뿌리를 내리기 시작한다. '생산 도구' 즉 각자가 직면한 환경에서 변화를 만들어낼 수 있는 권한을 나누어주면 변화의 추진력이 축적되기 시작한다. 작은 성공과 승리가 진화하면서 변혁이 일어난다.

바로 그것이 CI 부문이 계속해서 해나가고 있는 일이다. 아이디어 온실 덕분에 혁신은 조직의 표준적인 관행이자 가치로서 자리 잡았고, 이는 푸시 콘퍼런스에 참석한 팀에게 그토록 영감을 주었던 미래학적 사고를 조직 시스템에 긴밀하게 통합할 수 있는 토대가 되었다. 게일은 후속 프로젝트를 기획했고 미래학적 기술 Futures Skills 이라는 이름을 붙였다. 미래학적 기술은 곧 제너럴 밀스의 소비자 통찰 부문을 주도하는 핵심 원칙이 되었다.

미래학적 기술이라는 방법은 광범위한 분야를 포괄하는 '전뇌적 whole-brain 사고'를 장려한다. 발견의 공간ZoD의 발견하기 단계에서 논의했듯이 좌뇌와 우뇌를 활용해서 정보를 수집하면 비즈니스를 위한 전략적이고 실천적인 통찰을 걸러낼 수 있다.

아이디어 온실의 결실을 토대로 개발된 프로젝트는 그 밖에도 많다. 소셜네트워크에서 소비자 통찰을 얻기 위한 플랫폼인 소셜 인사이트 네트워크Social Insights Network가 그 가운데 하나이며, 새로운 트렌드와 변화를 최전선에서 조사하는 iTECH도 그러한 사례다.

2010년에 출범한 iTECH 또한 아이디어 온실처럼 구조적으로 진화해왔다. iTECH 팀은 먼 미래에 초점을 두고 있으며 신기술과 신시장을 연구하는 여덟 명의 전임 직원을 두고 있다. 이 팀은 시장 연구를 토대로 '음식 세계'라는 영역 전반에 또는 예를 들면 새로운 연구 방법처럼 매우 구체적인 영역에 적용할 수 있는 전략적 솔루션을 도출한다.

가장 최근에는 2020년이라는 미래에 CI 부문의 모습을 구상하는 위계 없는 팀이 출범했다. 40명의 구성원으로 이루어진 이 팀의 목표는 CI 부문의 역할을 고려하고 미래에 필요할 기술과 도구, 역량을 고민하면서 2020년까지 CI 부문을 어떤 방향으로 이끌어 나가야 할지에 대한 계획을 세우는 것이다.

이러한 이슈에 대응하기 위해서 CI 2020 프로젝트 팀은 우선 앞으로 10년 사이에 환경이 어떻게 변화할 것이며 그러한 변화가 사람들의 일과 가정에 어떤 영향을 미칠 것인지 고려해야 한다. 새로운 변화가 사람들이 음식을 고르는 행동에 어떤 작용을 할까? 제너럴 밀스는 사람들의 '삶을 풍부하게' 만든다는 미션을 어떻게 충족할 수 있을까? 아니면 미래 환경에서 이 미션의 의미 또한 달라질까? 그러고 나서 프로젝트 팀은 소비자 행동이 어떻게 변화하며 그러한 행동을 관찰하고 예측하기 위해 무엇이 필요할지 정의해야 한다. 이러한 방향을 염두에 둔다면 팀은 2020년에도 소비자 통찰 부문에서 업계 리더로서 지위를 유지하기 위해 어떤 기술의 도구, 역량이 필요할지 도출할 수 있을 것이다.

―――

CI 부문에 미래학적 사고가 성공적으로 통합되자 제너럴 밀스의 조직 문화 전반에도 변화가 생겼다. 대표적으로 제너럴 밀스에는 '핵심 근무시간'이라는 새로운 제도가 도입되었다. 2011년부터 회의는 오직 오전 9시에서 오후 3시 사이에만 진행할 수 있으며, 그에 따라 오전 9시 이전과 오후 3시 이후 조직 구성원의 근무시간 중 5퍼센트는 각자 자율적으로 활용할 수 있게 되었다. 존의 가장 간절한 소원이었던 사고하기 위한 '빈 공간'이 마침내 보장되었다.

하지만 아이디어 온실(그리고 이를 토대로 개발된 후속 프로그램들)의 진정한 유산은 제너럴 밀스라는 조직 전체가 이와 비슷한 접근을 채택하도록 영감을 주었다는 점이다. 또한 아이디어 온실 프로그램은 업계에서 모범 경영 사례로 자리 잡으면서 제너럴 밀스라는 조직의 바깥에까지 영향을 미쳤고, 유사한 조직의 소비자 연구 부문이 참고하는 표준이 되었다. 제너럴 밀스의 소비자 통찰 부문은 연구와 혁신에서 미래지향적인 접근으로 폭넓은 지지를 받고 있다.

> 성공적인 혁신의 핵심 차원을 조명한 국제적 벤치마킹 연구에 따르면, 제너럴 밀스는 두 영역에서 상위 20퍼센트 기업 가운데 1등을 차지했다. 바로 '소비자의 목소리에 기반을 둔 아이디어 생성'과 '소비자·사용자의 욕구 발견'이라는 영역이다. 두 영역 모두 제너럴 밀스의 글로벌 소비자 통찰 부문의 성과와 직접적인 관련이 있다.
>
> 출처: Scott J. Edgett, New Product Development: Process Benchmarks and Performance Metrics (Houston, TX: Product Development Center and the American Productivity and Quality Center, June 13, 2011). http://www.stage-gate.com/publications_newproddev.php에서 열람 가능

미셸과 존, 게일은 CI 부문에 미래학적 사고가 확고한 표준으로 자리 잡도록 만드는 과정에서 푸시 콘퍼런스를 통해 영감을 받은 "바로 그거야!"라는 아이디어가 "한 번 해보자!"라는 의지로 변환된 순간을 경험했다. 아이디어 온실은 그러한 방향으로 나아가기 위한 첫 번째 움직임이었다.

종종 첫 번째 움직임은 대담한 아이디어가 숨을 거두는 단계가 되기도 한다. 새로운 도전 대다수는 시범 단계를 거친 뒤 버려지기 때

소비자 통찰 부문 연대표

2004 미셸 설리번이 최초로 푸시 콘퍼런스에 참석
2005 존 오벌라이가 미셸과 함께 푸시 콘퍼런스에 참석
2006 CI 구성원들이 새로운 아이디어를 공유하고 활성화할 수 있는 방법을 찾기 위해 CI 부문 재창조하기 팀이 형성됨. 15명이 푸시 콘퍼런스에 참석
2007 34명이 푸시 콘퍼런스에 참석. 아이디어 온실 프로젝트 출범
2008 소셜 인사이트 네트워크 프로젝트 출범
2009 CI 부문의 주도로 미래학적 기술 프로젝트가 조직 전반에 적용됨
2010 신기술과 신시장을 연구하고 제너럴 밀스를 위한 비즈니스 통찰과 도구를 도출하기 위해 iTECH 프로젝트가 조직됨
2011 소비자 통찰 2020 팀이 탄생하고 비전 2020 프로젝트가 출범함
CI 부문에서 발견의 공간ZoD에 할당된 공간이 마련됨. 제너럴 밀스 조직 전반에 핵심 근무시간 제도가 시행됨

문이다. 미래학적 사고가 부문 전체에 확고한 표준으로 자리 잡을 수 있도록 만들기 위해 아이디어 온실 팀이 보여주었던 가장 중요한 정신은 한 마디로 끈기였다.

아이디어 온실을 거쳐 간 모든 사람들은 지속적으로 "실천하는 근면성"을 실행해 왔다. 각자의 개인적인 역할과 책임도 변화했지만 프로젝트의 형태도 진화했다. 사람들이 유일하게 꾸준히 유지한 것은 장기적 계획과 L-R-L 접근 그리고 최고의 질문 등을 중심으로 하는 미래학적 사고에 대한 헌신적 태도였다. 연대표에서 볼 수 있듯이 시간이 걸리기는 했지만 결국 이들의 노력은 결실을 맺었다.

시행착오를 위한 시간과 자원 할당의 방편이 되었던 5퍼센트 규칙은 CI 부문의 궁극적인 비전, 곧 제너럴 밀스에서 미래를 전략적으로 예측하는 토대가 되겠다는 비전을 충족할 수 있었던 결정적인 요인이 되었다. 미래학적 기술이나 iTECH, CI 2020 프로그램은 모두 그러한 시행착오의 성과였으며, CI 부문의 모든 구성원이 자연스럽게 미래학자처럼 생각하는 데 기여했다.

결론

《미래학자처럼 생각하라》의 목적은 직면한 문제가 얼마나 장기적이든 단기적이든 더욱 효과적으로 문제를 해결하도록 돕는 것이다. 그러기 위한 과정에서 우리는 네 가지 힘이나 좌뇌-우뇌-좌뇌L-R-L 접근, 발견의 공간ZoD 그리고 5퍼센트 규칙 등 여러 가지 원칙과 프로세스를 자세히 살펴보았다. 하지만 (좋은 미래학자라면 반드시 그래야 하듯이) 한 걸음 물러나서 이러한 모델과 방법론에 시스템 사고를 적용해보면, 이제까지 우리가 해온 작업이란 근본적으로 두 개의 이원적인 개념을 통합하는 작업이라는 사실을 깨달을 수 있다. 요컨대 삶이라는 경험은 끊임없이 주관적 세계와 객관적 세계, '우리'와 '그들', 여성과 남성, 옳음과 그름, 알려진 세계와 미지의 세계, 질문과 해답, 현재와 미래 사이의 실존적 긴장을 헤치고 나아가는 여정이라고 할 수 있다. 이러한 이원성은 심지어 우리의 신체에서도 찾아볼 수 있다. 우리 뇌의 서로 분리된 뇌반구를 보라. 우리의 에너지는 그러한 틈새 공간을 누비면서 삶의 목적의식과 의미, 가능성을 탐구하는 데 사용된다.

궁극적으로 《미래학자처럼 생각하라》는 세계를 이해하는 정신

모델을 제시한다. 물론 세계의 원리를 근사하게 설명하는 이론적 모형이 담긴 책은 굉장히 많다. 여러 경제학자나 역사가, 정치인, 디자이너, 심리학자, 이론 물리학자 그리고 몇몇 미래학자들이 그러한 성과를 거두었다. 뇌영상학과 인지심리학의 발달로 인해 우리는 학습과 수행을 새로운 눈으로 바라보게 되었다. 이러한 발견을 토대로 과학 분야의 위대한 작가들과 사상가들은 행복과 공감, 학습, 창조성, 사랑, 통찰을 비롯한 다양한 현상의 신경학적 근원에 대한 이야기를 솜씨 있게 들려주고 있다. 이러한 모든 책은 저마다 세계를 설명하는 정신 모델을 담고 있으며, 우리의 사고와 이해가 조금씩 더 확장하도록 돕는 방대한 지식의 창고를 형성한다.

내 조언은 이렇다. 가급적 많은 책을 읽고 자신이 살아가는 세계에 대해 자신이 지니고 있는 정신 모델에 끊임없이 도전하라. 내가 이 책을 통해 당신에게 전달하려고 했던 모형도 물론 포함이다. 사실 《미래학자처럼 생각하라》에서 제시하는 정신 모델은 내가 여러분에게 끊임없이 도전하라고 촉구하는 대표적인 정신 모델의 하나다. 지구가 한때는 납작하다고 생각하다가 지금은 둥글다고 생각하듯이 달걀이 한때는 몸에 해롭다고 생각했다가 지금은 몸에 좋다고 말하듯이 새로운 정보가 드러나면 정신 모델은 변한다. 네 가지 힘이나 L-R-L 접근, 발견의 공간ZoD, 5퍼센트 규칙을 포함해 우리가 지금까지 살펴본 모델들도 또한 마찬가지다. 비록 보편적 원칙을 토대로 각각의 모델을 도출하려고 노력했지만, 나는 내가 제안한 모델이 전략적 통찰과 혁신에 대한 궁극적인 해답이라고 절대로 생각하지 않는다.

그럼에도 불구하고 나는 이 모델들을 여러분에게 소개했다. 그 이유는 내가 고안한 모델이 나와 내 의뢰인들에게 굉장히 유용했기 때문이다. 이제까지 네 가지 힘이라는 틀로 분석하지 못했던 이슈가 없었고, 이 접근을 통해 발견한 통찰이 실망스러웠던 적은 단 한 번도 없었다. 미래학자들이 사랑하는 장기적 관점을 취하면서 마지막으로 한 가지를 덧붙이고 싶다. 정치, 교육, 의료, 비즈니스, 가정 등 기존에 존재하는 모든 시스템에 변화를 창조하려고 할 때 반드시 염두에 두어야 할 점이다. 모든 시스템에는 중력이 존재한다.

여러분이 변화시키려는 시스템에 접근할 때에는 그 시스템이 애초에 설계된 목적을 충분히 존중해야 한다. 시스템에 내재된 구조와 의도는 그 어떤 외부적 힘보다 훨씬 강력한 힘을 행사한다. 외부적 힘이 얼마나 강한지 아니면 '옳은지'는 관계없다. 시스템의 구조적 디자인에는 그 자체의 생명력이 있다. 그 생명력이 작용하는 궤도에 들어오는 것은 무엇이든 그 힘의 지배를 받는다. 그 힘은 시스템이 작동하도록 만드는 자연적 질서이기 때문이다. 아무리 파괴적이거나 변혁적인 아이디어라도 시스템의 중력에서 벗어날 수 없다. 발견의 공간ZoD도 마찬가지다. 발견의 공간ZoD은 혁신과 전략에서 최고의 성공 사례만을 강조하는 관행을 대체하기 위해 제안되었지만, 일련의 사람들이 발견의 공간ZoD을 수용해서 실천하는 순간 발견의 공간ZoD 또한 최고의 성공 사례가 된다. 대규모 사람들이 보편적으로 사용하는 방법론은 무엇이든 최고의 성공 사례로 변환하는 것이 모든 조직의 자연 법칙이다.

그렇다고 해서 변화를 시도하는 노력이 쓸모없다는 뜻은 아니다. 오직 시스템을 염두에 두고 설계된 변화만이 효과적이라는 의미다. 《미래학자처럼 생각하라》에서 제시한 모델과 방법론, 프로세스는 외부 환경과 내면의 주관적인 사고과정 그리고 조직의 기능을 상호 연결하는 시스템에 꼭 맞도록 개발되었다.

내가 이 책에서 설명한 내용은 곧이곧대로 따라해야 하는 처방이 아니라 단지 뼈대일 뿐이다. 이 뼈대를 토대로 얼마든지 원하는 대로 쌓아올리고 새로운 접근을 발명하며 자신의 필요와 상황에 따라 수정하라. 나는 여러분이 이 책을 토대로 변화를 이해하고 예측할 수 있는 방향으로 사고를 확장시키기를 바란다. 자신이 누구며 어디로 가고 있는지 이해하고, 자신이 상상할 수 있는 가장 훌륭한 성취를 거두며, 자신의 미래를 정성껏 돌보는 데 이 책이 활용되기를 바란다.

> 혁신은 논리적 사고의 결과물이 아니다. 그러나 혁신의 결과물은 논리적 구조를 따른다.
>
> ─앨버트 아인슈타인

―――――

자, 이제 마지막으로 한 마디만 더 할 수 있게 해준다면, 내가 품고 있는 거대한 아이디어를 공유하고 싶다. 내가 꿈꾸는 비전에서 세상은 어떤 모습일까? 사람들에게 오직 한 가지 조언만을 할 수 있다면 나는 어떤 말을 남길까?

　내가 그리는 완벽한 세계에서 모든 이들은 '변화 전문가'가 될 것이다. 아이들은 어렸을 때부터 네 가지 힘에 대해서 교육 받고, 역사나 문학, 과학 등 모든 과목은 네 가지 힘이라는 렌즈를 통해 조명될 것이다. 아이들은 자라면서 비판적 사고와 의사결정에 대한 훈련을 받을 것이고, 청소년이 되면 자신의 행동이 장기적으로 미칠 영향을 고려해서 행동하도록 배울 것이다. 성인이 되면 자신이 누구이고 어디로 가고 있는지에 따라 삶의 방향을 결정할 것이며, 이러한 목적의식과 비전을 바탕으로 삶의 변곡점을 순조롭게 지날 수 있을 것이다. 사회 각 영역의 모든 리더들은 이데올로기를 버리고 각자가 귀중히 여기는 가치에 헌신할 것이다. 최고의 질문을 던지고 주변 사람들의 호기심과 용기를 길러주는 리더들이 존중 받을 것이다. 리더들은 말보다는 행동을 우선으로 하며, 철저하되 경직되지 않을 것이다. 내가 꿈꾸는 세계에서 모든 이들은 자기 삶과 사업에 L-R-L 접근 방식을 적용하며, 단순히 분주하게 사는 것이 아니라 자신의 미래를 창조하느라 바쁜 삶을 살고 있을 것이다. 그에 따라 궁극적으로 내가 가장 열망하는 꿈, 즉 근시안적 세계관을 뿌리 뽑는 꿈이 실현될 것이다.

　그리고 만일 모든 이들에게 단 한 가지 가치만 강조하라면 무엇이 될까? 자존감, 용기, 상식, 겸손, 자유, 친절, 열정부터 집이나 삶의 동반자, 음식, 훌륭한 부엌칼 등 조금 더 물질적인 대상까지 귀중한 '선물'은 너무나도 많기 때문에 선뜻 선택하기는 어렵다. 그러나 그 가운데에서도 내가 생각하기에 사람들의 행복에 가장 근본적으로 중요한 가치는 상식과 자존감, 그리고 공감 능력이다. 만일 그 중에서도 하나를 고르라고 한다면, 나는 공감이 자존감의 원천이 되는지 또는 자존감이 상식의 원천이 되는지 고민할 것이다. 하지만 현재로서 나는 똑같이 중요한 수많은 품성과 경험, 가치를 개발하는 데 있어서 상식이 중요한 밑거름이 될 개연성이 높다고 생각한다.

내 결론은 한 마디로 철학이라고 부를 수 있다. 철학이란 관점이다. 세계를 바라보는 렌즈다. 다시 말해 "이럴 땐 이렇게"라고 말하는 논리로 연결된 신념 체계다. 나는 상식이 다른 그 무엇보다도 더 중요하다고 믿으며, 이러한 나의 믿음이 나의 철학에 충분히 부합한다는 근거는 얼마든지 나열할 수 있다. 네 가지 힘, 좌뇌와 우뇌의 작동 원리, 자신이 누구이며 어디로 가는지 아는 것의 중요성, 미래를 계획하는 도구로서 이러한 앎을 최고의 표현으로 담는 법, 그리고 '자기실현'을 이루기 위해 인식하고 습득하며 실행해야 하는 모든 것을 수립하는 법에는 모두 상식이 필수적으로 요구된다. 나는 세상에서 잘 살아가기 위한 포괄적인 철학과 이를 설명하는 논리를 모두 창조할 수 있다. 이것이 곧 내가 바라본 세계다.

우리는 모두 저마다 목적의식과 비전 그리고 이를 설명하는 철학과 이를 실천하기 위한 용기를 가지고 있다. 미래를 창조하려는 노력은 내면 깊이 자기 자신이 누구인지 인식하는 데서 나온다. 방금 내가 그리는 완벽한 세계에 대한 비전을 소개했듯이 여러분 또한 자신이 누구인지에 대한 인식을 토대로 자신이 그리는 세상을 꿈꾸라. 그러면 정말로 큰 아이디어와 비즈니스모델, 계획이 눈에 보일 것이다. 나와 비슷한 가치와 관점을 지닌 사람들은 많지만, 그러한 가치와 관점을 토대로 내가 도출한 비전은 나만의 고유한 것이다.

자신이 누구인지에 대한 답을 찾았다면 자신이 어디로 가는지도 자연스럽게 깨닫게 될 것이다. 비즈니스에서 그러한 방향성은 브랜드나 비즈니스모델 그리고 자기만의 고유한 전문적 영역의 토대를 이룬다. 네 가지 힘에 대한 연구에서 보았듯이 이 모든 것을 미래에 투사하면 나는 누구고 어디로 가는지에 꼭 들어맞는 아이디어와 기회를 발견하게 될 것이다. 자신의 철학과 사고를 잘 관리하면 명확한 우위를 점할 수 있다. 목적의식을 늘 염두에 두면 자신의 강점을 최고치로 발휘할 수 있을 것이다. 실천하는 근면성을 끊임없이 발휘하고 강점을 활용한다면 가치와 이익, 미래를 창조할 수 있다.

> 당신의 가슴 속에 풀리지 않은 문제들에 대해 인내심을 발휘하고, 굳게 닫힌 방이나 지극히 낯선 언어로 적힌 책처럼 그 문제들 자체를 사랑하려고 노력하십시오. 당장 해답을 구하려고 들지 마십시오. 당신은 아직 그 해답을 직접 살아낼 준비가 되어 있지 않기 때문입니다. 그러므로 모든 것을 직접 몸으로 살아보는 것이 중요합니다. 이제부터 당신의 궁금한 문제들을 직접 몸으로 살아보십시오. 그러면 먼 어느 날 자신도 모르게 자신이 해답 속에 들어와 살고 있음을 깨닫게 될 것입니다.
> ― 라이너 마리아 릴케Rainer Maria Rilke, 《젊은 시인에게 보내는 편지Letters to a Young Poet》

4부
미래학자처럼 생각하는 비법

미래학적 통찰을 위한 태도와 행동 살펴보기
— 미래학자의 사고방식

"그렇지만…."이라는 주저함의 장벽
— 변화에 대한 저항 극복하기

미래학적 통찰을 위한
태도와 행동 살펴보기
미래학자의 사고방식

지금까지 걸어온 여정을 되짚어보면, 우선 인식하기 과정에서 미래학적 틀(네 가지 변화의 힘)을 살펴보았고, 이를 토대로 습득하기 과정에서는 미래학적 프로세스(발견의 공간)를 다루었다. 이어서 실행하기 과정에서는 조직에 미래학적 사고를 적용하기 위한 시간과 공간을 확보할 수 있는 방법으로서 5퍼센트 규칙을 살펴보았다.

미래학자가 되기 위해서는 지식이나 도구만큼이나 사고방식도 중요하다. 그러한 사고방식에는 인간의 잠재력에 대한 열정과 실제적인 적용에 대한 필요성 사이에서 균형을 유지하는 태도와 정신이 포함된다. 미래학자는 개방적인 태도를 지녀야 하지만 그와 동시에 원칙을 준수하는 자세 또한 요구된다. 미래학자는 책임감과 목적의식을 토대로 모든 인간적 노력을 지지하기 위해 헌신해야 하며, 항상 자신의 행동이 어떤 장기적 함의를 지니고 있는지 고려해야 한다. 이제부터는 미래학적 사고방식을 구성하는 태도와 행동을 살펴보자.

고정관념 버리기

미래학자가 유일하게 가정해야할 전제 조건은 어떤 시대를 살아가든 한 개인이 현실 세계를 온전하게 이해하기란 불가능하다는 것이다. 신규 프로젝트에 착수할 때 미래학자는 현재의 고정관념에 의문을 제기하면서 새로운 작업의 토대가 될 전제 조건을 새롭게 정의할 책임이 있다.

그에 따라 어렵겠지만 이데올로기 또한 놓아버려야 한다. 이데올로기는 내면 깊이에서 무의식적인 방식으로 작동하면서 우리의 인지에 영향을 미친다. 이데올로기는 세상이 특정한 모습이어야 한다는 믿음으로 무장해 있기 때문에 우리가 현실을 있는 그대로 보지 못하도록 방해한다.

수평선 너머로 무엇이 보이는지 알아차리고 새로운 아이디어와 기회를 발견하는 능력은 오직 현실에 대한 고정관념을 벗어버릴 때 발휘할 수 있다. 행동의 최전선에서 호기심을 되도록 순수하게 유지해야 한다. 바로 그러한 호기심만이 진정한 발견으로 이어지기 때문이다.

호기심과 용기 실천하기

호기심은 머리와 가슴 그리고 기회의 문을 열어준다. 그리고 이

보다 더욱 귀중한 것은 없다.

만일 선뜻 이해되지 않는 대상이나 상황에 직면했다면, 호기심을 발휘해보라. 그렇게 하면 양쪽 뇌가 자동적으로 활성화될 것이다. 좌뇌는 상황을 분석하면서 그에 내재된 논리를 파악하여 당신이 이해하는 틀로 새로운 상황을 설명하기 위해 노력할 것이다. 한편 우뇌는 마치 유희하는 듯한 태도로 상황에 대한 신선한 관점을 취하면서 새로운 질문을 던지기 시작한다. 만일 저쪽을 살펴보면 어떨까? 만일 그게 사실이 아니라면 어떡하지? 거꾸로 뒤집어 버리거나 완전히 새로운 맥락에 놓아버리면 무슨 일이 일어날까? 호기심을 느끼면 양쪽 뇌는 문제 해결 능력을 최대치로 발휘할 태세를 갖추기 때문에 호기심은 당신이 막다른 곳에 다다랐다고 느낄 때면 언제든지 활용할 수 있는 멋진 도구다.

호기심이 중요한 또 다른 이유는 사람들에게 에너지를 불어넣기 때문이다. 호기심은 열정과 목적의식을 촉발하며 다른 사람들이 동참하도록 영감을 불어넣는다. 호기심은 또한 공감을 불러일으키며 사람들이 자신과 다른 관점에 대해 더욱 개방적인 태도를 갖도록 마음을 열어준다. 이러한 태도는 학습(과 실행) 과정에서 결정적으로 중요한 측면이다. 호기심은 맹렬하면서도 상냥하다. 태생적으로 긍정적이며 미래지향적이다. 호기심은 냉소적 태도를 허물며 사람들 사이에 다리를 놓는다.

그러나 만일 용기가 없다면 호기심은 시들며 우리는 현실에 패배하거나 안주하게 된다. 하지만 한 가지 좋은 소식은 창의성과 마찬가지로 용기 또한 누군가는 타고 나고 누군가는 타고 나지 못하는 '재능'이 아니라는 사실이다. 용기는 우리 모두가 가진 능력이므로 우리는 이를 발휘하기만 하면 된다.

매일 용기를 실천하자. 변화에 대한 사람들의 저항이 크든 작든 이를 극복하거나 중요한 의사결정을 내리거나 소중한 가치를 지키거나 도움을 요청할 때가 바로 용기를 낼 시점이다. 용기를 발휘하는 연습을 할수록 앞으로 더욱 어려운 선택이나 불확실성에 직면했을 때 용기에 의지해서 앞으로 나아갈 수 있다. 첫 번째 움직임을 시도했다면, 호기심과 용기를 끊임없이 발휘하면서 계속해서 앞을 향해 나아가자.

"어떻게"는 최후에

"어떻게"는 최후로 남겨두어야 한다는 말은 이 책의 서론에서도 언급했던, "실제적인 대안을 찾기에 앞서 철학적인 고민을 먼저 해야 한다"라는 말의 핵심을 담고 있다. "어떻게" 일을 완수할 것인지 살피기 전에 우선 "무엇"을 할 것인지 명확하게 그려보아야 한다. 그런데 "무엇"을 할 것인지 분석하기에 앞서 "왜"라는 질문을 던져볼 필요가 있다.

발견의 공간ZoD은 바로 이 순서에 따라 문제를 해결할 수 있도록 설계되었다. 발견의 공간ZoD은 우선 한 발짝 물러나서 최고의 질문("왜")을 탐색하고 정의한다. 최고의 질문은 최대 가치 시나리오("무엇")로 이어지며, 그 다음 단계인 거꾸로 계획하기를 거쳐 최종적으로 "어떻게"에 다다른다.

"왜" "무엇을" 그리고 "어떻게" 할 것인가라는 질문에 대한 답은 발견의 공간ZoD의 좌뇌-우뇌-좌뇌 프로세스를 거쳐 발견할 수 있다. 다시 한 번 강조하지만, 자신이 정확히 "무엇"을 하고 있는지 충분히 탐색하기 전에 "어떻게" 문제를 해결할지에 집중해 버리는 덫에 빠져서는 안 된다.

"어떻게"라는 문제에 지나치게 일찍 집중하면 막다른 곳에 다다를 수밖에 없다. 이는 너무나도 많은 대화와 회의가 동어반복에 불과한 시간 낭비가 되고 마는 이유이기도 한다.

대화에 자꾸만 "어떻게"를 포함시키려는 욕구가 생기는 이유는 바로 좌뇌가 확실성을 요구하기 때문이다. 미래학자라면 다음 원칙을 반드시 실천해야 한다. "어떻게"를 찾으려는 충동이 일어난다고 하더라도 프로세스를 끝마치기 전까지는 그러한 충동을 그대로 묵살하자.

모호함에 익숙해지기

"왜" "무엇을" 그리고 "어떻게"로 이어지는 올바른 순서를 따르기 위해서는 강인한 인내력을 가지고 모호함을 견뎌야 한다. 발견의 공간ZoD 여정은 탐색적인 과정이며 낯선 주제와 경험이 의도적으로 포함되어 있다. 이 여정에서 무엇을 발견할지 미리 알 방법은 없다. 여러분이 할 수 있는 일은 오직 이 프로세스를 신뢰하는 것뿐이다.

발견의 공간ZoD 과정을 마친 다음에 이루어지는 시행착오 과정에 다다르면 "어떻게"라는 주제에 온전히 몰입할 수 있다. 그때에도 시행착오를 한 번씩 겪을 때마다 당신의 실행력이 한 차례 더 효율적으로 발전한다는 사실을 배우면서 모호함에 더욱 적응할 수 있을 것이다. 결국 여기서 무엇을 어떻게 할 수 있을지 진정으로 아는 유일한 방법은 이를 시도해보는 것밖에 없다는 단순한 진리를 깨닫게 된다.

판단 유보하기

"각각의 공연을 개별적으로 판단하지 않으려고 노력해요. 대신 저의 작품 세계를 구성하는 퍼즐의 하나라고 생각하지요." 나의 좋은 친구이자 무대 감독인 줄리아 피셔Julia Fischer는 〈폭풍의 언덕Wuthering Heights〉을 각색해서 만든 작품의 강렬한 오프닝 공연을 마치고 이렇게 말했다. 이러한 관점을 취한 덕분에 그녀는 각각의 공연이 완벽해야 한다는 파괴적인 기대에서 벗어나 장기적인 커리어 개발에 초점을 맞출 수 있다. 그녀는 작품 활동을 하면서 어떤 깨달음을 배워가고 있을까? 무엇에 관심이 있을까? 어떤 아이디어나 프로세스, 미적 감각을 더욱 정교하게 발전시켰으며, 또 어떤 것들을 포기했을까? 그녀가 내린 일련의 선택은 시간이 흐르면서 누적되어 감독으로서 입지와 커리어를 형성했고 각각의 작품은 그녀가 누구며 어디로 가고 있는지에 대한 답을 대변하고 있다.

줄리아의 말에는 호기심이 작품 활동을 이끌고 나가도록 내버려

두어야 한다는 예술가들의 믿음이 담겨 있다. 예술 작품은 예술가가 누구며 어디로 가는지를 직접적으로 반영하고 있으며, 예술가는 각각의 작품 활동(그림, 공연, 책, 노래 등)이 새로운 발견으로 이어지리라고 믿는다. 사업가나 혁신가로서 여러분 또한 작업에 착수할 때 이와 비슷한 접근을 취하면 큰 도움을 얻을 수 있다.

예술가들도 다른 모든 사람처럼(때로는 더욱 극단적으로) 실패를 두려워한다. 그러나 줄리아가 그랬듯이 '작품 세계'에 대한 장기적 관점을 채택하면 개별 작품의 결과를 두고 일희일비하는 일을 피할 수 있다.

요컨대 실망스러운 결과를 겪었다고 해서 좌절해서는 안 된다.

비판은 실망의 절친한 친구며 당신의 친구이기도 하다는 사실을 받아들이자. 실망과 비판은 모든 유형의 수행을 구성하는 자연스러운 요소라는 사실을 염두에 두자. 그리고 이를 당신이라는 사람 자체에 대한 판단으로 받아들여서는 안 된다는 사실도 명심하자.

누군가나 무엇인가의 가치를 결정짓는 판단은 미래학적 사고를 파괴한다. 판단은 다시 말해 이렇게 선언하는 행동이다. "나는 X에 대해 알아야할 모든 것을 이해하고 있으며, 그 무엇도 내 관점을 바꿀 수 없다."

우리의 뇌는 어떤 대상을 판단할 때 우리가 경험하는 확신과 비슷한 종류의 확실성을 열망한다. 그렇기 때문에 특히 이제까지 한 번도 해보지 못한 일을 시도할 때 우리 뇌는 그러한 시도를 저지하기 위해 할 수 있는 모든 방법을 동원한다. 여기서 한 가지 비밀을 알려주자면, 판단이 슬금슬금 고개를 들 것 같다면 호기심과 용기의 도움을 받으면 된다. 호기심과 용기는 판단에 대항할 수 있는 좋은 무기며, 이를 발휘하면서 배움에 집중하면 판단하려는 욕망은 수그러든다.

"그렇지만…."이라는
주저함의 장벽
변화에 대한 저항 극복하기

변화에 대한 저항은 당신을 둘러싼 환경에서 비롯하는 외적인 힘만을 의미하지 않는다. 때때로 가장 극복하기 힘든 장애물은 우리 마음속에 있다. 다시 말해 "그렇지만……"으로 시작해서 각종 불만이나 정당화, 합리화, 변명 또는 더 이상 앞으로 나아가지 못하도록 만드는 고정관념으로 끝나는 말들이 그것이다. "그렇지만……"으로 시작하는 말에는 갖가지 유형이 있고 그 파괴력도 저마다 다르다. 이런 말이 위험한 이유는 당신의 사고와 행동의 폭을 좁히고 당신의 노력을 헛되게 만들며 무엇보다도 당신을 현실에 안주하도록 만들기 때문이다.

"그렇지만……"이라는 거대한 장벽을 극복하기 위해서는 우선 그러한 말들이 어떤 방식으로 노력을 침식하며 무너트리는지 파악해야 한다. 일반적으로 "그렇지만……"이라는 반응은 아직 선택하거나 실행하지 못한 의사결정이나 행동에 대한 반응이다. 따라서 이러한 반응을 흩트리는 최고의 방법은 "그렇지만……"이라는 반응이 나타날 때 그 안에 내재된 자신의 걱정을 파악하고 그러한 상황에 적절하게 대처할 수 있는 행동을 선택하는 것이다.

이제부터는 "그렇지만……"을 무너트리는 대항마를 하나씩 살펴볼 차례다. 이러한 대항마를 잘 활용하면 자기 자신뿐 아니라 다른 사람의 내면에 있는 저항감을 파악하고 무너트릴 수 있을 것이다. 우선 자기 자신의 "그렇지만……"을 더욱 잘 인식하고, 어떤 유형의 저항에 "대항"하는 것이 자신에게 유익할지 생각해본다. 그리고 그에 적절한 대항마로 대처한다.

앞으로 소개할 "그렇지만……"에 대한 대항마와 함께 이 점을 늘 염두에 두자. "그렇지만……"을 무너트리는 비법을 적용할 상황은 분명 차고 넘친다. 회의할 때나 협상할 때도 그렇지만 가족과 함께 하는 추수감사절 저녁 식사 자리에서도 유용하다. "그렇지만……"에 대한 대항마는 마하트마 간디Mahatma Gandhi가 조언했듯이 '세상을 변화시키고 싶다면 그 변화의 중심이 되기' 위한 작지만 매우 강력한 수단이다.

이제부터는 변화에 대한 저항을 극복하기 위한 비법을 본격적으로 소개한다. "그렇지만……" 대항마는 적절한 경우에 한해서 개인이나 집단이 어려움을 극복하고 앞으로 나아가도록 돕는 데 유용하게 쓰일 수 있다. 하지만 신중하고 부드럽게 적용해야 한다. 그렇지 않으면 당신이 무너트리고자 하는 저항감을 오히려 배가시킬 수 있다.

잘못을 들추며 비난하기

"그렇지만……"은 주로 세 가지 유형으로 구분된다. "나한테 문제가 있어." 혹은 "그들에게 문제가 있어." 또는 "세상에 문제가 있어."가 바로 그것이다. 이 세 가지 유형은 일련의 믿음을 토대로 한다.

- 나(혹은 그들 또는 세상)에게는 앞으로 나아가지 못하도록 가로막는 영구적인 결함이 있다.
- 세상이 특정 방식으로 굴러가야 한다는 이상적인 세계관을 가지고 있다.
- 잘못한 사람(나, 부모, 상사, 파트너, 비즈니스 업계, 정부, 그 모든 어리석은 사람들)이 잘못을 고쳐야 한다.

만일 쉽게 분노에 차거나 "……해야 한다."고 자주 되뇌거나 자기도 모르게 불끈불끈 주먹을 쥔다면, 세상이 특정 방식으로 굴러가야 한다는 믿음이나 철학이 우세할 가능성이 높다.

비난을 무너트리는 대항마: 철학이 아닌 사실에 근거하라

지나치게 자주 스스로나 다른 사람을 탓하면서 악마 취급하고 있다면 이는 당신의 세계관이 한계에 부딪히고 있으며 '더 열심히 노력'

함으로써(다시 말해 더욱 올바르고 더욱 엄격해짐으로써) 낡은 세계관에 간신히 몸을 맞추고 있는 증상이다. (이러한 모습은 쟁취를 통해 에너지를 얻으며 타협하기를 어려워하는 정치인들과 사회 운동가들에게서 흔히 볼 수 있다.)

신념은 도덕이나 가치가 그렇듯이 우리를 인도하며 세계를 이해하도록 돕는다. 그러나 이데올로기에 지나치게 매몰되면 주변 상황을 사실적으로 관찰하는 능력이 흐려진다. 결과적으로 전략적으로 행동하는 역량도 한계에 부딪힌다.

정의하기 단계에서 했듯이 자신 앞에 놓인 사실을 토대로 스스로에게 "여기서 잘 이해되지 않는 부분이 어디지?"라거나 "이 상황을 이해하는 데 활용할 수 있는 정보 가운데 아직 내가 찾지 못한 정보가 무엇이지?"라고 물어보자. 이러한 학습 과정을 통해 더욱 폭넓은 관점을 가질 수 있으며 처한 상황을 이해하는 데도 도움을 얻을 수 있다.

하지만 만일 정말로 견딜 수 없는 상황에 처해 있다면 신속하게 빠져나오라.

현실과 다투며 부인하기

현실과 다툼을 벌이는 상태는 "이곳은 문제가 있어."라는 믿음에서 출발한다. 그러한 믿음에 더해서 자기 자신이나 다른 누군가 또는 현재의 상황을 변화시키겠다는 나름의 진지하고 선한 의도가 발동하면 현실과 대치하는 상태에 처하게 된다. 다시 말해 이러한 상태는 지금 이 상황이 잘못되었다는 믿음을 토대로 하며, 잘못된 점을 고치려는 노력이 뒤따른다는 점에서 단순히 믿기만 하는 행동과 차이가 있다.

이때 문제를 고치겠다는 노력은 자기 통제 아래에 있지 않은 상황에 대한 과한 책임감에서 나온다. 또는 매우 이상적인 진리에 자기 자신이나 다른 사람, 상황을 끼워 맞추려는 욕구에서 나온다. 현실과의 다툼은 "만일 내가(그들이) 더 노력한다면……"이라거나 "만일 ……하기만 한다면" 또는 "……하기만 하면 나에게 도움(교훈, 도전)이 될 거야."라거나 "내가(우리가, 그들이, 그것이) 더 잘될 수 있다는 걸 난 알아!"와 같은 양상으로 전개된다.

부인을 무너트리는 대항마: 삼진아웃

더 열심히 노력하고 새로운 도전을 받아들이며 가능성을 믿는 일은 모든 성공에 필수적이다. 그러나 결코 달라질 수 없는 상황에서 지나치게 열심히 노력하기 시작하면 그러한 철학은 도리어 방해가 된다.

그렇다면 주어진 상황이 바뀔 수 있는지 아닌지 어떻게 알 수 있을까? 삼진아웃제를 적용하면 된다. 상황을 개선할 수 있다는 희망을 가지고 정말로 최선을 다해서 모든 노력을 쏟아보자. 그러한 노력을 두 번이나 더 쏟았는데도 별다른 진전 없이 여전히 좌절과 실의에 빠진다면 그때부터는 상황을 다르게 접근해야 한다.

이때 더 열심히 노력하는 접근은 대안이 아니다. 근본적으로 다른 대안을 시도해야 한다. 외부의 도움을 요청하거나 당신이 맡은 역할을 바꿔보거나 상황에서 한 걸음 물러서보자. 만일 그동안 리더 역할을 맡았다면 그 자리에서 물러나보고, 이제까지 수동적으로 대응했다면 능동적으로 나서보자. 다른 사람을 개입시키는 것도 방법이다. 핵심은 자신이 늘 해왔던 방식을 고집하는 대신(그렇다, 유감이지만 이건 고집의 문제다.) 상황이 통제되지 않는다는 사실을 받아들이는 것이다. 상황이 진정으로 달라질 수 있다고 여전히 믿는다고 하더라도 이제까지는 달라진 게 없다는 사실은 인정해야 한다. 만일 전혀 양보할 수 없다면(종종 그렇다.) 이 상황에서 아예 벗어나라. 만일 이 상황에서 벗어날 수 없다면 도움을 요청하라. 이미 당신은 당신이 할 수 있는 모든 노력을 쏟았고 상황은 달라지지 않았다. 그러나 상황에 대한 당신의 태도는 달라질 수 있다.

답을 알아야만 하는 두려움

이러한 두려움은 굉장히 흔하지만 무의식적으로 작동하며, 비즈니스 상황에서 당신을 교착 상태에 빠트릴 수 있다. 두려움에 사로잡히면 머릿속에서 악마가 불안을 조장하기 시작한다. 불안해진 당신은 확실한 증거와 구체적인 측정치를 요구하기 시작한다. 그러면 '건설적 비판'을 내놓을 수 있을지는 몰라도 세세하고 자질구레한 것들에 발목이 붙잡혀 넘어질 위험이 있다. 이러한 불안과 두려움은 소모적인 회의와 대화에서 보이지 않게 작동하며, 사람들이 행동에 착수하지 못하도록 가로막는 방해물이 된다.

두려움을 무너트리는 대항마: 용기 실천하기

특정 행동이나 의사결정의 결과를 미리 알려는 노력은 헛된 노력이다. 그런 시도는 결코 성공할 수 없으며 그 과정에서 당신은 행동할 태세를 갖춘 이들의 의지와 에너지마저 꺾어버리고 말 것이다.

질문에 대한 해답과 결과는 오직 경험을 통해서만 얻을 수 있다. 의사결정을 내리는 과정은 결혼하기를 결심하는 과정과 비슷하다. 곰곰이 고민하고, 결혼한 부부를 인터뷰하거나 상담을 받고, 각자의 역할과 책임에 대해 논의하며, 심지어 같이 살아보는 등 모든 노력을 다 하더라도 실제로 결혼할 때까지는 결혼 생활이 어떨지 절대로 짐작할 수 없다. 다른 선택도 마찬가지다. 실제로 실행하기 전까지는 그러한 시도가 자신에게 어떤 의미일지 결코 헤아릴 수 없다. 그 무엇도 결과를 확실히 장담할 수 없으며 실제로 해보는 방법 외에 다른 대안은 존재하지 않는다. 언젠가는 행동하지 않으면 안 되는 시점이 반드시 온다. 그때가 바로 〈미래학자의 사고방식〉에서 설명했던 용기를 실천할 완벽한 기회다.

물론 위험을 부담하는 성향도 "한 번 해보는 거야."라는 태도도 사람들마다 다르지만, 용기란 행동을 통해 길러진다는 사실만은 누구에게나 공통적이다. 그러기 위한 최고의 시작점은 바로 자신이 처한 상황에서 첫 번째 움직임을 모색하는 것이다. 곧장 두 발을 땅에서 떼고 뛰어나갈 필요는 없다. 하지만 적어도 한 발 앞으로 움직이기는 해야 한다. 무엇이든 시도하라. 얼마나 작은 시도든 관계없다. 그러한 시도가 성공했다면 자축하고 몇 걸음 더 움직여보자.

결국에 움직인다는 그 자체가 중요하다. 한 걸음 내딛은 다음 꾸준히 걸어 나가야 한다. "그렇지만……"이 엄습할 것 같으면 의식적으로 무엇이든 실행하기로 결심하라. 얼마나 중요하든 아니든 상관없다. 스스로에 대한 그리고 자신의 비전에 대한 신념을 발휘할 때가 바로 지금이다. 그러한 실행 경험을 통해 우리는 단지 상황을 이겨낼 뿐 아니라 앞을 향해 움직이지 않았다면 결코 깨닫지 못했을 것들을 배울 수 있다. 그리고 그렇게 얻은 통찰은 틀림없이 당신이 추구하는 미래에 도움이 된다.

용기를 의식적으로 매일매일 실천하라.

분주함에 집중하며 회피하기

우리에게 주어진 시간은 얼마 되지 않는다. 달력을 꺼내서 공휴일과 기념일(생일, 결혼, 졸업 등), 휴가, 연례 보고서를 작성하거나 매달 예산을 계획하는 데 필요한 시간 등 이미 정해진 일정을 기록한 다음 남은 날을 세어보면, 다른 많은 일들을 위해 남겨진 시간이 얼마나 적은지 깨닫고 충격 받을 것이다. 우리의 가족이나 상사, 회사, 지역사회가 우리에게 기대하는 수준은 상당히 높기 때문에 이를 충족하다 보면 자신을 위한 시간은 얼마 남지 않는다.

우리의 삶은 분주할 수밖에 없다. 해야 할 일들이 넘쳐나는 가운데서 성공적으로 항해해 나가기 위한 유일한 방법은 균형적인 삶이 달성 가능하다는 환상을 깨트리고 정말로 중요한 것들에 집중하는 것이다. 삶은 균형적이지 않다. 통상 우리 삶의 한 측면은 다른 측면보다 더 많이 집중할 것을 요구한다. 때로는 레이저처럼 날카로운 집중력을 발휘하고 잠도 제대로 못 자면서 미친 듯이 성과를 내야 하는 시기도 있지만, 이와 반대로 삶의 속도가 살짝 느려지면서 긴장이 풀리는 시기도 존재한다. 우리 삶의 모든 측면 혹은 모든 프로젝트에 똑같은 정도로 관심을 쏟아야 하는 경우는 거의 없다. 우선순위는 필요에 따라 바뀐다. 어떤 프로젝트가 더 긴급해지는 반면 어느 순간 중요성이 퇴색하는 프로젝트도 생긴다. 바로 이렇게 우리 대다수는 상대적으로 제한된 시간 속에서 우리의 의무를 다하기 위해 매일매일 곡예를 해 나간다.

그러나 분주함이라는 가면 뒤에 숨어서는 안 된다. 분주하다는 말은 너무나 편리한 변명이기 때문에 그런 핑계를 대려는 유혹을 느끼기 쉽다. 물론 여러분은 바쁘다. 하지만 자신의 미래를 창조하느라 바쁜가? 아니면 그저 바쁘기만 할 뿐인가? 분주함이 자신의 정체성 가운데 한 측면이라면 혹은 정말로 시간을 투자해야 하는 일에 그러고 있지 못하다는 데서 오는 불안이 점점 커지고 있다면 또는 다른 사람의 부탁을 거절하기 어렵다면 아마도 분주함은 여러분이 꿈꾸는 미래를 가로막고 있을 확률이 높다.

회피를 무너트리는 대항마:
선택하기

만일 여러분이 무리하게 일하고 있다면, 이는 여러분이 자기 삶의 다른 무엇인가를 이미 희생하고 있다는 의미다. 시간은 물리적으로 제한되어 있기 때문에 무엇인가를 하려면 다른 무엇인가는 포기해야 한다. 그리고 역설적이게도 그런 상황에서 주로 희생되는 것들은 가정이나 의미 있는 일 그리고 우리의 미래와 같이 자기 삶에서 정말로 중요한 측면들이다.

다른 사람들의 부탁을 거절하는 편이 더 나으리라고 생각하면서도 막상 거절하지 못하는 이유는 무엇일까? 상상할 수 있는 이유는 많다. 다른 사람의 부탁을 거절하는 행동은 친절한 행동이 아니라는 교육을 받았을 수 있다. 다른 사람을 실망시킨다는 두려움이 있기 때문이거나 만일 여러분이 직접 하지 않으면 일이 (제대로) 마무리되지 않으리라는 믿음이 있기 때문일 수도 있다. 혹은 어쩌면 여러분은 일을 효과적으로 처리하는 대단한 능력이 있으며 항상 그런 능력으로 칭찬 받아 왔을지도 모른다. 그도 아니라면 수많은 다양한 분야에 진정 어린 열정을 느끼지만 그러한 열정에 비하면 여러분의 시간이나 역량이 턱없이 부족할 수도 있다. 부탁을 거절하지 못하는 이유가 무엇이든 해독제는 똑같다. 섣불리 대답을 하거나 선택을 내리기 전에 모든 경우의 수를 곰곰이 따져보자. 예상되는 결과를 포함해서 모든 가능성을 분명하게 감당할 수 있는 선택을 하자. 여러분이 시간을 보내는 방식이 과연 자신이 누구이고 어디로 가고 있는지와 맞아 떨어지는지 항상 고민하자.

불평만 늘어놓으며 게으름 떨기

"너무 어려워." "그건 공평하지 않아." "하기 싫어." "어리석은 선택이었어." "그 사람이 별로 마음에 들지 않아." "상황이 이런 식으로 흘러가는 게 싫어." "나를 제대로 대우해주지 않아." 만일 다른 사람을 자주 비방하거나 어떤 이유에서든 불만이 많다면 진짜 문제는 다른 사람이 아니라 자신이 스스로(혹은 다른 사람이나 프로젝트 전체)의 성공을 위한 책임을 다하지 못했기 때문일 가능성이 높다.

반면 내가 '의식적인 투덜거림'이라고 부르는 행동, 즉 나쁜 기분을 흘려보내기 위한 목적에서 일부러 과장된 방식으로 불평을 늘어놓는 행동은 오히려 유용할 수 있다. 물론 다음과 같은 조건을 따른다는 전제 아래에서 그렇다.

1. 듣는 상대방에게 허락을 구한다. "잠시 불평 좀 해도 괜찮을까?"

2. 여러분의 부루퉁한 상태를 약간의 유머를 섞어 표현한다. 가령 세 살짜리 행동을 우스꽝스럽게 따라 해볼 수 있다. "하기 싫어어어어어어!!!"

3. 투덜거리기를 끝냈으면, 불만족스러운 사람이나 상황에 대처할 방법을 결정한 다음 넘어간다.

게으름을 무너트리는 대항마:
요청하기

모든 불만의 이면에는 충족되지 못한 욕구가 존재한다. 여러분을 괴롭히는 그 욕구가 무엇인지 파악하자. 만일 자기 혼자서 충족할 수 있는 욕구라면 그렇게 하라. 만일 다른 누군가의 도움이 필요하다면 도와달라고 요청하자. 단, 되도록 구체적으로 부탁해야 한다. 예를 들면 "시간이 더 필요해요."라고 말하는 대신 "[특정 과제]를 [특정 일자]까지 마무리하기 위해서 일주일이 더 필요해요."라고 말하는 편이 훨씬 효과적이다.

사람들이 쉽게 "네." 혹은 "안돼요."라고 대답할 수 있는 표현을 사용하고 구체적인 결과물을 언급하라. "매주 월요일 12시에 10분씩 만나서 일주일 동안의 업무 계획을 같이 검토했으면 좋겠어요. 어떻게 생각하세요? (······) 좋아요. 그러면 그렇게 달력에 적어놓을게요. 다음 주 월요일 12시에 카페테리아에서 만나면 어떨까요? 제가 자리를 예약해 둘게요. 그리고 계획안을 보내드리면서 한 번 확인 전화를 드릴게요. 시간 내주셔서 감사합니다."

불만을 요청으로 변환하지 못한 채 불평만 늘어놓는 행동은 여러분에게도 해롭다. 사람들은 여러분 곁에 가까이 가기를 꺼릴 것이며, 여러분에 대한 신뢰도 서서히 사라질 것이다. 심지어 더 최악은 불만만 늘어놓는 행동이 주변 환경을 침식하는 상황이다. 불평분자들이 모이면 뒷소문이 무성해지고 전체 집단에 대한 헌신과 신뢰가 깨진다. 이를 방지하기 위해서 나는 구성원들이 서로서로 책임지도록 만드는 방법을 추천한다. 만일 누군가가 불평을 하기 시작하면 그 불만을 끝까지 들어준 다음 이렇게 물어본다. "그래서 당신의 부탁이 무엇인가요?" "누가 해결해 주기를 바라나요?"

꼼짝도 할 수 없다고 느끼며 체념하기

혹시 체념을 수용이라고 합리화하고 있지는 않은가? 체념과 수용은 어떻게 다를까? 체념이란 스스로 막다른 곳에 있다고 느끼는 비관적이고 냉소적인 태도를 말한다. 반면 수용이란 공감 어린 태도로 현재의 상황과 사람들을 있는 그대로 포용하는 행동을 말한다. 현재를 인정하고 받아들인다면 지금의 상황으로 인해 당신의 성장과 개발이 제한되는 일은 일어나지 않는다.

체념은 "그렇지만……"의 파괴력을 배가시키는 주요한 요인이다. 통상 막다른 곳에 이르러 꼼짝도 할 수 없다고 느끼는 사람들은 자신이 처한 상황을 개선할 수 있는 무수한 아이디어를 이미 들어본 상태다. 하지만 그러한 제안에 사람들은 "그렇지만…… 할 수 없어. 왜냐하면 …… 절대로 잘 되지 않을 거고 …… 예전에도 해봤는데 …… 사람들이 어떻게 생각하는지는 알지만 아무래도 안 되겠어…….."라는 식으로 대응한다. 다시 말해 그들은 무거운 한숨을 내뱉을 만한 온갖 그럴듯한 이유를 생각해낸 다음 이렇게 결론 내린다. "원래 다 그런 거야. 난 망했어."

믿기 어려울지 모르지만 적어도 자유로운 사회에서 자유 의지를 가지고 살아가는 사람들한테 꼼짝도 할 수 없다는 말은 현실과 다르다. 이 말은 사실 태도에 불과하다. 꼼짝도 할 수 없다고 느낄 수는 있지만 사실 그렇게 느끼는 이유는 그 어떤 대안도 마음에 들지 않기 때문이다.

답을 알아야 한다는 욕구는 이런 사람들에게서도 종종 찾아볼 수 있다. 만일 성공이 보장된 대안을 찾을 수 있다면 이들도 그 대안이 시도해볼만한 선택이라고 느낄 것이다.

체념을 무너트리는 대항마: 움직이기

대안은 항상 존재한다. 그리고 그 대안은 자신이 생각하는 만큼 과감하지 않다. 꼼짝도 못하겠다고 느끼는 상황에서 의사결정을 내리는 행동은 그 자체로 자유의지를 행사하는 행동이다. 미래를 체념하게 만드는 두려움은 귓가에 이렇게 속삭인다. "모르는 악마보다 아는 악마가 나은 법이야." 하지만 다시 생각해보라. 이 말이 사실인지 아닌지 여러분은 모른다. 특정 선택이 가져올 결과가 다른 선택에 비해 어떨지도 미리 알 방법은 없다. 이 상황에서 유일한 진실은 선택을 하는 행동 자체가 두렵다는 사실이다.

그런데 한 번 반대로 생각해보자. 아는 악마보다 모르는 악마가 낫다! 결국 여러분이 아는 악마는 당신을 꼼짝도 못하는 상태에 가두어 놓았고 모든 열정과 열망이 사라지도록 만들었다. 결국 우리는 용기를 실천해야 한다는 원칙으로 되돌아온다. 무엇이든 하라. 자신이 현재 처한 상황을 바라지 않는다는 확신을 제외하고는 다른 어떤 확신도 가질 수 없는 경우도 있다. 이 상황에서 시도해야 하는 첫 번째 움직임은 지금 느끼는 기분을 계속해서 느끼고 싶지 않다는 선택을 내리는 행동이다. 변화를 선택하라. 행동을 취하자. 변화를 선택함으로써 미래가 어떻게 달라질지 가늠할 수 없다고 해도 최소한 자신의 열망은 다시 부활할 것이다. 그리고 새롭게 타오른 열망은 새로운 대상으로 옮겨가 "바로 그거야!"라는 기분을 맛보게 해줄 것이다.

―――――

이제까지 살펴본 다양한 "그렇지만……"을 살펴보면서 혹시 공통점을 찾았는가? 모든 "그렇지만……"은 행동하거나 선택하기를 주저하는 망설임을 토대로 한다는 점에서 비슷하다. 그렇게 망설이는 태도가 최악의 태도인 것은 아니지만, 그 이면에 내재된 피해의식이 활기를 말려버린다는 점에서 해로울 수 있다. 이는 그저 삶이 흘러가는 대로 사는 것과 목적의식이 있는 삶을 사는 것 사이의 차이다. 또한 안전한 삶에 정착하는 선택과 새로운 도전을 즐기는 행동 사이의 차이다. 그리고 정체와 움직임, "아니오"와 "예", 예측 가능함과 가능성 사이의 차이이기도 하다.

특별히 대범해야만 선택을 내리거나 기회를 포착할 수 있는 것은 아니다. 행동을 취하는 필요조건은 존재하지 않는다. 나이, 직책, 경험, 직위, 배경 모두 관계없다. 선택은 어느 시점에서든 우리 모두가 실천할 수 있는 행동이다. 그리고 용기와 마찬가지로 의사결정과 선택을 내리는 행동은 실천하면 할수록 더욱 익숙해진다.

만일 여러분이 "그렇지만……"이라는 이유로 변명을 대거나 변화에 저항하거나 새로운 시도를 거부하고 있다면 정확히 어떤 반응에 속하는지 따져보자. 잘못을 따지고 있는지(비난하기), 상황이나 사람을 바꾸려고 노력하고 있는지(현실과 다투기), 세세한 정보를 모으는 데 집착하고 있는지(앎에 대한 욕구), 지나치게 바쁘다고 외면하는지(회피하기), 상황을 주도하는 대신 불만만 늘어놓는지(불평하기), 꼼짝도 할 수 없다고 느끼는지(체념) 파악한다. 무엇이 나를 두렵게 만드는가? 수치심이 아닌 공감 어린 태도로 생각해보자. 그러고 나서 스스로에게 물어보자. 어떤 행동을 취하고 싶은가?

사실 선택을 내리거나 행동을 취하지 못하고 주저하는 태도는 모든 사람의 진을 빼놓고 시간을 낭비하게 만든다. 우리는 이러한 망설임을 극복해야 한다. 우선은 우리 마음 속 망설임에, 그 다음에는 우리

주변에서 경험하는 망설임에 관심을 갖자. 때때로 우유부단함은 조직 문화 전반에 퍼져있을 수도 있다. 체념에 직면하거나 그를 동반하는 우유부단함에 직면할 때면 언제든 단 하나의 행동으로 이를 극복할 수 있다는 사실을 기억하자. 바로 선택을 내리는 행동이다.

의사결정이 이루어지면 사람들은 주의를 집중하고 행동을 취한다. 그러한 행동의 결과 귀중한 정보가 생산되며, 그렇게 만들어진 정보는 다음 의사결정을 내릴 때 중요한 자원으로 쓰인다. 이처럼 선택은 행동으로 향한 관문이며, 행동은 우리가 미래를 창조할 때 활용하는 자원이 된다.

―――

《미래학자처럼 생각하라》의 목적은 이 책을 끝마쳤을 즈음에는 자기 스스로의 미래에 대해 똑똑한 의사결정을 내리는 데 필요한 도구와 자질을 갖추도록 하는 것이다. "똑똑한"이라는 측면은 이 책의 전반에 담겨 있으며, 이를 토대로 당신은 미래학자처럼 생각하는 법을 배울 수 있었다. 4부에는 여러분이 미래학자처럼 행동하기 위한 도구와 조언을 담았다.

이제 여러분은 미래학자가 되기 위해 필요한 장비와 자질을 갖추었다.

환영한다.

Notes

소개

1. 요요마, "2011년 한 해의 공로상" 〈엔터네인먼트위클리〉 2011년 12월 29일, http://www.ew.com/ew/gallery/0,,20326356_20555690_21096577,00.htm

3장

1. 이는 광물과 석유와 같은 자원이 풍부한 국가가 독재정권을 유지할 가능성이 더 크고 더 많은 빈민이 생기는 변함없는 이유들이다. 부의 흐름은 사람에게보다는 국가의 중앙정부로 흘러간다. 그 결과, 보통의 사람들은 자신을 돕거나 변화에 영향을 줄 힘을 거의 가질 수 없게 된다.
2. 이러한 업적을 인정받아 무하마드 유누스과 그라민은행은 2006년에 노벨평화상을 받게 되었다. 그라민은행은 노벨상을 받은 최초의 기업이다.

4장

1. 피터 린더트와 제프리 윌리엄슨, "산업혁명기 잉글랜드 노동자의 생활 수준: 새로운 모습," 경제사 평론, 2번째 시리즈, 36, 1호 (1983년 2월): 1-25
2. "1900-1999 공중보건 업적: 공중보건시스템의 변화" 〈사망질병보고서 MMWR〉 48, 50호(1999년 12월 24일): 1141-1147 (미국의 질병관리본부에서 보고), http://www.cdc.gov/mmwr/preview/mmwrhtml/mm4850a1.htm
3. 유엔 경제 사회국, 인구 관리 부서, 세계인구고령화 2009 (뉴욕: 유엔, 2009년 12월), http://www.un.org/esa/population/publications/WPA2009/WPA2009_WorkingPaper.pdf
4. 스티븐 모셔, "Population Control Zealots Going Nuts Over 7 Billion People" LifeNews.com, 2011년 10월 13일, http://www.lifenews.com/2011/10/13/population-control-zealots-going-nuts-over-7-billion-people/
5. 로버트 카슨 알렌, 토미 벵트손, 마틴 드리브 저서, 《과거의 생활 수준: 아시아와 유럽에서 웰빙에 관한 새로운 관점》(옥스포드 : 옥스퍼드대 출판사 2005)
6. 스티븐 핑커, 우리 본성의 더 나은 천사들 : 왜 폭력은 감소했는가? (뉴욕: 바이킹, 2011)
7. "중동의 이중 과제: 청소년과 경제" 브루킹스, 2009년 6월 4일, http://www.brookings.edu/research/interviews/2009/06/04-middle-east-youth-dhillon
8. 유엔 경제 사회국, 인구 관리 부서, 세계인구전망: 2010년개정 (뉴욕: 유엔, 2011)
9. 말콤 글래드웰의 《리스크 풀 The Risk Pool 뉴욕, 2006년 8월 28일》에 인용

된 데이비드 불룸, http://www.newyorker.com/archive/2006/08/28/060828fa_fact

10. 유엔은 20년 동안 37퍼센트 증가해, 전 세계에 2억 1,400만 명의 이주민들이 있다고 추정하고 있다. 그 순위는 유럽이 41퍼센트, 북미가 50퍼센트로 증가했다. 유엔 경제 사회국, 인구 관리 부서, 세계인구전망: 2010년 개정, 1판, 종합표(뉴욕: 유엔, 2011)

11. 2006년 6월 500명 경제학자가 서명한 "부시 대통령과 의회에 제출한 이주에 관한 서한". (이 문서는 http://www.independent.org/newsroom/article.asp?id=1727#1에서 열람할 수 있다.)

12. 제프리 파슬과 드 베라 코언, 미국 인구추정: 2005-2050 (워싱턴, DC: 퓨 리서치 센터, 2008)

5장

1. 와디는 아랍어로 '건조한 강바닥dry river bed'이라는 뜻을 담고 있다.
2. 댄 벤 데이비드Dan Ben-David, "이스라엘의 노동 시장: 서양과 비교한 오늘과 어제" 국가 보고서-사회, 경제와 정책 2009 (예루살렘: 타웁 사회정책연구센터, 2010년 4월 13일), http://taubcenter.org.il/tauborgilwp/wp-content/uploads/E2009_Report_Labor_Market_Chapter.pdf
3. 최신 세계경제보고는 세계경쟁력보고서의 글로벌 경쟁력 웹 페이지에서 찾을 수 있음. http://www .weforum.org/issues/global-competitiveness

6장

1. 칼 쉬푸나르와 캐슬린 맥더못, "에피소드적인 미래 사고: 미래를 예측하기 위해 과거를 기억하다." 상상력 지도와 심적 시뮬레이션, 케이디 마크먼,

윌리엄 클라인과 줄리 셜 편집 (뉴욕: 심리학 출판, 2009)

2. 제프리 잭스, 크리스토퍼 커비, 미셸 아이젠버그와 나이리 하루투니안, "자연적

사건에 대한 인식 세분화와 관련된 예측 오류" 〈인지신경과학저널〉 23, 12호 (2011년 12월): 4057–4066

3. 제프리 잭스, 토니 피츠패트릭의 글 인용 "예지력: 당신의 뇌는 어떻게 가까운 미래를 예측하는가?" 뉴스룸 (2011년 8월 24일) 세인트루이스 워싱턴 대학교,

http://news.wustl.edu/news/Pages/22555.aspx.

4. 조이 길퍼드, 《인간지성의 본질 (뉴욕: 맥그로힐, 1967)》

8장

1. 유레카 순간이라고도 알려져 있다. 이는 고대 그리스의 위대한 수학자인 아르키메데스가 외친 말에서 나왔다. 아르키메데스는 물이 가득 찬 욕조에 들어갈 때 흘러넘치는 물의 양이 자기 몸의 부피와 동일하다는 사실을 깨달았고, 금관의 순도를 판단할 때에도 이 방법을 적용할 수 있다는 것을 발견했다(순금은 합금보다 더 무거우므로). 위대한 깨달음을 얻은 그는 "유레카!"라고 외쳤다. 이는 "찾았다!"라는 뜻이다.

10장

1. 1852년에 설립된 마셜 필즈는 시카고에 기반을 둔 고급 백화점이다. 마셜 필즈가 도입한 최고급 서비스는 오늘날 업계의 표준으로 자리 잡았다. 마셜 필즈의 혁신적 시도로는 다방, 결혼 축하용 선물 목록표 bridal registry, 작가 사인회, 회전 신용 계정 revolving credit, 그리고 퍼스널 쇼퍼 personal shopper가 있다.

2. 칼과 마리는 워크숍에서 기록한 내용을 보관해 두었기 때문에 이들의 공책은 경험을 되새길 수 있는 훌륭한 자원이 되었다. 마리는 공책에 "사업을 확장하고 성장시키는 고통을 이겨내면서 브랜드 존재감을 유지하고 키워나가기. 쿡스의 정체성을 지켜나가기"라는 브랜드 목적을 기술하고 X표를 쳤다. 아마도 적절하지 않다고 생각했던 것 같다.
3. 융의 원형에 대해서 더 알고 싶다면 다음을 참고하라. Carl Jung and R.F.C. Hull (trans.), Collected Works of C. G. Jung, vol. 9, part 1, The Archetypes and the Collective Unconscious (New York: Pantheon, 1959).
4. 슬로건과 광고 카피는 다르다. 보통 카피는 특정 광고 캠페인에 맞추어진 당돌한 문안을 일컫는다. 가령 버거킹Burger King의 "햄버거의 비프는 어디 있나?"라든지 코카콜라의 "상쾌한 이 순간" 또는 폭스바겐Volkswagen의 "작게 생각하라"가 있다.
5. 1995년에 내 사무실은 긱 스쿼드라는 컴퓨터 수리 서비스 업체와 같은 창고 건물에 있었다. 긱 스쿼드의 창립자인 로버트 스티븐스Robert Stephens와 나는 그 건물에서 어리고 팔팔한 사업가에 속했다. 그때 당시 스티븐스는 우유 트럭을(폭스바겐 버그Bug에 꽂히기 전까지) 서비스 차량으로 사용하는 등 새로운 시도를 하고 있었다. 당시 그가 사용한 슬로건은 "네 놈의 수고를 덜어주마"로 전화번호부에는 차마 그 표현 그대로 실리지 못했다. 비록 이 슬로건이 긱 스쿼드에서 장기적으로 사용되지는 못했지만, 나는 이것이 근사할 정도로 명료한 슬로건의 멋진 사례라고 지금도 여전히 생각한다.

12장

1. 외부 전문가는 새로운 학습에 필수적인 요소다. 외부 전문가가 팀에 가져오는 신선한 관점과 자원은 발견하기 단계에서 매우 중요하게 활용된다.

그러나 외부 전문가의 자원이 효과적이기 위해서는 내부 팀의 통찰과 창조성이 충분히 배양되어야 한다.

13장

1. 1929년 기자회견에서 언급된 말로, 다음 책에 인용되어 있다. James D. Newton, Uncommon Friends: Life with Thomas Edison, Henry Ford, Harvey Firestone, Alexis Carrel & Charles Lindbergh (San Diego: Harcourt Brace Jovanovich, 1987), 24.

감사의 글

"시야가 깨끗하다고 해서 근거리에 있다고 착각하지 마라." 나의 좋은 친구 하나가 종종 인용하는 오래된 금언이다. 이 말은 삶의 모든 측면에 적용할 수 있는 진리며, 책을 집필하는 과정에서도 다시 한번 깨달았다. 내 시야는 언제나 명료했지만 이제 와서 보니 특히 작가들이 글을 쓰는 여정에서 절대적으로 필요한 요소가 하나 더 있다는 점을 느꼈다. 바로 자신을 믿어주는 사람들이다. 나는 이 책을 쓰는 내내 그러한 사람들로부터 굉장한 힘을 얻었다.

존 라슨은 일찍부터 나에게 자신감을 심어주었다. 탁월한 에이전트인 존은 푸시 콘퍼런스에 참여한 뒤 나에게 책을 써보라고 권했다. 출판업계에서 나의 가이드이자 지지자로 큰 도움을 준 존에게 항상 감사한다.

존은 나에게 캐런 머피를 소개해 주었다. 조시-바스 Jossey-Bass 의 선임 편집자인 캐런은 미래학 부문에 실용적인 비즈니스 서적이 필요하다는 사실에 충분히 공감해 주었다. 이 책을 펴내는 과정에서 캐런과 그녀의 팀은 탁월한 성과를 얻기 위해 굉장히 헌신해 주었다. 감사의 말을 전한다. 존은 또한 에릭 브루먼도 소개해 주었고, 에릭은 나의 글쓰기 코치로서 놀라울 정도의 인내심과 친절함을 베풀어 주었다.

함께 일하는 영광을 누리게 해 준 나의 의뢰인들 덕분에 내 삶은 헤아릴 수 없을 정도로 풍부해졌다. 그들로부터 배운 깨달음은 이 책의 뼈대를 이루고 있다. 특히 쿡스 오브 크로커스 힐의 칼 벤슨과 마리 드와이어, 제너럴 밀스의 게일 퍼깃과 미셸 설리번, 존 오벌라이, 카이아 케글리의 친절에 감사하다. 또한 클릭스의 사례 연구를 위해 정보와 경험을 나누어준 이들에게도 감사한다.

〈미래학자의 사고방식〉에서 기술한 내용은 더그 캐머런, 이크발 콰디어 그리고 클라이드 프레스토비츠가 들려준 이야기를 토대로 한다. 나에게 그들은 영웅이며, 바삐 돌아가며 때로는 무자비하기도 한 세계에서 변화를 만들어내는 데 필요한 기술과 용기를 보여주는 빛나는 사례다.

또한 나의 챔피언이자 응원군이었던 친구와 동료들에게도 신세를 많이 졌다. 매우 간략하게만 언급하자면 톰 닐슨, 알레그라 록스태트, 크리스토퍼 에버렛, 줄리아 피셔, 캐런 걸리버, 탐 파이어햇에게 감사하며, 푸시 인스티튜트에서 함께 작업했던 멋진 동료들에게도 고마움을 전한다.

만일 나의 소중한 친구이자 뛰어난 작가인 캐런 슈나이더가 없었다면 내가 혹은 이 책이 어떤 모습일지는 결코 상상할 수 없다. 놀라울 정도로 너그러웠던 캐런은 내가 머리를 비우거나 영혼의 위안이 필요하거나 삶의 변곡점을 매끄럽게 흘러 지나가야할 때 항상 그 자리에 있어 주었다. 그녀로 인해 나는 더 나은 작가이자 더 좋은 사람이 되었다.

내가 쓴 엉성한 글을 다듬어준 폴 엥크 덕분에 이 책을 펴내는 프로젝트는 성공할 수 있었다. 폴이 상상하는 것보다 나는 그를 훨씬 존경하며, 그의 친절에 영원히 감사할 것이다.

옮긴이 **이영구**

Better Knowledge, Better Future를 모토로 하는 지식플랫폼인 (주)퓨처스비즈 www.futuresbiz.com의 대표이사로, 출판 및 강연 콘텐츠 기획, 전략 컨설팅 사업을 진행한다. 시나리오 플래닝 전문가이자 세계전문미래학자협회(APF) 정회원으로 활동하고 있는 전문 미래학자다. 옮긴 책으로《미래전략 시나리오 플래닝》,《소셜네트워크 시대》등이 있다.

옮긴이 **김효원**

서울대학교 경제학부를 졸업하고, 동대학교 심리학과 석사과정을 졸업했다. 심리학 기반 컨설팅 연구소에서 기업의 인적자원 관리 및 개발에 관한 연구와 컨설팅을 진행해 왔다. 더불어, 번역 에이전시 엔터스코리아에서 출판기획자 및 전문번역가로 활동 중이다. 옮긴 책으로는《시작하기 전에 알았더라면 좋았을 것들》,《최초가 아니라 최고가 되어라》,《1%의 원리》,《거대한 전환》등이 있다.

미래학자처럼 생각하라
변하는 것과 변하지 않는 것, 그리고 다가올 미래

초판 1쇄 인쇄일 2017년 04월 01일
초판 2쇄 발행일 2017년 12월 07일
지은이 세실리 사머스
옮긴이 이영구 · 김효원
펴낸이 정인선
기획 (주)퓨처스비즈
디자인 필요한 디자인
교 정 대한아
마케팅 김하늘
펴 낸 곳 골든어페어(Golden Affair Books)
출판등록 2013년 8월 16일 제2013-000178호
주 소 경기도 고양시 덕양구 신원로 35, 607-103
이 메 일 contact@goldenaffair.kr

ISBN 979-11-953231-5-9(03320)

이 도서의 국립중앙도서관 출판시도서목록(CIP)은 서지정보유통지원 시스템 홈페이지 (http://seoji.nl.go.kr)와 국가자료공동목록시스템 (http://www.nl.go.kr/kolisnet)에서 이용하실 수 있습니다. (CIP제어번호 : CIP2017007133)

• 저작권법에 의해 보호를 받는 저작물이므로 저자와 출판사의 동의 없이 내용의 일부를 인용하거나 발췌하는 것을 금합니다.
• 파손된 책은 구입처에서 교환해 드립니다.